地陪导游

业务实训

主　编　陈　娟　田　琪　王月娥
副主编　夏　雪　周水源　陈秀芬

大连理工大学出版社
Dalian University of Technology Press

图书在版编目（CIP）数据

地陪导游业务实训 / 陈娟，田琪，王月娥主编．--
大连：大连理工大学出版社，2024．9
高等职业教育旅游管理专业系列规划教材
ISBN 978-7-5685-4916-5

Ⅰ．①地… Ⅱ．①陈… ②田… ③王… Ⅲ．①导游—高等职业教育—教材 Ⅳ．① F590．63

中国国家版本馆 CIP 数据核字（2024）第 073870 号

大连理工大学出版社
地址：大连市软件园路 80 号　邮政编码：116023
发行：0411-84708842　邮购：0411-84708943　传真：0411-84701466
E-mail:dutp@dutp.cn　　URL:https://www.dutp.cn
大连联鑫印刷物资有限公司印刷　　大连理工大学出版社发行

幅面尺寸：185mm × 260mm　　印张：14.75　　字数：368 千字
2024 年 9 月第 1 版　　2024 年 9 月第 1 次印刷

责任编辑：欧阳碧蕾　　责任校对：程砚芳
封面设计：张　莹

ISBN 978-7-5685-4916-5　　定　价：49.80 元

前言

导游作为旅行社产品价值的最终实现者，被称为“旅游业的灵魂”“旅行社的支柱”。随着人民对美好生活需求的日益增长和旅游行业的更新迭代，旅游需求和体验不断升级，旅游者对导游服务提出了更高的要求。党的二十大报告指出，“坚持以文塑旅、以旅彰文，推进文化和旅游深度融合发展。”这不仅为新时代文旅产业高质量发展指明了方向，也对广大旅游工作者提出了更高要求。作为培养技能型、应用型人才的高等职业院校，编写适应岗位需要且基于工作流程的课程教材，显得极其重要。

《地陪导游业务实训》对传统的“模拟导游”课程内容进行了改革，充分考虑导游工作的特点，将地陪导游的训练作为本书重点，旨在培养“宣传美丽家乡，讲好家乡故事，厚植家乡情怀”的地陪导游人才。本教材主要引导学生了解地陪导游规范化操作流程、掌握旅游者提出个别要求的处理办法以及旅游过程中各类事故的预防和处理措施；提高导游服务水平和应变能力以及分析、处理问题的能力，为毕业后顺利开展导游工作打下坚实的理论基础。

为了让学生全面掌握该课程的基本知识和实践技能，编者在编写本教材的过程中，坚持“工学结合、岗位对接”的指导思想，确立“能力本位、就业导向、全面发展”的基本理念，构建“项目设计 + 任务驱动”的编写体系。

横向来看，本教材以地陪导游职业发展路径为线索，具体以“包团服务——散客服务——外宾服务”进阶之旅为线索，以真实工作环境创设情景。以包团四日游、散客两日游和外宾四日游三大项目为载体，项目由易到难，操作由简单到复杂，通过循环迭代训练，实现学生能力递进增长。纵向来看，本教材根据地陪导游服务工作流程，分成服务准备、接站服务、首次沿途导游服务、入住酒店、核对商定日程、参观游览、送站服务等七个实训项目共 25 个知识点，通过自我探索、教学相长、模拟实训、课后拓展等模块，努力实现理论知识、实践能力和职业素养的有机结合。与已出版的同类教材相比，本教材更注重从地陪导游的具体操作入手，在地陪导游服务程序和方法上给予足够关注。它是导游资格证面试通关宝典，是新手地陪导游保姆式手册，是带团难题答案之书。本教材具有以下五个特色：

(1) 以“项目导向、任务驱动”为主线，构建“项目设计 + 学习任务”编写体系，融基本知识、模拟实训和拓展训练于一体，培养学生的基本能力，加强其岗位适应性。

(2) 对接“岗课赛证”，将岗位能力与技能大赛、导游资格证书与课程内容进行深度融合。融入国家标准和行业标准，实现教学目标与职业能力有效对接。依托校企合作行业专家、资深教师和教研室主任，提高教材内容对导游岗位的适应性，将各类标准融入教材，实现教材与工作岗位、职业资格证书的有效衔接。

(3) 业务全面，涉及面广，覆盖地陪导游的主要业务范围，以提供“包团服务——散客服务——外宾服务”进阶之旅为线索，力争学生能掌握每一种团型的带团技巧。

(4) 精选项目，与时俱进，充分反映目前旅游团队多样化的特点，在过程中体现完整，在类型上体现全面，在服务中体现细节，力争引导学生了解每一个带团环节。

(5) 数字教学，学练结合，以适应互联网时代大学生学习的特点。本教材“自我探索”部分均有配套的微课教学资源，部分重点模拟内容配以操作视频，方便学生学习教材内容，提高学生学习兴趣。

本教材由贵州轻工职业技术学院旅游教研室陈娟、田琪、王月娥任主编，英语教研室夏雪、文化与旅游系周水源、贵州海外国际旅行社陈秀芬任副主编。教材编写大纲由陈娟、田琪、王月娥、夏雪共同拟定。具体编写分工如下：实训一、四、五由陈娟编写；实训二、六由田琪编写；实训三、七由王月娥编写；二维码链接视频均由陈娟、田琪、王月娥、夏雪录制；附录由陈秀芬、周水源整理。由陈娟负责全书统稿工作。

此外，编者参考、引用和改编了国内外出版物中的相关资料以及网络资源，在此表示深深的谢意。相关著作权人看到本教材后，请与出版社联系，出版社将按照相关法律的规定支付稿酬。

限于编者水平，教材中难免存有不当或错误之处，敬请各位同仁和广大读者批评指正，我们将不胜感激，并及时完善教材相关内容。

编者

2024 年 9 月

所有意见和建议请发往：dutpgz@163.com
欢迎访问职教数字化服务平台：https://www.dutp.cn/sve/
联系电话：0411-84706672 84706581

目录

学习引导 /1

实训一 未雨绸缪——服务准备 /10
任务一 熟悉接待计划 /11
任务二 落实接待事宜 /23
任务三 做好接团的其他准备 /34

实训二 翘首以盼——接站服务 /44
任务一 接站准备 /45
任务二 迎接工作 /53
任务三 处理接站事故 /60

实训三 面面俱到——首次沿途导游服务 /68
任务一 致欢迎词 /69
任务二 介绍行程 /77
任务三 首次沿途导游线路设计与讲解 /85
任务四 用餐服务 /93

实训四 宾至如归——入住酒店 /102
任务一 提供入住服务 /103
任务二 处理入住后的相关问题 /113

实训五 如契必履——核对商定日程 /123
任务一 核商日程 /124
任务二 修改日程 /131
任务三 调整计划和日程 /139

实训六 流连忘返——参观游览 /148
任务一 准备工作 /149
任务二 去程服务 /157

任务三　景点讲解 /165
任务四　回程服务 /176
任务五　购物服务 /182

实训七　有始有终——送站服务 /192
任务一　准备送站 /193
任务二　致欢送词 /201
任务三　旅游交通事故的处理 /207
任务四　误机（车、船）的预防及处理 /215
任务五　后续工作 /222

参考文献 /229
附录 /230

学习引导

故事背景

在贵州这片神奇的土地上，“旅游”仿佛是与生俱来的天赋。从“中国第一大瀑布”黄果树大瀑布，到“地球绿宝石”小七孔，从跨越五百年的阳明文化到近代革命的红色之旅，126 万座山峰，4 697 条河流，17 个世居少数民族……诉说着神奇的“文化千岛”——贵州的传奇故事……

翻开此书，你便踏上了多彩贵州的土地。恭喜你，解锁新的角色——地陪导游小陈。

以下是你的身份信息。

姓名：小陈

专业：旅游管理

职业：地陪导游

性格特点：热情、活泼，热爱旅游，认真负责，偶尔粗心。

这一次，你不只是千年文明的过客，更是西南要冲、文化基因库的见证者、传播者。从懵懵懂懂的新手地陪导游，到能够独当一面、接待外宾，向全世界展示贵州风采的地陪导游，你要从夜郎国的神秘故事开始，走进息烽集中营、遵义会议会址，去讲述中国革命的传奇；你要跟随徐霞客的足迹，去吟唱“白水如棉，不用弓弹花自散；红霞似锦，何须梭织天生成”的壮美山河；你要从 757 个中国传统村落、1 640 个少数民族特色村寨，99 项 159 处国家级非遗代表性项目，去触摸“以美丽回答一切”的民族脉搏；你要介绍“山泼黛，水挼蓝，翠相搀”的大自然的鬼斧神工；你要传播在“大窝凼”里走出二三十年航天“长征路”的中国精神……

接下来，请跟随以下三个场景，开始你的多彩贵州——地陪导游成长之旅吧，祝你好运！

场景一

一个对带团充满期待的新手地陪导游，岗前培训合格后，终于接到计调的电话，要接待来自北京的 23 人“黄果树 + 遵义 + 西江四日游”旅行团，接待计划详见表 0-1。要求小陈作为地陪导游顺利完成带团任务。

任务秘籍：作为新手地陪导游，你可以根据本书的七大实训项目，分段学习如何带团。根据书中的“任务实施”学习理论知识，从“初探思考”中了解真实带团案例。完成各项目中的“做一做”，提升带团技能，顺利完成带团任务，展示贵州地陪导游的风采。

表 0-1　黄果树 + 遵义 + 西江四日游接待计划

旅行社（公章）：　　　　NO：

<table>
<tr><td colspan="2">组团社名称及团号</td><td colspan="2">北京康辉国际旅行社
KH-gz-230810</td><td rowspan="2">来自国家 / 地区或城市</td><td rowspan="2">北京</td><td>全陪导游</td><td>王某 18901000000</td></tr>
<tr><td colspan="2">地接社团号</td><td colspan="2">GZOTC-230810-1</td><td>地陪导游</td><td>陈某 18308510000</td></tr>
<tr><td>总人数</td><td>23 人</td><td>男</td><td>10 人</td><td>租车单位及车型</td><td colspan="3">贵州好风光车队 金龙车 38 座</td></tr>
<tr><td>儿童</td><td>2 人</td><td>女</td><td>11 人</td><td>司机及车号</td><td colspan="3">马师傅 13908510000　贵 AT1234</td></tr>
<tr><td colspan="2" rowspan="2">大交通及抵离时间</td><td colspan="6">8 月 10 日北京—贵阳 JD1234（15:10—18:25）</td></tr>
<tr><td colspan="6">8 月 13 日贵阳—昆明 GY3456（19:40—20:35）</td></tr>
</table>

<table>
<tr><td rowspan="2">时间</td><td rowspan="2">游览项目及景点</td><td rowspan="2">购物店</td><td colspan="3">用餐（餐标：40 元 / 人 / 餐）</td><td rowspan="2">入住</td></tr>
<tr><td>早</td><td>中</td><td>晚</td></tr>
<tr><td>8 月 10 日</td><td>贵阳龙洞堡机场接 JD1234 航班，北京—贵阳</td><td>无</td><td>无</td><td>无</td><td>含</td><td>贵阳黔灵大酒店</td></tr>
<tr><td>8 月 11 日</td><td>前往【息烽集中营】革命历史纪念馆（讲解）—【遵义会议会址】（讲解）、遵义会议陈列馆、红军总政治部旧址、红军街（讲解）</td><td>无</td><td>含</td><td>含</td><td>含</td><td>安顺西秀山宾馆</td></tr>
<tr><td>8 月 12 日</td><td>前往【黄果树景区】，参观天星桥、黄果树大瀑布、陡坡塘瀑布</td><td>土特产商店</td><td>含</td><td>含</td><td>含</td><td>西江月大酒店</td></tr>
<tr><td>8 月 13 日</td><td>前往【西江千户苗寨】，观看歌舞表演，送飞机</td><td>无</td><td>含</td><td>含</td><td>无</td><td>无</td></tr>
<tr><td>备注</td><td colspan="6">1. 团费含景区大门票，不含黄果树大扶梯单程票（30 元 / 人，双程 50 元 / 人），其属景区内不必须自费项目，请客人自行自愿慎重消费；
2. 儿童：12 岁以下儿童游客团费只含机票、半价正餐和正座车位，其他费用需自理；
3. 早餐费用包含在酒店房费中，若儿童不占床，则须补早餐费，按入住酒店收费规定，由家长现付；</td></tr>
</table>

续表

备注

4. 团费含息烽耳机费用（10 元 / 人），含遵义会议会址耳机费用（10 元 / 人），含西江电瓶车费用
5. 客人名单：23 人名单详见下表

序号	姓名	性别	年龄	身份证号	联系电话	备注
1	包耘 ×	女	42	11030731982××××××××	1876534××××	
2	陈行 ×	男	50	12022241974××××××××	1324756××××	
3	邓叶 ×	女	41	2101001983××××××××	1975684××××	
4	付金 ×	女	45	2101001979××××××××	1874532××××	夫妻
5	胡家 ×	男	49	2101001975××××××××	1982312××××	
6	刘国 ×	男	52	1301021972××××××××	1343598××××	
7	刘莹 ×	女	52	1301021972××××××××	1563276××××	
8	廖 ×	女	34	1101071990××××××××	1573897××××	
9	罗吉 ×	男	38	1101071986××××××××	1312679××××	一家人
10	罗旭 ×	男	8	1101072016××××××××	1365438××××	
11	李明 ×	女	47	1101071976××××××××	1375698××××	
12	李蝶 ×	女	40	1201121984××××××××	1912577××××	
13	潘德 ×	男	42	1201121982××××××××	1834590××××	一家人
14	潘婵 ×	女	9	1202032015××××××××	1589076××××	
15	谭洪 ×	男	47	1105021977××××××××	1597633××××	
16	王柠 ×	女	31	1509021993××××××××	1712379××××	
17	韦永 ×	男	41	3101141983××××××××	1899909××××	
18	吴笑 ×	男	50	3203031974××××××××	1576167××××	夫妻
19	许欣 ×	女	47	3203031977××××××××	1867909××××	
20	杨晓 ×	女	50	3401021974××××××××	1912090××××	
21	张丹 ×	女	32	4101221992××××××××	1830890××××	
22	张俊 ×	男	38	4101221986××××××××	1846793××××	
23	赵 ×	男	59	4101221965××××××××	1912780××××	

地接社计调	陈经理	13800000000	紧急电话	12345678

签发日期：　　年　　月　　日　　　　　　签发人：　　　地陪导游签名：

说明：

1. 本表一式三份，旅行社、地陪导游、全陪导游各持一份，务必在宾客到达的前一天审定完成。
2. 填写清楚，如有变化，及时更正。
3. 团队抵达后，人数、日程等如有变化，务必及时报告公司。
4. 此表盖章方为有效。

场景二

恭喜地陪导游小陈，顺利完成“黄果树 + 遵义 + 西江四日游”带团项目。鉴于小陈不错的表现，为进一步提升小陈的能力，计调安排小陈接待贵州热门旅游线路 38 人“小七孔 + 西江两日游”散拼团，接待计划详见表 0-2。要求小陈顺利完成带团任务，降低投诉率，提高满意度，展示良好的贵州形象。

任务秘籍：参照本书“模拟实训”，完成其中的任务，即可顺利完成工作。想要了解一线老地陪导游的工作经验，不要错过“提升锦囊”。作为新手地陪导游，知识储备也是必不可少的，找到“知识链接”，讲述神秘的贵州故事。

表 0-2　小七孔 + 西江两日游接待计划

旅行社（公章）：　　　　NO：

<table>
<tr><td colspan="2">组团社名称</td><td colspan="2">贵州海外国际旅行社</td><td rowspan="2">团队类型</td><td rowspan="2">散客团</td><td>全陪导游</td><td>无</td></tr>
<tr><td colspan="2">地接社团号</td><td colspan="2">GZOTC-230921-1</td><td>地陪导游</td><td>陈某 18308510000</td></tr>
<tr><td>总人数</td><td>38 人</td><td>男</td><td>20 人</td><td>租车单位及车型</td><td colspan="3">贵州好风光车队　金龙车 39+2 座</td></tr>
<tr><td>儿童</td><td>0 人</td><td>女</td><td>18 人</td><td>司机及车号</td><td colspan="3">王师傅 131000000　贵 AT0099</td></tr>
<tr><td colspan="2" rowspan="2">大交通及抵离时间</td><td colspan="6">9 月 21 日上午 8 点，贵阳市延安西路客车站集合</td></tr>
<tr><td colspan="6">9 月 22 下午，西江游览结束后送至贵阳市延安西路客车站</td></tr>
<tr><td colspan="2" rowspan="2">时间</td><td colspan="2" rowspan="2">游览项目及景点</td><td colspan="3">用餐（餐标：20 元 / 人 / 餐）</td><td rowspan="2">入住</td></tr>
<tr><td>早</td><td>中</td><td>晚</td></tr>
<tr><td colspan="2">9 月 21 日</td><td colspan="2">贵阳市延安西路客车站—小七孔景区—西江</td><td>无</td><td>含</td><td>无</td><td>西江苗景客栈（标准间）（苗寨内，带空调、独立卫生间）</td></tr>
<tr><td colspan="2">9 月 22 日</td><td colspan="2">西江千户苗寨—贵阳统一散团</td><td>含</td><td>含</td><td>无</td><td>无</td></tr>
<tr><td colspan="2">备注</td><td colspan="6">1. 门票：含景区大门票，费用不含自理项目——小七孔景区电瓶车及保险（50 元 / 人）、西江电瓶车及保险（30 元 / 人）
2. 早餐：酒店提供
3. 中餐：安排西江千户苗寨特色餐——长桌宴（9 月 22 日）
4. 购物：纯玩不进店
5. 小孩（14 岁以下）：只含车费、正餐餐费（半餐）、导游服务费；不含住宿、门票及电瓶车费用，如产生一切费用敬请自理
6. 客人名单：38 人名单详见下表
<table>
<tr><td>序号</td><td>姓名</td><td>性别</td><td>年龄</td><td>身份证号</td><td>联系电话</td><td>备注</td></tr>
<tr><td>1</td><td>陈 ×</td><td>女</td><td>59</td><td>5002331965××××××××</td><td>1876534××××</td><td></td></tr>
<tr><td>2</td><td>陈国 ×</td><td>男</td><td>50</td><td>5122241974××××××××</td><td>1324756××××</td><td></td></tr>
<tr><td>3</td><td>张 ×</td><td>男</td><td>70</td><td>2101001954××××××××</td><td>1975684××××</td><td></td></tr>
</table></td></tr>
</table>

续表

备注

序号	姓名	性别	年龄	身份证号	联系电话	备注
4	李朋 ×	男	72	2101001952××××××××	1874532××××	夫妻
5	王 ×	女	71	2101001953××××××××	1982312××××	
6	李晓 ×	男	52	1301021972××××××××	1343598××××	
7	张全 ×	女	52	1301021972××××××××	1563276××××	
8	况 ×	女	68	1101071956××××××××	1573897××××	朋友
9	陈春 ×	女	66	1101071958××××××××	1312679××××	
10	唐燕 ×	女	67	1101071957××××××××	1365438××××	
11	田维 ×	女	48	1101071976××××××××	1375698××××	
12	王佳 ×	女	40	1201121984××××××××	1912577××××	
13	王家 ×	男	42	120112198××××××××	1834590××××	
14	冯辉 ×	男	51	1402031973××××××××	1589076××××	
15	徐静 ×	男	57	1405021967××××××××	1597633××××	
16	徐思 ×	女	31	1509021993××××××××	1712379××××	
17	叶宁 ×	男	61	3101141963××××××××	1899909××××	
18	张强 ×	男	60	3203031964××××××××	1576167××××	夫妻
19	朱文 ×	女	60	3203031964××××××××	1867909××××	
20	杨容 ×	女	50	3401021974××××××××	1912090××××	
21	杨江 ×	男	42	4101221982××××××××	1830890××××	
22	张路 ×	女	61	4101221963××××××××	1846793××××	
23	皮 ×	男	59	4101221965××××××××	1912780××××	
24	皮春 ×	女	55	5122241969××××××××	1567009××××	
25	郜天 ×	男	55	3401021969××××××××	1524433××××	
26	潘仁 ×	男	49	3601001975××××××××	1592388××××	朋友
27	罗 ×	男	42	3601001982××××××××	1582789××××	
28	平林 ×	男	50	3601001974××××××××	1597896××××	
29	平 ×	男	42	3601021982××××××××	1802378××××	
30	潘贵 ×	男	48	3601021976××××××××	1812564××××	
31	刘凌 ×	女	41	3601241983××××××××	1923212××××	
32	刘棋 ×	女	40	3601001984××××××××	1916780××××	
33	李春 ×	男	43	3610211981××××××××	1902368××××	
34	姜 ×	女	44	3610211980××××××××	1342342××××	朋友
35	姜秀 ×	女	50	3611261974××××××××	1357890××××	

续表

<table>
<tr><td rowspan="4">备注</td><td>序号</td><td>姓名</td><td>性别</td><td>年龄</td><td>身份证号</td><td>联系电话</td><td>备注</td></tr>
<tr><td>36</td><td>洪 ×</td><td>女</td><td>56</td><td>4101811968××××××××</td><td>1364566××××</td><td></td></tr>
<tr><td>37</td><td>冯雪 ×</td><td>男</td><td>57</td><td>4101811967××××××××</td><td>1312311××××</td><td></td></tr>
<tr><td>38</td><td>曹鱼 ×</td><td>男</td><td>59</td><td>4101821965××××××××</td><td>1923456××××</td><td></td></tr>
<tr><td>地接社计调</td><td colspan="3">王经理 13300000000</td><td colspan="2">紧急电话</td><td colspan="2">12345678</td></tr>
</table>

签发日期：　　年　　月　　日　　　　签发人：　　　　地陪导游签名：

说明：

1. 本表一式两份，旅行社、地陪导游各持一份，务必在宾客到达的前一天审定完成。
2. 填写清楚，如有变化，及时更正。
3. 团队抵达后，人数、日程等如有变化，务必及时报告公司。
4. 此表盖章方为有效。

场景三

经过多年带团，地陪导游小陈已经积累了丰富的带团经验，获得了游客和旅行社计调的一致好评。小陈通过加试英语口语，获得了英语导游资格证，能够与外宾有效沟通和交流。正值旅游旺季，前来贵州游玩的外国游客逐渐增多，贵州海外国际旅行社承接了大量旅游接待任务，经过综合考量英文水平和地陪接待能力，计调通知地陪导游小陈接待来自菲律宾的一行 16 人“黄果树 + 天眼四日游”旅行团，接待计划详见表 0-3。

任务秘籍：可参照本书“课后拓展”内容，通过“知识拓展”了解外宾团带团要点、景区游览注意事项等，顺利“完成任务”。

表 0-3　黄果树 + 天眼四日游接待计划

旅行社（公章）：　　　　　　　　　　　　　　　　　　　　　　　　NO：

<table>
<tr><td colspan="2">组团社名称及团号</td><td colspan="2">上海华达旅行社 HJC2305-32</td><td colspan="2" rowspan="2">来自国家 / 地区或城市</td><td colspan="2" rowspan="2">菲律宾</td><td>领队</td><td colspan="2">王某 18901000000</td></tr>
<tr><td colspan="2">地接社名称及团号</td><td colspan="2">贵州海外国际旅行社
GZOTC 230518-1</td><td>地陪导游</td><td colspan="2">陈某 18308510000</td></tr>
<tr><td>总人数</td><td>16 人</td><td>男</td><td>6 人</td><td colspan="2">租车单位及车型</td><td colspan="5">贵州好风光车队 金龙车 38 座</td></tr>
<tr><td>儿 童</td><td>0</td><td>女</td><td>10 人</td><td colspan="2">司机及车号</td><td colspan="5">马师傅 13908510000　贵 AT1234</td></tr>
<tr><td colspan="2" rowspan="2">大交通及抵离时间</td><td colspan="9">5 月 18 日 19：35 抵达贵阳（MF8457）</td></tr>
<tr><td colspan="9">5 月 21 日 07：10 离开贵阳（FM9460）</td></tr>
<tr><td colspan="2" rowspan="2">时间</td><td colspan="2" rowspan="2">游览项目及景点</td><td colspan="5">用餐（餐标：50 元 / 人 / 餐）</td><td colspan="2" rowspan="2">入住</td></tr>
<tr><td>早</td><td colspan="2">中</td><td colspan="2">晚</td></tr>
<tr><td colspan="2">5 月 18 日</td><td colspan="2">杭州飞贵阳（MF8457）于 19：35 抵达，接机后入住喜来登贵航酒店。
备注：
1. 喜来登已付订金 1 000 元，付费时扣除
2. 18 号晚餐：机场龙大哥辣子鸡总店（400 元 / 桌），夏经理 13985500000，提前确认餐厅位置</td><td>无</td><td colspan="2">无</td><td colspan="2">含</td><td colspan="2">喜来登贵航酒店</td></tr>
</table>

续表

5月19日	酒店用早餐后，前往平塘，游览平塘天眼景区（含交通、天文体验馆、天文影院），安排午餐和晚餐。返回贵阳，晚上于贵阳大剧院观看《多彩贵州风》演出。入住喜来登贵航酒店。 备注： 19号中餐：天眼附近天缘大酒店内自助餐（50元/位），田经理18385000000，含司机、地陪导游餐 19号晚餐：蟠桃宫新侗家，周经理13765000000（400元/桌）	含	含	含	喜来登贵航酒店
5月20日	早餐后，前往黄果树景区，游览黄果树大瀑布景区（含电瓶车，含自动扶梯往返）。午餐后，返回喜来登贵航酒店，享用酒店自助晚餐 备注： 20号中餐：黄果树新城香米楼，潘经理15117000000（包房400元/桌，含大瓶可乐或雪碧） 20号晚餐：喜来登贵航酒店内自助餐（198元/位）	含	含	含	喜来登贵航酒店
5月21日	打包早餐盒，贵阳飞上海（FM9460）07:10起飞，送机场后结束	含	无	无	无
备注	1. 贵阳喜来登贵航酒店订8间双床房（含早、无烟），尽量同一楼层 2. 请安排38座车况良好的车。请安排好的司机，能帮忙搬运行李 3. 餐饮按菲律宾标准安排，便餐请按50元/人/餐安排，请提供菜单 4. 景点门票如有老年票优惠，请把折扣退给客人，请客人签字 5. 每人每天免费提供一瓶矿泉水 6. 全程不进店，不能推销自费活动 7. 出境票及出境税由客人自理 8. 请举 ********* 接团 9. 客人名单：16人名单详见下表				

序号	姓名	性别	年龄	出生日期	备注
1	VIRGINIA /MS	女	69	Apr-15-1955	TWIN
2	VASHTI VANESSA /MS	女	32	Jul-11-1992	
3	LETICIA /MS	女	63	Apr-30-1961	TWIN
4	ZEWEI /MS	女	47	Aug-28-1977	
5	CATHERINE /MS	女	44	Jun-14-1980	TWIN
6	CHARMAINE /MS	女	44	Feb-26-1980	
7	DENNIS JONES /MR	男	37	Sep-15-1987	TWIN
8	JOSEPH JEFFERSON /MR	男	68	May-30-1956	
9	JESUS /MR	男	68	May-31-1956	COUPLE
10	SANDY/MS	女	57	Dec-24-1967	
11	CHIBEN /MR	男	67	Sep-28-1957	SINGLE
12	WHITMAN /MR	男	74	Jul-04-1950	COUPLE
13	GRACE /MS	女	66	May-28-1958	

续表

<table>
<tr><td rowspan="4">备注</td><td>序号</td><td>姓名</td><td>性别</td><td>年龄</td><td>出生日期</td><td>备注</td></tr>
<tr><td>14</td><td>BENJAMINMMICHAEL/ MR</td><td>男</td><td>69</td><td>Apr-15-1955</td><td>SINGLE</td></tr>
<tr><td>15</td><td>BEBBIE MEGAN /MS</td><td>女</td><td>32</td><td>Jul-11-1992</td><td rowspan="2">TWIN</td></tr>
<tr><td>16</td><td>SOON TY/MS</td><td>女</td><td>63</td><td>Apr-30-1961</td></tr>
<tr><td>地接社计调</td><td colspan="2">陈经理 13800000000</td><td colspan="2">紧急电话</td><td colspan="2">12345678</td></tr>
</table>

签发日期：　　年　　月　　日　　　　签发人：　　　　地陪导游签名：

说明：

1. 本表一式三份，旅行社、地陪导游、领队各持一份，务必在宾客到达的前一天审定完成。
2. 填写清楚，如有变化，及时更正。
3. 团队抵达后，人数、日程等如有变化，务必及时报告公司。
4. 此表盖章方为有效。

实训一 未雨绸缪——服务准备

项目描述

正所谓，“凡事预则立，不预则废。”服务准备是整个地陪导游工作的起点，这一环节就是为带团工作做准备，关系到整体服务质量。俗话说，磨刀不误砍柴工。地陪导游做好充分的前期准备工作可以保证旅游活动的顺利完成。

如果你是地陪导游，带团前你会做哪些准备工作？概括起来，主要包括熟悉接待计划、落实接待事宜和做好接团的其他准备，其中其他准备又包括知识准备、物质准备、形象准备和心理准备。

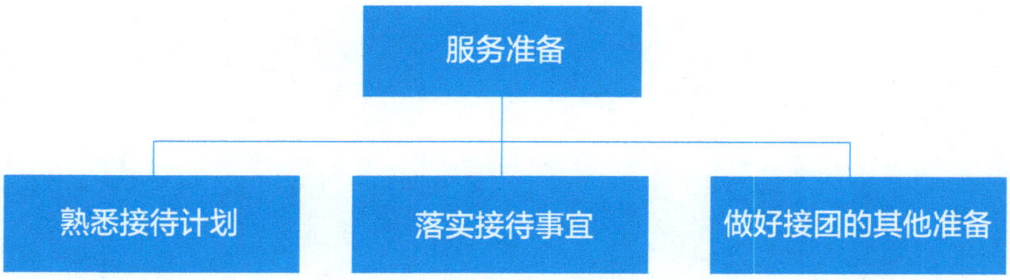

岗位画像

通过学习本节内容，你将获得以下岗位能力：

1. 理解服务准备的重要性，掌握服务准备的流程。
2. 能准确有效地分析“黄果树＋西江＋遵义四日游”的线路安排、交通工具情况、住宿情况、用餐情况等。
3. 能根据接待计划落实相关事宜，能发现问题和解决问题；在接团前完成“黄果树＋西江＋遵义四日游”的知识、物质、形象和心理准备。
4. 养成认真严谨的学习、工作态度及职业使命感。

重点难点

1. 重点

熟悉接待计划的基本内容。

落实接待事宜。

做好其他准备。

2. 难点

做好知识准备。

任务一 熟悉接待计划

熟悉接待计划的目的在于明确接待任务，了解接待细节，对旅行团情况和活动内容做到心中有数，在旅行团抵达前完成各项准备工作，以便更好地完成接待任务。

任务描述

地陪导游小陈根据公司安排，接待一个来自北京康辉国旅的23人旅行团，她到旅行社领取“黄果树+遵义+西江四日游接待计划”（表0-1）后，如何做好接团准备工作的第一步——熟悉接待计划？

任务目标

1. 理解熟悉接待计划的重要性。
2. 能够根据接待计划掌握旅行团基本情况、特殊要求和注意事项。
3. 养成“凡事预则立，不预则废”的超前意识和职业习惯。

任务实施

一、自我探索

观看精品课程“地陪导游业务实训”中“熟悉接待计划”视频教学资料。

熟悉接待计划

二、教学相长

（一）熟悉接待计划的作用

1. 有助于了解和熟悉旅行团的相关信息

（1）与地接社做好事先沟通工作

通过熟悉接待计划，地陪导游可以提前明确旅行团的性质、出团要求，并做好与地接社相关人员的事前沟通工作，根据自身的带团经验，可以对接待计划中相关问题进行询问，提出相应的建议，以便更好地为旅游者服务。

（2）掌握旅行团相关信息

地陪导游在出团前对旅行团信息的了解程度，在一定程度上决定此次行程能否顺利。因为旅游者的要求千差万别，只有早做准备才能在有限的时间内为旅行团提供有针对性的服务。

2. 有助于发现行程安排中的问题，及时调整

在拿到接待计划后，地陪导游应细心阅读行程、要求、特殊安排等。对一些特殊的安排和细节进行详细的分析、沟通和协调，对于存在的问题，可以尽早要求地接社的相关人员进行调整和更改，以防止产生不必要的损失。

3. 有助于接待前各项准备工作的实施

针对接待计划中的安排和要求，地陪导游要提前做好各项准备工作，包括知识、物质、形象、心理等方面。

初探思考

要仔细阅读接待计划

地陪导游小孙到汇川机场去接一个旅行团。按接待计划该旅行团乘 CA1024 航班于 16：00 到达，但他一直等到 19：00 也没接到人。而该航班时间并没有什么变动，小孙只好和司机回了家。晚上，计调紧急通知小孙再去机场接那个旅行团。原来，该旅行团是乘 CA1012 次航班于 23：00 到达，航班变更通知已经附在接待计划上，而计调因业务繁忙，只交代小孙要仔细阅读接待计划，有问题及时跟她沟通，而小孙只是按照习惯简单地浏览了一遍，没发现问题，便按照初始航班的时间前往机场接团。小孙赶到机场接到了游客，向他们道歉，对没有仔细阅读接待计划，让游客在机场久等而感到内疚。

问题

地陪导游小孙哪里做错了？他应该如何做？

分析

地陪导游在接待旅行团前一定要仔细研究接待计划，查看接待计划的每份通知和各个细节，不能只按照习惯简单地浏览一遍。本案例中的小孙就是没有仔细查看接待计划中的变更事项，仍按原始接待计划上的航班时间接团，才导致了接团的延误，让游客在机场久等。

启示

1. 查看和分析接待计划时，应仔细审阅每个细节，注意旅行团的名称、人数、抵达的时间、所住酒店名称、游客在旅游地停留的天数、游客离开的时间、旅游活动安排和游客的特殊要求等内容，遇到不清楚的问题要及时和计调沟通，决不能带着问题和疑点去接团。

2. 分析接待计划后还应就接待计划做大量的准备工作，如提前与接团司机确定会面的时间和地点，了解景点的开放时间，注意查看航班（车次、船次）是否更改时间等，否则在接待中遇到问题就会手足无措，影响接待的效果。

（二）熟悉、分析接待计划

地陪导游在领取接待计划后，应该仔细阅读并认真分析接待计划，掌握旅行团以下信息：

1. 组团社信息

组团社信息包括组团社名称及团号、全陪导游或领队姓名和电话号码、地陪导游姓名和

电话号码等。

2. 旅行团信息

旅行团信息包括旅行团种类、旅行团住房标准、旅游用车、游览景点、用餐标准等。

3. 旅行团成员的情况

旅行团成员的情况包括该团的人数（男、女人数，儿童人数）、团员姓名、性别、年龄，还应尽可能了解旅行团成员的职业、文化层次、宗教信仰等。

4. 旅游路线和交通工具

地陪导游应了解该旅行团的全程路线、抵离本地时所乘交通工具类型、时间和使用交通港（机场、车站、码头）名称。

5. 旅行团抵离交通票据情况

（1）了解该旅行团去下一站的交通票是否按计划订妥，有无变更，以及更改后的落实情况。

（2）了解有无返程票。

6. 特殊要求和注意事项

（1）该旅行团在住房、用车、游览、用餐等方面有何特殊要求。

（2）该旅行团是否需要有关方面负责人出面迎送、会见、宴请等。

（3）该旅行团是否有老弱病残等需要特殊照顾的旅游者。

7. 是否需要提前办理手续

该旅行团的旅游线路中是否有需要办理通行证的地区（城市）或特殊参观项目，如有则需要提前办理好相关手续。

做一做 1　分析旅行团及成员的基本信息

请同学们根据“黄果树 + 遵义 + 西江四日游接待计划”（表 0–1），完成表 1–1。

参考答案

表 1–1　旅行团及成员的基本信息

熟悉内容	熟悉要点	本团情况	熟悉目的
组团社信息			
旅行团信息			
旅行团成员的情况			

做一做 2 分析旅游路线、交通工具和交通票据情况

对行程安排的分析，可以说是一个明确和熟悉接待计划的过程。请同学们根据“黄果树 + 遵义 + 西江四日游接待计划”（表 0–1），完成表 1–2。

参考答案

表 1–2 旅游路线、交通工具和交通票据情况

熟悉内容	熟悉要点	本团情况	熟悉目的
旅游路线			
交通工具			
交通票据			

做一做 3 提出问题、分析问题、解决问题

任何一个旅行团的接待计划都不可能将接待的细节全部表述出来，其中有许多问题需要地陪导游在熟悉接待计划时发现，并且予以及时解决。个人的经验不同、细心程度不同，发现的问题也不尽相同。更何况，拟订接待计划的计调水平不同、负责程度也不同，难免在接待计划中有所疏漏。地陪导游不能去苛求计调，最稳妥的方法是在认真熟悉接待计划时去发现问题、分析问题，并且把问题解决在出团之前。

需要注意的是，这个问题一定是影响该旅行团具体接待的实际问题，换言之，是不了解这些情况就无法接团的问题。请根据“黄果树 + 遵义 + 西江四日游接待计划”（表 0–1），填写表 1–3。

参考答案

表 1–3 提出问题、分析问题、解决问题情况

提出问题	分析问题	解决问题

模拟实训

（一）实训内容

熟悉散拼团的接待计划。

（二）实训目标

通过本次模拟实训，了解常见团型有独立成团的包团和散客拼团的散拼团。在此模块的学习中，重点了解散拼团的特点。

同学们能够掌握包团和散拼团接待标准及操作方式的不同之处，提高发现问题和解决问题的能力，进一步提升带团能力。

（三）实训步骤

1. 任务描述

经过前期的积累，地陪导游小陈已经有了一定的带团经验。鉴于小陈不错的表现，为进一步锻炼她的能力，计调通知她接待贵州热门旅游线路“小七孔＋西江两日游”散拼团，要求顺利完成带团工作，降低投诉率，提高游客满意度，展示良好的贵州形象。她拿到“小七孔＋西江两日游接待计划”（表0-2）后，开始进行服务准备工作。请问小陈需要熟悉哪些内容？

2. 任务分析

作为地陪导游，第一步便是要做好接团的服务准备。本次接待的旅行团与“黄果树—遵义—西江四日游”旅行团的最大不同在于团型的区别。此次旅行团所带游客为散客，而之前则为团队，团型不同，服务标准也不尽相同，服务准备内容也会随之发生变化。地陪导游小陈在此环节首先要掌握包团和散拼团的区别，然后分析两者在服务内容和标准上的异同点。

3. 任务实施

（1）游客来旅行社咨询时，经常会听到“自由行”“散拼团”“包团”“定制自由行”这样的专业术语。请同学们根据所学内容，查阅资料，阐述“散拼团”和“包团”的区别，填写表1-4。

参考答案

表1-4　散拼团和包团的区别

内容	散拼团	包团
成员		
报名方式		
旅游线路		
优点		
缺点		

(2) 根据“小七孔 + 西江两日游接待计划”(表 0-2)，按照表 1-4 的提示，补充完善“熟悉要点”及“本团情况”，填写表 1-5。

表 1-5　“小七孔 + 西江两日游接待计划”分析表

熟悉内容	熟悉要点	本团情况
团型		
人数		
客源地		
抵离时间		
行程安排		
接待标准		
相关人员		

参考答案

(3) 对于地陪导游来说，光了解接待计划上的基本信息还远远不够，还需要有针对性地对本团情况做出预先判断，提前做好相应的准备，才能保证顺利带团。请结合所学知识，根据“小七孔 + 西江两日游接待计划”(表 0-2)，完成表 1-6 中的“提出问题”和“解决问题”。

表 1-6　“小七孔 + 西江两日游接待计划”存在的问题及解决方法

内容	本团情况	提出问题	解决问题
团型	散拼团		
人数	总人数为 38 人，以中老年人为主，男性 20 人，女性 18 人，无儿童		
客源地	北京、天津、辽宁、山西、河南、重庆、四川、江西等		
抵离时间	到达：9 月 21 日上午 8 点，贵阳市延安西路客车站集合 离开：9 月 22 下午，游览结束后送至贵阳市延安西路客车站		
行程安排	D1：贵阳市延安西路客车站—小七孔景区—西江 D2：西江千户苗寨—贵阳统一散团		
接待标准	客房：苗寨内，带空调、独立卫生间（标准间） 用餐标准：20 元 / 人		
相关人员	房：无 餐：无 车：王师傅 13100000000 全陪导游：无 计调：王经理 13300000000		

参考答案

4. 任务评价

根据实操训练内容和具体情况，评价采取自我评价、组内评价和教师评价相结合的评价方式，对所完成的“小七孔 + 西江两日游”熟悉接待计划模拟训练做出相应评价。效果评价表详见表 1-7。

表 1-7　　熟悉接待计划模拟训练效果评价表

评价内容		评价等级（优、良、中、差）			备注
		自我评价	组内评价	教师评价	
知识技能评价	针对性				
	准确性				
	合理性				
	规范性				
情感态度评价	团队协作				
	职业价值				
	个人价值				
组长总结				综合等级	

评价等级参照标准：
①针对性——是否结合接待计划进行个性化分析
②准确性——接待过程是否完整，问题解决是否目的明确
③合理性——是否符合接待计划的实际情况
④规范性——是否符合地陪导游服务规范，所采取的相关措施是否具有可操作性
⑤团队协作——团队分工是否明确、合理
⑥职业价值——是否体现地陪导游职业道德与职业操守
⑦个人价值——是否传递积极、向上的价值导向

5. 提升锦囊

熟悉接待计划，明确各项服务标准，可以让地陪导游做到心中有数，做到知己知彼，有针对性地为游客服务，又可以为后续的落实接待事宜做准备。由此可见，小小的接待计划蕴含着大大的乾坤，它需要我们树立“凡事预则立，不预则废”的信念，养成规范化操作的服务意识；它需要我们热爱本职工作，刻苦钻研业务，热忱地为游客提供优质的地陪导游服务；它还需要我们将责任感当成生活态度，坚持“把简单的事做好就是不简单，把平凡的事做好就是不平凡”。熟悉接待计划，应了解要熟悉的具体内容以及熟悉它的目的是什么，然后思考采取何种措施来做准备，详见表 1-8。

表 1-8　　熟悉接待计划一览表

序号	熟悉内容	熟悉目的	措施
1	组团社名称、团号及全陪导游或领队姓名及电话	看以前是否和组团社合作过，提供针对性服务，便于接站和有突发事件时能及时联络	和地接社计调核对接待计划 查阅档案资料
2	客源地	“一方水土养一方人”，了解客源地便于提供针对性服务	仔细阅读接待计划，了解客源地，提前准备相关知识
3	旅行团成员人数、性别	便于接团后核对人数是否有出入，落实房间、餐饮、车票、门票等事宜	与全陪导游或领队和各接待单位核对计划

续表

序号	熟悉内容	熟悉目的	措施
4	旅行团成员的姓名、职业、年龄、民族、宗教信仰、特殊要求等	旅行团成员的情况决定讲解方式和讲解内容，提供针对性服务 了解旅行团成员的出生日期，便于了解旅游期间是否有游客过生日，提供个性化服务	提前准备相应讲解知识和话题 如有需要，准备生日蛋糕和小礼品
5	是否有特殊游客（残疾人、儿童、高龄老人等）	提供针对性服务	提前做好精彩的讲解，提供周到热情的服务
6	抵离各站时间、所乘坐交通工具	便于接送站 便于地陪导游安排行程	仔细阅读接待计划 和地接社计调核对落实
7	下榻酒店名称、位置、星级、特色等	便于司机安排行车路线 便于地陪导游介绍下榻酒店	和地接社计调核对落实 网上查阅
8	用餐餐厅名称、位置、餐费标准、特色等	便于司机安排行车路线 便于地陪导游订餐并向游客介绍用餐情况	和地接社计调核对落实 网上查阅
9	主要参观游览项目	便于司机安排行车路线 便于地陪导游合理安排行程 便于地陪导游准备讲解词	和地接社计调核对落实 仔细阅读接待计划，查阅资料，提前做好准备
10	文娱活动、特色餐、计划外项目是否收费	便于地陪导游合理安排行程和各项活动	仔细阅读接待计划 和地接社计调核对落实

知识链接

1. 接待计划定义

接待计划是指组团社根据与客源地旅行社签订的旅游合同（或协议）制定的旅行团在旅游线路上各地点的活动安排，又是组团社委托有关地接社组织落实旅行团活动的契约性文件，同时也是地陪导游了解旅行团基本情况和安排当地活动日程的主要依据。

2. 接待计划分类

（1）入境旅行团接待计划

入境旅行团接待计划是指国内组团社根据与境外旅行社签订的旅游合同或协议的要求制订的旅行团在我国境内旅游活动的安排计划。

（2）国内旅行团接待计划

国内旅行团接待计划是指国内组团社根据与旅游者签订的旅游合同或协议的要求制订的旅行团活动安排计划。

3. “散客拼团（散拼团）”“独立成团（包团）”的名词解释

（1）散客拼团就像坐公交车

散客拼团就像坐公交车，每一辆公交车的路线都是固定的，不管是司机还是售票员，都无法改变既定的路线，是一种非常常见又经济的旅行方式。

旅游者各自在自己所在地的旅行社分散报名以后，再由目的地地接社根据出发时间、旅行天数、选择的路线等信息，统一安排“房、餐、车、导”等环节。把不同地方的旅游者集中到目的地组成一个较大的团队进行旅游活动。

优点：可以随时拼团，价格经济实惠、大众化，一个人也可享受团队价格的优惠，一般的旅游者都可以接受。另外，旅游者还可以结交来自五湖四海的新朋友。

缺点：行程安排比较紧凑、节奏快，游览景点、吃饭等基本上都有时间限制；自主性受到很大的限制，个人不想游览的地方要跟着旅行团一起游览，喜欢的地方也不得不和旅行团一起离开；可能会安排进购物店，虽然不强制消费，但体验感可能较差。

(2) 独立成团就像搭出租

独立成团就像搭出租，路线都由旅游者说了算，按照“行程打表”付费。

独立成团也是一种定制游，对象通常是一个单位、一个群体或者一个家庭独立组成的一个小型旅行团，旅行社会根据服务对象的要求，单独为其设计路线，提供独立包车、地陪导游等服务。

独立成团的旅游者，可以根据自己的需求定制旅游行程，想怎么玩就怎么玩，想要什么标准就用什么标准，当然，费用也要比散客拼团高。

优点：时间充裕、不紧张，独立成团的旅游者，观光游览的时间可由他们自己支配，不受其他因素限制，非常个性化。

缺点：费用要比散客拼团高一些。

4. 散客拼团的特点

(1) 规模小：多为旅游者本人单独出行或结伴而行，规模相对较小。

(2) 批次多：总人数多，但规模较小，因此批次较多。

(3) 要求多：团队中不乏消费水平较高的旅游者，他们对服务的要求不仅多而且高。

(4) 变化大：散客在出游前对旅游计划的安排往往缺乏周密细致的考虑，因而在旅游过程中常常会随时变更其旅游计划而预订新的旅游项目。

(5) 预订期短：往往要求旅行社能够在短时间内安排或办妥相关的旅游业务，因此，与独立成团相比，散客拼团的预订期比较短。

课后拓展

实训工单　熟悉接待计划

学院		专业	
姓名		学号	

一、接受工作任务

经过多年带团经验，地陪导游小陈在国内团接待服务方面已经非常娴熟，并通过加试英语口语，能够与外宾有效沟通和交流，获得了英文地陪导游资格证。正值旅游旺季，前来贵州游玩的外国游客逐渐增多。经过综合考量英文水平和地陪导游接待能力，计调通知地陪导游小陈接待来自菲律宾的一行 16 人“黄果树 + 天眼四日游”旅行团，要求顺利完成带团工作，向国外游客展示良好的贵州形象。

地陪导游小陈拿到“黄果树 + 天眼四日游接待计划”（表 0–3）后，第一步便是熟悉接待计划，请问熟悉的内容有哪些?

二、知识拓展

1. 入境旅游：外国旅游者来我国旅游，香港特别行政区、澳门特别行政区旅游者来内地旅游，台湾地区居民来大陆旅游，以及在中国内地的外国人，在内地的香港特别行政区、澳门特别行政区居民和在大陆的台湾地区居民在境内的旅游。

2. 中国海外客源市场：中国入境外国旅游者来源地主要集中在亚洲，美洲和欧洲入境旅游者次之，大洋洲和非洲最少，港澳台地区是中国入境旅游最重要的客源地。总体来说，当前我国入境旅游发展态势良好，客源全球化进程加快。

续表

3. 菲律宾国家概况：
【国名】菲律宾共和国
【面积】29.97 万平方千米
【首都】马尼拉市
【国家元首】费迪南德·罗慕尔德兹·马科斯

（资料来源：中华人民共和国驻菲律宾共和国大使馆官网）

三、完成任务

1. 请以小组为单位，分析“黄果树 + 天眼四日游接待计划”（表 0–3），并填写下表。

“黄果树 + 天眼四日游接待计划”分析表

熟悉内容	本团情况	注意事项	解决方法
团型			
人数			
客源地			
抵离时间			
行程安排			
接待标准			
相关人员			

2. 小组内进行讨论交流，检查该接待计划中的旅游线路安排是否妥当，制定出每天详细的行程安排表，明确接待细节，并填写下表。

“黄果树 + 天眼四日游”行程安排表

日期	涉及地点	相关活动及注意事项	具体游览行程安排
5 月 18 日			
5 月 19 日			
5 月 20 日			
5 月 21 日			

续表

3. 根据实操训练内容和具体情况，评价采取自我评价、组内评价和教师评价相结合的评价方式，对所完成的“黄果树＋天眼四日游”熟悉接待计划模拟训练做出相应评价。效果评价表详见下表。

熟悉接待计划模拟训练效果评价表

评价内容		评价等级（优、良、中、差）			备注
		自我评价	组内评价	教师评价	
知识技能评价	针对性				
	准确性				
	合理性				
	规范性				
情感态度评价	团队协作				
	职业价值				
	个人价值				
组长总结				综合等级	

评价等级参照标准：
①针对性——是否结合接待计划进行个性化分析
②准确性——接待过程是否完整，问题解决是否目的明确
③合理性——是否符合接待计划的实际情况
④规范性——是否符合地陪导游服务规范，所采取的相关措施是否具有可操作性
⑤团队协作——团队分工是否明确、合理
⑥职业价值——是否体现地陪导游职业道德与职业操守
⑦个人价值——是否传递积极、向上的价值导向

真题小测

（一）单选题

1. 入境旅行团接待计划是国内组团社根据与（　　）签订的旅游合同或协议的要求制订的旅行团在我国境内旅游活动的安排计划。

A. 国内地接社　　B. 国外旅游者
C. 领队　　D. 境外旅行社

2. 境外旅行社委派、全权代表该旅行社带领旅行团从事旅游活动的人员是（　　）。

A. 领队　　B. 全陪导游
C. 地陪导游　　D. 景点导游

3. 散客在出游前对旅游计划的安排往往缺乏周密细致的考虑，在旅游过程中，市场需要随时变更其旅游计划，这是散客旅游（　　）的特点。

A. 要求多　　B. 变化大　　C. 自由度大　　D. 预订期短

4. 旅游者自行安排旅游行程，以零星现付的方式购买各项旅游服务的旅游形式称为（　　）。

A. 散客旅游　　B. 小包价旅游　　C. 组合旅游　　D. 团队旅游

5. 以下哪项为散客旅游提供了便利的技术条件？（　　）

A. 餐饮接待条件改善　　B. 游览设施条件改善

C. 住宿接待条件改善　　D. 交通和通信的发展

（二）多选题

1. 地陪导游接待入境旅行团，面对境外旅游者，应该（　　）。

A. 一视同仁、不卑不亢　　B. 热情大方、清洁端庄

C. 曲意逢迎、一味退让　　D. 耐心细致、文明礼貌

2. 接待计划是地陪导游（　　）的主要依据。

A. 了解旅行团基本情况　　B. 提供地陪导游讲解服务

C. 预订相关旅游服务　　D. 落实相关景区安排

E. 安排地方活动日程

3. 地陪导游要预先了解旅行团抵离本地情况，主要包括哪些内容？（　　）

A. 抵离时间

B. 所乘交通工具类型

C. 班次（车次、船次）

D. 使用的交通港（机场、车站、码头）的名称

4. 地陪导游服务准备工作中的熟悉接待计划，包括（　　）。

A. 旅行团基本信息

B. 旅行团成员情况

C. 旅行团抵离本地情况

D. 旅行团各地地接社情况

E. 特殊要求和注意事项

参考答案

任务二 落实接待事宜

地陪导游为了避免在接团过程中发生不必要的麻烦，需要在熟悉接待计划之后，对接待计划上的各项内容逐一落实，防止带团过程中出现问题，尤其要注意吃、住、行、游、购、娱六个环节中的各项事宜。

任务描述

地陪导游小陈在熟悉了“黄果树＋遵义＋西江四日游接待计划”（表 0-1）后，该如何做好接团准备工作的第二步——落实接待事宜？

任务目标

1. 熟悉落实接待事宜的基本内容及要求。
2. 能够根据接待计划落实各项接待事宜。
3. 能够在落实接待事宜过程中发现问题并解决问题。
4. 潜移默化地养成敬业爱岗、规范化操作的服务意识。

任务实施

一、自我探索

观看精品课程“地陪导游业务实训”中“落实接待事宜及其他准备”视频教学资料，学习“落实接待事宜”相关内容。

落实接待事宜及其他准备

二、教学相长

（一）落实接待事宜的重要性

按照《导游服务规范》（GB/T15971-2023）的要求，在全面熟悉旅行团的基本信息后，地陪导游应在旅行团抵达的前一天，与相关部门或人员认真落实旅行团的交通、住宿、行李运输等事宜。

初探思考

小孙没有接到旅行团

地陪导游小孙早上要接一个来自北京的旅行团，小孙已接待过多次这类旅行团，都是在广州火车站接团的。他想，这次也应是如此。像往常一样，他提早到达广州火车站接团，但是火车到站的时间已经过了，为什么还不见要接的旅行团呢？他连忙拿出接待计划问车站工作人员该车次是否到达。车站工作人员告诉他，该车次是直达深圳的，此时旅行团应在去深圳的路上。

问题

1. 发生这次事故的原因是什么？

2. 地陪导游该如何避免出现此类事故？

分析

这起事故的责任主要在地陪导游小孙，他拿到接待计划后，没有仔细阅读，且没有认真落实该旅行团抵达的时间和地点，也没有提前与该团计调或全陪导游进行确认，这是地陪导游小孙最大的失误。试想，地陪导游小孙如能在接团前主动落实，就可以避免这次事故。

启示

地陪导游应严格按照工作流程落实接待事宜，不应犯经验主义错误或马虎偷懒，只有严格按照工作程序去做，才会杜绝漏洞，纠正错误，减少不必要的损失。

（二）落实各项接待事宜

在旅行团的接待中，涉及多方面的接待环节，如旅行用车、住房、用餐等内容，这些方面地陪导游都需要事先予以落实。

1. 核对接待计划

一般接待计划中所反映的服务内容较为笼统，不便过细要求，很多接待细节没有在接待计划中体现出来；另外，有的接待计划的签发日期与团队抵达日期有较长的相隔时间，在这期间，接待计划的内容是否有变化，也难以从接待计划中得知，因此，地陪导游在接团前，必须与该团的计调联系，核对接待计划。

（1）计划变更

确认旅行团在抵达时间、乘坐交通工具、人数、住房及游览日程、就餐地点、特色餐品尝、购物、晚间活动、自由活动等项目方面有无变更，如有变更，应以最近时段的变更为准。

（2）相关费用

认真核对旅行团的相关费用情况，如应提供哪些项目、住房及用餐标准如何、旅游者自付费用项目有哪些，团费是否包含缆车费用和儿童费用等，都应予以认真核实，以免造成不必要的损失或接团中的被动局面。

2. 落实车辆

（1）地陪导游应在接团前同司机商定会合的时间和地点（通常提前半小时到达会合地点）。

（2）地陪导游应提醒司机检查车辆空调、车载电视、音响和话筒等设备，保证设备的正常使用。

（3）接待大型旅行团时，地陪导游应在车上贴上醒目的编号和标记，以便旅游者识别。

3. 落实住房

（1）地陪导游应熟悉旅行团所住酒店的位置、概况、服务设施和服务项目，如距市中心的距离、附近有何购物娱乐场所、交通状况等。

（2）地陪导游在接团前要与地接社计调核实该团旅游者所住房间的数量、房型、用房时间，查看是否与接待计划相符，核实房费内是否含早餐费用等，并与酒店销售部或总台核实。若接待重点旅行团，地陪导游可到旅游者下榻的酒店向酒店接待人员了解该旅行团排房情况，并告知旅行团的抵达时间和旅游车牌号，并与酒店销售部或总台核实，主动介绍该旅行团的特点，配合酒店做好接待工作。

4. 落实用餐

地陪导游应熟悉旅行团就餐餐厅的位置、特色。与各有关餐厅联系，确认该旅行团接待计划上安排的每一次用餐的落实情况，并告知旅行团的团号、人数、餐饮标准、日期、特殊要求和饮食禁忌等。

5. 落实行李运送

若旅行社为旅行团安排了行李车，地陪导游应与行李员联系，告知旅行团抵达的时间、地点以及下榻的酒店。

6. 了解参观景点

（1）对新开放的旅游景点或不熟悉的景点，地陪导游应事先了解景点位置、行车线路、开放时间、最佳游览线路、厕所位置等。必要时，地陪导游可先去了解情况，以保证旅游活动的顺利进行。

（2）提前核实景点门票优惠政策、景点内收费项目、景区内演出或表演的场次和时间。

7. 核实旅行团离开当地的出票情况

地陪导游应主动与计调联系，核实旅行团离开当地的交通工具出票情况，并核实航班（车次、船次）的出发时间，以便在接待中安排好旅行团离开酒店前往机场（车站、码头）及托运行李出客房的时间。

8. 落实其他项目的安排情况

如果组团社发来的接待计划中包括该旅行团的会见、宴请、品尝特色餐等活动，地陪导游应在接团前与计调联系，请其落实相关的会见、宴请、特色餐的单位、人员等事宜。

9. 与全陪导游联系

地陪导游应提前与全陪导游取得联系，了解该旅行团情况有无变化，以及对在当地的安排有何要求，并告知全陪导游行程中景点对旅游者的优惠政策及需要携带的相关证件。若接待的入境旅行团是首站抵达，地陪导游应与全陪导游联系，约定见面时间和地点，一起提前赴机场（车站、码头）迎接旅行团。

10. 掌握相关的联系电话

相关联系电话包括但不限于接待社各部门、行李员、全陪导游、旅游车租车公司（旅行社车队）、就餐餐厅、下榻酒店、游览的景区等的联系电话，以及机场（车站、码头）、下站旅行社等的人员联系方式。

做一做 1 需要落实的具体事项和要点

以小组为单位，根据“黄果树＋遵义＋西江四日游接待计划”（表0–1），列出该旅行团需要落实接待事宜的具体事项、要点及本团情况，填写表1–9。

参考答案

表1–9 落实接待事宜的具体事项、要点及本团情况

具体事项	要点	本团情况
核对接待计划		
落实车辆		
落实住房		
落实用餐		
……		

做一做 2 需要落实的接待事宜

请针对“黄果树＋遵义＋西江四日游接待计划”（表0–1），分组进行落实接待用车、用房和用餐模拟训练。

参考范例

模拟实训

（一）实训内容

落实散拼团的接待事宜。

（二）实训目标

通过本次模拟实训，同学们能梳理出散拼团需要落实的接待事宜，了解包团和散拼团接待标准及操作方式的不同，提高发现问题和解决问题的能力，进一步提升地陪导游带团的能力。

（三）实训步骤

1. 任务描述

地陪导游小陈已经熟悉了“小七孔＋西江两日游接待计划”（表0–2），请问接下来地陪

导游小陈要落实哪些具体接待事宜以及如何落实？

2. 任务分析

此次旅行团所带游客为散客，地陪导游小陈在此环节应该与计调确认行程内容和接待标准，与司机核实用车情况，与酒店核实用房情况，与餐厅核实用餐情况，以及在接站前与每一组游客代表联系，确认接站地点和时间。

参考答案

3. 任务实施

(1) 确定该旅行团需要落实的接待事宜及要点，请小组讨论后，完成表 1-10。

表 1-10　　落实接待事宜及要点

落实事宜	落实要点	该旅行团行程落实要点
用餐（吃）	团队用餐时间、地点、人数、标准、特殊要求、饮食禁忌	
住房（住）	数量、房型、用房时间、楼层、入住时间、房费是否含早餐费用	
车辆（行）	与司机会合的时间与地点、游客抵达的时间与地点、车牌号、车辆安全及设施检查	
景点（游）	景点位置、行车线路、景点开放时间、最佳游览线路、厕所位置、门票优惠政策、景点内收费项目、景点内演出或表演的场次和时间	
购物安排（购）	集体 / 自由购物时间、地点	
娱乐安排（娱）	会见、宴请、品尝特色餐、观看演出	
全陪导游	与全陪导游核实团队出发情况、房餐等特殊需求、见面时间及地点、游客具体情况	
其他有关部门及人员	接待社各部门、行李员、全陪导游、车队联系人、餐厅、酒店、景区、机场（车站、码头）、下站旅行社人员联系方式	

(2) 模拟与游客落实接待事宜。散拼团的落实接待事宜与包团不同，散拼团一般无全陪导游，且人数较多，地陪导游与全陪导游落实的事项，此时需要全部与游客对接，散拼团中如果有游客代表，则要在出发前一天与游客代表进行对接，通过电话确认第二天集合的时间及地点，询问团队中游客的用餐、住宿等特殊需求；如果没有游客代表，地陪导游则需与每一位游客逐一进行落实，通过电话确认游客信息，提醒第二天的集合时间及地点，确保游客顺利到达指定地点。

参考答案

(3) 模拟给游客发送相关注意事项的短信。以“小七孔 + 西江两日游接待计划”（表 0–2）为例，在落实接待事宜时，小陈已经与游客代表通完电话。接下来，如何给游客发送相关注意事项的短信，请撰写给游客代表发送的信息。

参考答案

4. 任务评价

根据实操训练内容和具体情况，评价采取自我评价、组内评价和教师评价相结合的评价方式，对所完成的“小七孔 + 西江两日游”落实接待事宜模拟训练做出相应评价。效果评价表详见表 1–11。

表 1–11　　落实接待事宜模拟训练效果评价表

评价内容		评价等级（优、良、中、差）			备注
		自我评价	组内评价	教师评价	
知识技能评价	针对性				
	准确性				
	合理性				
	规范性				
情感态度评价	团队协作				
	职业价值				
	个人价值				
组长总结				综合等级	
评价等级参照标准： ①针对性——是否结合接待计划进行个性化分析 ②准确性——接待过程是否完整，问题解决是否目的明确 ③合理性——是否符合接待计划的实际情况 ④规范性——是否符合地陪导游服务规范，所采取的相关措施是否具有可操作性 ⑤团队协作——团队分工是否明确、合理 ⑥职业价值——是否体现地陪导游职业道德与职业操守 ⑦个人价值——是否传递积极、向上的价值导向					

5. 提升锦囊

散拼团成员来源复杂，接待标准不一，服务内容庞杂，而且没有领队、全陪导游陪同，地陪导游兼有领队、全陪导游职责，肩上的担子十分沉重。因此，地陪导游应仔细阅读接待计划的内容并关注重要的事项，如船票、门票、用房情况、用餐情况（餐标）、用车情况等。地陪导游凭接待计划在旅行社领出行程中需用的相关签单，并保管好，切勿丢失，务必提前一天（特殊情况除外）联系客人，告诉客人次日的游览行程、接送时间、游览时间、注意事项等。接团时，告诉客人自己的手机号码，并将当团所有客人电话记录好，以便行程中的不时之需。

知识链接

1. 独立成团（包团）和散客拼团（散拼团）的差异

各家旅行社客源结构、收费标准、行程安排和社会口碑的不同，散拼团客人虽然同团旅游，但获得的服务承诺、参团价格，自身素质以及客人期望值都存在着或大或小的差异，这使散拼团内部的问题很复杂，比包团呈现出更多甚至更尖锐的矛盾或冲突。

(1) 服务承诺的差异

散拼团在成团前，各家旅行社已做过前期宣传，在日程安排、旅游项目、旅游线路、接待等级方面已向客人做出承诺，而各家旅行社的承诺可能不尽相同，这给地陪导游带好团队增加了困难。

(2) 参团价格的差异

各地区间收入水平有差异，不同旅行社品牌有差异，客人购买时间早晚有差异，这些均可能引起客人参团价格出现差异。当支付了不同团费的客人享受的却是同样的服务，或同样的团费享受的却是不同档次的服务，这就难免会引起团队内部的骚动。问题的源头虽然在组团社，但客人的矛头将指向带团的地陪导游。

地陪导游要注意，原则上在一个旅行团队内，客人缴纳的团费价格差异以不超过15%为宜。如果超过这个比例且客人也提出了异议，地陪导游应建议接待旅行社与组团旅行社协商，退还客人多余的部分，以平息客人的不满情绪。

(3) 自身素质的差异

散拼团的团员来自社会各阶层，个人兴趣爱好和生活习惯不同，工作性质和社会地位迥异，男女老幼参差不齐。若旅行团内部矛盾重重，地陪导游工作的困难可想而知。

(4) 客人期望值的差异

期望值的差异会影响客人对旅游服务的要求程度，决定客人的满意度。不同的期望值往往造成客人要求的多样化和满意度的差异化。一般而言，散拼团客人的期望值受下述因素影响：

①对组团社的认同度。即旅行社声誉越好，客人的期望值越高。

②对团费的承受力。如果费用较高，那客人对此次旅行寄予的期望就更大。

2. 接待散拼团的原则

面对纷繁复杂、矛盾重重的散拼团，地陪导游应坚持如下接待原则：

(1) 精心化解矛盾的原则

地陪导游应具有较强的工作责任心和细致的工作作风，善于预见各种矛盾出现的可能性，尽可能将矛盾化解于萌芽状态。

譬如，在团队出发前，地陪导游应熟知客人的接送站点，并预先编排座次，座次的优劣可根据费用多少确定；在迎接客人的时候，除了考虑节约成本外，还应尽可能缩短迎接时间，如可以用二至三台微型车接送，或通知客人到统一地点集合，由旅行社支付出租车费用等；对团队中年龄、职业等差异太大的成员，可以安排在不同区域；对于团费明显过高，有可能出现旅游纠纷的个别客人，可事先与旅行社联系，争取获得给客人补偿或退还部分多余费用的权利，当行程中客人提出异议或情绪明显不满时，可以此化解矛盾。

(2) 服务主导的原则

对于客人的质疑和不满，地陪导游应该给予合理的解释和疏导，但不要过于纠缠。应在人数清点完毕之后，尽快进入讲解状态，以服务为主导，转移客人的注意力，以精彩的服务淡化矛盾。

对于客人的问题，可在旅程中利用餐间或晚间自由活动时间，逐个与客人交谈，耐心细致地说明实际困难，争取客人的理解，或者请示旅行社对利益明显受损的游客给予一定的补偿。时间是矛盾的消解器，客人诸多不快都会因时间的流逝而淡化，地陪导游只要尊重客人、热情服务，尽量不激化矛盾，不出现新问题，大多数矛盾都可以逐步得到化解。

(3) 服务有序性的原则

地陪导游面对的是一个不同消费层次的群体，他们在游览、住宿、用餐过程中时分时合，地陪导游一定要注意工作的有序性，对各种消费档次的客人心中有数，合理安排，最好能提前给客人书面说明，让客人对地陪导游工作放心。

(4) 以建设团队文化为先导的原则

客人互不相识，客人之间、客人与地陪导游之间容易形成隔膜。尽快消除一方的陌生感，建立起和谐轻松的团队气氛，是带好散拼团的关键。最好的方法是地陪导游在途中有意组织一些活跃气氛的活动，如请客人介绍自己，然后讲述各自家乡的趣事、方言土语，探讨大家都感兴趣的热点话题（地陪导游也可在客人讲述的间隙提出一个个有趣的问题）；地陪导游还可将客人分组，按组做小游戏，胜者给予奖励，输者表演节目，以消除客人之间的陌生感，改善团队陌生氛围。只有当客人之间尽快熟识起来，团队意识和团队气氛浓郁起来，客人之间才能互相关心，地陪导游带团也会更加轻松。

可以说，散拼团地陪导游与包团地陪导游最大的区别，是散拼团地陪导游除严格执行标准程序之外，还要做较多的细节性安排，要求有序、细心、周到，尤其要有承受各种抱怨的心理准备和化解各种矛盾的技巧，避免产生重大旅游投诉事件。

课后拓展

实训工单　落实接待事宜

学院		专业	
姓名		学号	

一、接受工作任务

地陪导游小陈已经熟悉了人境旅行团的“黄果树 + 天眼四日游接待计划”（表 0-3），根据接待计划，该入境旅行团将在贵州停留 4 天 3 晚，为做好接待服务，地陪导游小陈应对照接待计划中涉及的行程安排、交通工具、餐饮住宿、游览项目等逐一落实，尤其是用餐和住宿方面，要进一步和领队确认团员是否有饮食忌口等特殊要求。

二、知识拓展

1. 菲律宾饮食

菲律宾人的口味近似我国广东民众。喜欢吃对虾、生菜、鸡等，口味微辣。菲律宾盛产各种热带水果，素有“太平洋上的果篮”之称。菲律宾人的主食是大米、玉米。米饭是放在瓦缸或竹筒里煮，菲律宾人喜欢用手抓饭进食。菲律宾人喜欢吃椰子汁煮木薯、椰子汁煮饭，然后用香蕉叶包饭。玉米作为食物，先是晒干，磨成粉，然后做成各种食品。

2. 菲律宾众多的民族

菲律宾是一个多民族的国家，有 90 多个民族。主要民族有比萨扬人、他加禄人、伊洛克人、比科尔人、卡加延人等，人口共占全国人口的 85% 以上。少数民族有华人、印度尼西亚人、阿拉伯人、印度人、西班牙人和美国人，还有为数不多的土著民族。居民约 85% 信奉天主教，5% 信奉伊斯兰教，少数人信奉独立教和基督教新教，土著居民多信奉原始宗教，华人多信奉佛教。

（资料来源：中华人民共和国驻菲律宾共和国大使馆官网）

在与菲律宾人交往时，要尽量回避“13”这个数字，如集会聚餐不宜 13 个人，旅馆也没有 13 号房。菲律宾人对星期五也存在忌讳。如果某月 13 日又逢星期五，该日则被认为不吉利。日常话题应以婚姻、家庭、职业、烹饪等为主，避免谈论菲律宾内政、宗教及政治人物。

续表

三、完成任务

1. 根据该入境旅行团的接待计划（表 0–3），请以小组为单位，落实接待事宜、要点及本团情况，并填写下表。

落实接待事宜、要点及本团情况

落实事宜	落实要点	本团情况
用餐（吃）		
住房（住）		
车辆（行）		
景点（游）		
购物安排（购）		
娱乐安排（娱）		
领队		
其他有关部门及人员		

2. 根据“黄果树 + 天眼四日游”的落实接待事宜，参考下表进行角色分配，完成模拟训练。

落实接待事宜模拟训练角色分配

角色	人数	具体工作
地陪导游小陈	1	落实接待事宜
司机马师傅	1	协助地陪导游落实用车情况
领队小王	1	协助地陪导游完成联络工作
酒店前台服务员	1	协助地陪导游落实用房情况
餐厅订餐经理	1	协助地陪导游落实用餐情况
游客	若干	参与落实接待事宜

续表

3. 根据实操训练内容和具体情况，评价采取自我评价、组内评价和教师评价相结合的评价方式，对所完成的“黄果树＋天眼四日游”落实接待事宜模拟训练做出相应评价。效果评价表详见下表。

落实接待事宜模拟训练效果评价表

评价内容		评价等级（优、良、中、差）			备注
		自我评价	组内评价	教师评价	
知识技能评价	针对性				
	准确性				
	合理性				
	规范性				
情感态度评价	团队协作				
	职业价值				
	个人价值				
组长总结				综合等级	

评价等级参照标准：
①针对性——是否结合接待计划进行个性化分析
②准确性——接待过程是否完整，问题解决是否目的明确
③合理性——是否符合接待计划的实际情况
④规范性——是否符合地陪导游服务规范，所采取的相关措施是否具有可操作性
⑤团队协作——团队分工是否明确、合理
⑥职业价值——是否体现地陪导游职业道德与职业操守
⑦个人价值——是否传递积极、向上的价值导向

真题小测

（一）单选题

1. 地陪导游应在（　　），与旅行社各有关部门或人员联系，落实旅行团的交通、住宿、行李运输等事宜。

A. 旅行团抵达的前一天　　B. 旅行团抵达的前一个星期

C. 接到任务以后　　D. 旅行团即将抵达时

2. 地陪导游小张在为即将来上海的旅行团安排活动日程，他应主要侧重（　　）来安排。

A. 旅游内容和时间　　B. 旅游内容和收费

C. 旅游时间和秩序　　D. 旅游内容和组织

（二）多选题

1. 地陪导游在了解不熟悉的参观景点时，应当事先了解（　　）。

A. 景点位置　　B. 行车路线

C. 景区开放时间　　D. 最佳游览线路

E. 厕所位置

2. 地陪导游在落实用餐时，应将团队的（　　）告知餐厅。

A. 团号　　　　B. 人数

C. 用餐标准　　　　D. 到达时间

E. 离开时间　　　　F. 特殊要求

3. 地陪导游在落实接待事宜时依据的标准是（　　）。

A. 接待计划　　　　B. 旅游宣传册

C. 旅游服务合同　　　　D. 游客意见反馈单

4. 在地陪导游接待旅行团的准备工作中，要落实的接待事宜有（　　）。

A. 落实旅游车辆　　　　B. 掌握联系电话

C. 落实行李的安排情况　　　　D. 落实住房及用餐情况

E. 了解不熟悉景点的情况

5. 地陪导游应提前与全陪导游取得联系的目的是（　　）。

A. 商量活动日程　　　　B. 了解该团有何变化

C. 约定接团时间　　　　D. 通知下榻的酒店

E. 约定接团地点

6. 地陪导游应主动与提供车辆服务的车队或汽车公司联系，与司机商定（　　）。

A. 会合时间　　　　B. 联络方式

C. 会合地点　　　　D. 活动日程

E. 接待计划

7. 地陪导游若接待重点旅行团，应提前到该团下榻的酒店向酒店接待人员了解对该团的排房情况，并向他们告知（　　）。

A. 该团抵达的时间　　　　B. 该团的人员比例

C. 该团的人员构成　　　　D. 该团的人员文化水平

E. 该团的旅游车车牌号

参考答案

任务三 做好接团的其他准备

地陪导游在做好熟悉接待计划、落实接待事宜等业务准备之外，还要为此次旅游接待做好其他准备，包括知识准备、物质准备、形象准备、心理准备这四个方面内容。

任务描述

地陪导游小陈通过对“黄果树＋遵义＋西江四日游接待计划”（表 0-1）进行详细分析，她已经知道自己还需要为接待好该旅行团做好知识准备、物质准备、形象准备、心理准备。那具体该准备什么呢？

任务目标

1. 熟练掌握知识准备、物质准备、形象准备、心理准备的基本内容及要求。
2. 能够根据接待计划做好该团的知识准备、物质准备、形象准备、心理准备。
3. 养成“不打无准备之仗”的超前意识。

任务实施

一、自我探索

观看精品课程“地陪导游业务实训”中“落实接待事宜及其他准备”视频教学资料，学习“其他准备”相关内容。

落实接待事宜及其他准备

二、教学相长

（一）知识准备

1. 专业知识准备

（1）根据接待计划确定参观游览项目，做好有关知识和资料的准备，尤其是对接待计划中所列新开放景点的知识准备。在准备的过程中应注意知识的更新，及时掌握最新信息。

（2）接待有专业要求的团队，要做好相关专业知识和专有名词术语、词汇的准备。

（3）做好当前热门话题、国内外重大新闻以及旅游者可能感兴趣的话题的准备。

（4）做好客源国家（地区）有关知识的准备。

初探思考

地陪导游小田感到很委屈

地陪导游小田接到旅行社通知，要带领“夕阳红”老年团进行为期 3 天的本地旅游行程。小田顺利接到了旅行团，可是接团后却发现这次“夕阳红”老年团的游客们对她的沿途讲解心不在焉。第二日，游览沈阳故宫博物院时，小田准备了将近两个小时的导游词，想要展示自己的导游功底，但是游客们却对小田问起类似“大政殿里用的都是哪些木材？”“屋子里的桌子也是楠木吗？”之类的问题。原来这次旅行团成员都是从事林木行业的专家，对建材方面很感兴趣。小田张口结舌回答不出，只好说回去查阅资料。三日游结束后，小田接到了游客们对她的评价，打分非常低，小田感到很委屈。请谈谈你的看法？

问题

地陪导游小田哪里做得不好？她应该如何做？

分析

案例中小田接待的旅行团成员都是林木行业的专家，对这方面有着浓厚的兴趣，小田却未留意这一关键信息，导致被游客问到专业问题时无法回答。

启示

在接团前，地陪导游应根据所接旅行团的特点做好有关专业知识和语言上的准备，尤其是接待有专业要求的团队，更要做好相关专业知识的准备。

2. 语言准备

若接待的是入境旅行团，地陪导游还要做好语言翻译和外语词汇的准备。在语调、语法和用词等表达技巧方面，地陪导游应注意表达清楚、生动和流畅。

（二）物质准备

1. 领取必要的票证、表格、费用

地陪导游在出发前，应到旅行社相关部门领取接待计划、旅游服务质量反馈表、旅行团名单、旅游餐饮结算单、旅行团费用结算单等资料。在填写这些单据时，应注意填写的数据一定要与旅行团人数相符，人数和金额要大写。

2. 准备工作物品

地陪导游应准备的工作物品包括电子导游证、地陪导游身份标识、导游旗、扩音器、接站牌、旅行车标志、宣传资料、行李牌（或行李标签）以及按旅行团人数发放的物品（旅游帽、导游图、其他旅游纪念品）等。

3. 准备个人物品

地陪导游应准备的个人物品包括名片、手机及充电器、防护用品（雨伞、遮阳帽、润喉片）、常备药物、记事本、工作包等。

初探思考

老导游的百宝箱

新手导游小夏跟着导游前辈老周上团学习。

有一天，游客正在长城拍照留念时，突然一位男士面露难色拉住老周小声地说了句什么，老周不露声色地把小夏叫到一边，从随身背包中拿出一根皮带给小夏，让他带领刚才的游客去卫生间，原来那位男士的皮带突然断了，所以刚才问老周哪儿有卖皮带的。小夏非常惊讶，老周的包里居然还有备用皮带。

下团后，小夏与老周聊天，佩服老周讲得好、对游客热情细心，更感兴趣的就是他的背包，戏称老周的背包是“百宝箱”。老周告诉小夏，他的包里除了装团款、签单、地图等上团必备用品外，还有一些是对客服务用品，像创可贴、消毒棉球、针线等，这些东西虽小，在关键时刻却能解决大问题。

小夏感慨做个好导游还真有好多方面要学习，光是老导游的“百宝箱”就让他受益匪浅。

问题

前辈老周有哪些地方值得我们学习?

分析

在带团的服务过程中，地陪导游需要使用一些物品，准备好这些物品是地陪导游顺利完成接待任务、保证服务质量的必要物质基础。

启示

本案例中，老周“百宝箱”中的东西与其说是“宝物”，不如说是老周利用十多年的带团经验，根据游客经常出现的小问题而做的充分的、用心的物质准备。这是值得我们学习的地方。

(三) 形象准备

地陪导游的形象不仅关系到个人形象，更重要的是关系到目的地和旅游企业的形象，为了给旅游者留下良好的印象，地陪导游在上团前要做好与所从事的职业相应的仪容、仪表方面的准备。

1. 仪容准备

(1) 地陪导游应面容整洁，不浓妆艳抹。

(2) 地陪导游的头发要保持洁净、整齐。女性地陪导游若留有长发则要束起，男性地陪导游的刘海不覆额、鬓角不近耳、后发不及领。

2. 仪表准备

(1) 地陪导游的着装要符合职业要求，要方便旅游服务工作。

(2) 地陪导游的衣着要简洁、整齐、大方、自然，佩戴首饰要适度。如果接待计划中安排有会见、宴会、舞会等，地陪导游要准备好适合这些场合的正装（男性穿西装、中山装，女性穿套装、晚礼服、旗袍等）或民族服装。

初探思考

漂亮的女导游

地陪导游小潘是个漂亮开朗的女导游，因为长着一张娃娃脸，老被游客开玩笑问有没有成年。为了让自己不太孩子气，她烫了个比较流行的发型，果然更显成熟漂亮。

这天她接待一个从S市来的16人团，团员年龄在30～40岁，有好几对是夫妻。小潘听说S市的人很时尚，为了让团员觉得自己很重视这次带团，她穿上套装、化了妆，精心打扮了一番去接团。可是她发现，当她讲完精心准备的欢迎词后，大家反应平平。几天下来，她觉得团里的女士都对她淡淡的，讲解时离她也很远。

整个行程下来，小潘感觉很不好，下团后她向社里的老导游诉苦："这个团怎么那么难相处啊！"

问题

地陪导游小潘为什么不受游客的认可？

分析

地陪导游的内在美十分重要，其外在形象也直接影响着游客对地陪导游的印象和评价。小潘的出发点是好的，想以一位成熟地陪导游的形象获得游客的认可，从礼仪的角度来看，初次见面，女士化淡妆是无可厚非的。但是小潘与游客的初次见面打扮过于漂亮，引起了女性游客的不满，所以小潘精彩的欢迎词无人喝彩，在以后的行程中女游客也对其不认可。

启示

导游要重视第一印象，但修饰要有度，善于与游客沟通情感、建立友情，增强游客对自己的信任感，缩短游客与自己的心理距离。

（四）心理准备

地陪导游需要具备良好的心理素质，在接团前应做好以下几个方面的心理准备：

1. 准备面临艰苦复杂的工作

地陪导游在接团前，不仅要根据旅行团的情况考虑如何按照正规的工作程序向其提供热情周到的服务，而且还要有充分的思想准备来考虑对特殊的旅游者如何提供服务，以及如何去面对、处理接待过程中可能发生的问题和事故。

2. 准备承受抱怨和投诉

尽管地陪导游尽其所能地为旅游者提供热情周到的服务，但还是有可能遇到个别旅游者的挑剔、抱怨和指责，甚至投诉。面对这种情况，地陪导游要做好思想准备，要冷静、沉着地面对，继续做好地陪导游服务工作。

做一做　做好知识准备

请用思维导图的形式画出你为"黄果树＋遵义＋西江四日游"旅行团准备的知识内容。

模拟实训

（一）实训内容

做好接待散拼团的知识准备、物质准备、形象准备和心理准备。

（二）实训目标

散拼团成员复杂，来自五湖四海，喜好不同，接待标准不一，服务内容庞杂，对地陪导游来说是较难接待的团型。地陪导游必须提前做好各项准备工作，如果考虑不周就有出错的可能，因此地陪导游的准备工作应细致周密。通过本次模拟实训，学生能做好接待散拼团的知识准备、物质准备、形象准备和心理准备，进一步提升带团能力。

（三）实训步骤

1. 任务描述

地陪导游小陈已经认真熟悉了“小七孔＋西江两日游接待计划”（表 0-2），并逐一落实了各项接待事宜，请问她接下来还要做好哪些准备工作？如何做？

假如该旅行团中的客人来自不同地区的多家旅行社。从第一天出发，团队矛盾就十分尖锐。首先是 A 地的客人抱怨不停，因为上车晚，他们的座位被安排在车厢后部，一路颠簸难忍，而他们的接待标准却是团队中最高的。

途中用餐时，A 地的客人餐标高，导游安排他们单独用餐，B 地和 C 地的客人都是标准餐标，B 地和 C 地的 18 位客人享用 2 桌。但 B 地的 13 位客人纷纷挤在一桌，C 地的 5 位客人享用一桌，结果出现了一桌不够吃，另一桌吃不了的现象。

住宿时必须有一位 B 地客人与一位 C 地客人住一间客房，但 B 地客人宁可要间三人房，也不愿与不认识的人同住；游览时，大家又分别行动……小陈很难整队。

2. 任务分析

该团队共 38 人，需求众多，对地陪导游能力要求很高，小陈所承受的责任和压力也很大。做好散拼团接待工作，是对地陪导游业务能力的严峻考验。

地陪导游上团前应根据所接旅行团的特点做好有关专业知识和相关话题的准备；带好接团所需的票证、签单和费用、工作物品和个人生活物品以及旅行过程中的应急物品；注重个人形象，并具备良好的心理素质。

3. 任务实施

以小组为单位，根据“小七孔＋西江两日游接待计划”（表 0-2），填写表 1-12，详细罗列出知识准备、物质准备、形象准备、心理准备的具体内容。

参考答案

表 1-12　　“小七孔 + 西江两日游”的其他准备

准备内容	准备事项
知识准备	
物质准备	
形象准备	
心理准备	

4. 任务评价

根据实操训练内容和具体情况，评价采取自我评价、组内评价和教师评价相结合的评价方式，对所完成的“小七孔 + 西江两日游”其他准备模拟训练做出相应评价。效果评价表详见表 1-13。

表 1-13　　其他准备模拟训练效果评价表

评价内容		评价等级（优、良、中、差）			备注
		自我评价	组内评价	教师评价	
知识技能评价	针对性				
	准确性				
	合理性				
	规范性				
情感态度评价	团队协作				
	职业价值				
	个人价值				
组长总结				综合等级	

评价等级参照标准：
①针对性——是否结合接待计划进行个性化分析
②准确性——接待过程是否完整，问题解决是否目的明确
③合理性——是否符合接待计划的实际情况
④规范性——是否符合地陪导游服务规范，所采取的相关措施是否具有可操作性
⑤团队协作——团队分工是否明确、合理
⑥职业价值——是否体现地陪导游职业道德与职业操守
⑦个人价值——是否传递积极、向上的价值导向

5. 提升锦囊

心理准备：不同的旅行团有不同的特点，会给地陪导游以不同的心理压力。

(1) 整体知识层次高的团队给地陪导游的心理压力会体现在知识准备方面。

(2) 老年团队给地陪导游的心理压力会体现在生活要求与行动方面。

(3) 青少年团队给地陪导游的心理压力会体现在遵守纪律方面。

形体礼仪：

(1) 地陪导游着装要干净整洁、大方得体、行动方便。

(2) 上下车引领时，地陪导游要站立在车门的前方侧位，关注客人上下车的情况，并做适当的帮扶。

(3) 地陪导游在车中进行讲解时，要求人站直，后背紧靠靠背，一只手抓牢扶手，一只手拿话筒。

(4) 清点人数时要求用目光进行清点，而不要用手指去指点客人。

知识链接

散拼团服务注意事项

散拼团是没有领队和全陪导游的，只有地陪导游全程陪同并提供服务。由于其团员的复杂性和来源地区的广泛性，服务正反两方面的影响都远比常规团队大。做好散拼团地陪导游服务工作必须掌握下列方法和技巧：

1. 语言的规范化。由于客人来自五湖四海，为了使客人均能得到满意的服务，地陪导游应坚持在接待中使用标准普通话。

2. 服务的标准化和个性化。首先必须做到规范化服务，同时针对不同地区客人的特点，提供适当的个性化服务。如在餐食方面，南甜北咸，东酸西辣，北方客人可能还喜欢添加一碟酱菜或泡菜，地陪导游在安排餐食时就要注意各地客人不同的口味，尽可能让每一位客人都能吃饱、吃好。

3. 加强团队纪律。地陪导游要严格要求客人在车内不吸烟、不乱丢废弃物、就餐和游览不迟到等。地陪导游还应以身作则，使旅行团树立起良好的风气。

4. 想方设法让客人游好、游足。地陪导游应使每一份合同中规定的旅游项目都一个不落地完成，确因人力不可抗拒的因素必须取消或改变个别项目时，地陪导游一定要向客人说明原因，并提出客人能够接受的补偿方案（更换其他项目或退还相关费用），并求得客人谅解。

5. 增加自费项目应有特色，价格有优势，办理自费项目时最好在客人中选一位代表一同办理。

6. 出现任何自身不能解决的问题必须马上与旅行社取得联系，费用方面的问题不得擅自做主。

总之，散拼团容易出现矛盾多、问题多、意见多、事故多和满意者少的“四多一少”现象，这对地陪导游的业务水平提出了更高的要求。地陪导游应熟知散拼团特点，掌握服务原则，灵活运用散拼团服务技巧，调动客人的团队意识，化解矛盾、创造和谐氛围，最终提高客人的满意度。

课后拓展

实训工单　做好接团的其他准备

学院		专业	
姓名		学号	

一、接受工作任务

地陪导游小陈已经熟悉了菲律宾团“黄果树 + 天眼四日游接待计划”（表 0–3），也对接待计划中涉及的行程安排、交通工具、餐饮住宿、游览项目等做到心中有数。接下来，地陪导游小陈还要为该团做好相应的知识准备、物质准备、形象准备和心理准备等。

二、知识拓展

1. 菲律宾地理位置

菲律宾北隔巴士海峡与中国台湾省遥遥相对，南和西南隔苏拉威西海、巴拉巴克海峡，与印度尼西亚、马来西亚相望，东临太平洋，西濒南海。菲律宾由 7 000 多个大小岛屿组成，总面积 29.97 万平方千米，是一个位于亚洲东南部的群岛国家，以吕宋岛为最大，其中吕宋岛、棉兰老岛、萨马岛等 11 个主要岛屿约占全国总面积的 96%。菲律宾海岸线长达 18 533 千米。

2. 菲律宾人姓名

菲律宾人的姓名与西班牙人的姓名相类似。常见的姓氏有何塞、赫尔南德斯、拉莫斯、冈萨雷斯、伊戈尔戈等。

3. 菲律宾气候

菲律宾北部属海洋性热带季风气候，南部属热带雨林气候，全国各地普遍炎热、潮湿，全年可分为三季，分别为 3 月至 5 月炎热干燥的热季，6 月至 11 月的雨季及 12 月至隔年 2 月的凉季。气温通常介于 21℃至 32℃间，但随着不同季节而有些许差异，1 月最凉爽，5 月为最热的月份。

三、完成任务

1. 根据该入境旅行团的接待计划（表 0–3），请以小组为单位，填写下表。

“黄果树 + 天眼四日游”的其他准备

项目	准备内容
知识准备	
物质准备	
形象准备	
心理准备	

续表

2. 根据实操训练内容和具体情况，评价采取自我评价、组内评价和教师评价相结合的评价方式，对所完成的“黄果树 + 天眼四日游”其他准备模拟训练做出相应评价。效果评价表详见下表。

其他准备模拟训练效果评价表

评价内容		评价等级（优、良、中、差）			备注
		自我评价	组内评价	教师评价	
知识技能评价	针对性				
	准确性				
	合理性				
	规范性				
情感态度评价	团队协作				
	职业价值				
	个人价值				
组长总结				综合等级	

评价等级参照标准：
①针对性——是否结合接待计划进行个性化分析
2. 准确性——接待过程是否完整，问题解决是否目的明确
③合理性——是否符合接待计划的实际情况
④规范性——是否符合地陪导游服务规范，所采取的相关措施是否具有可操作性
⑤团队协作——团队分工是否明确、合理
⑥职业价值——是否体现地陪导游职业道德与职业操守
⑦个人价值——是否传递积极、向上的价值导向

真题小测

（一）单选题

1. 地陪导游接团前的专业知识准备包括游览项目知识、旅行团相关专业知识、热门话题、（　　）等几个方面的准备。

A. 心理知识　　B. 客源知识

C. 旅游者喜好禁忌　　D. 财务知识

2. 地陪导游要有充分的（　　）准备，懂得“宝剑锋从磨砺出，梅花香自苦寒来”的道理。

A. 知识　　B. 形象

C. 心理　　D. 业务

（二）多选题

1. 如果接待计划中安排有会见、宴会、舞会等，女性地陪导游应准备好适合这些场合的正装，如（　　）。

A. 套装　　B. 晚礼服

C. 旗袍　　D. 中山装

E. 西服

2. 下列（　　）内容属于地陪导游在接团前做的知识准备。

A. 掌握旅行知识

B. 做好相关专业知识准备

C. 提前做好外语知识的准备

D. 了解当前的热门话题、国内外重大新闻及旅游者感兴趣的话题

3. 对新开放的旅游景点或不熟悉的旅游景点，地陪导游应了解该处景点的有关情况，如（　　）等。

A. 开放时间　　B. 门票价格

C. 最佳游览路线　　D. 厕所位置

E. 最佳游览时间

4. 在形象准备方面，男性地陪导游应（　　）。

A. 前发不覆额　　B. 前发可覆额

C. 鬓角不近耳　　D. 留大背头

E. 后发不及领

参考答案

实训二 翘首以盼——接站服务

项目描述

地陪导游在前期做好服务准备后，就要准备进行接站服务了。作为在旅游者面前的首次亮相，地陪导游提供的接站服务在旅游服务中至关重要。俗话说“万事开头难”“好的开端是成功的一半”，地陪导游的接站服务直接影响着旅游者对地陪导游的第一印象。因此，为了有一个好的开始，地陪导游应当提供准时、热情、周到的接站服务。

接站服务是地陪导游到达机场、车站、码头、散客旅游集散地等迎接旅行团前后所提供的各项服务，包括旅行团接站准备、迎接工作、处理接站事故。

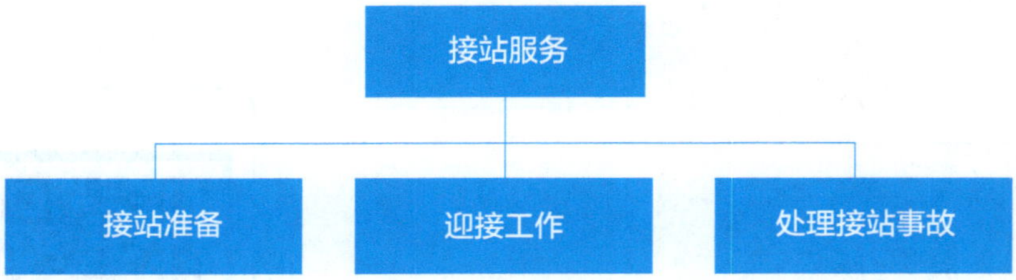

岗位画像

通过学习本节内容，你将获得以下岗位技能：

1. 理解接站服务的重要性，熟悉接站服务的基本流程。
2. 理解错接、漏接、空接的含义。
3. 能够顺利完成接站服务。
4. 能够处理接站过程中的突发情况。
5. 能够学会提前思考，学会“未雨绸缪”。
6. 能够树立“以旅游者为中心”的服务理念。
7. 养成敬业精神，以及守时守约和规范化服务的意识。

重点难点

1. 重点

明确不同团型接站服务的要点。

2. 难点

接站过程中的突发情况处理。

任务一　接站准备

接站准备是完成接站服务的第一步。地陪导游的接站准备是否到位，关系到后续接站工作能否顺利完成。因此，地陪导游应当熟知接站准备的具体流程，认真做好接站准备。

任务描述

地陪导游小陈在认真做好23人“黄果树＋遵义＋西江四日游”旅行团的服务准备后，根据接待计划（表0-1），她即将前往贵阳龙洞堡机场迎接此团，她该如何做好旅行团抵达前的接站准备工作呢？

任务目标

1. 理解旅行团抵达前的接站准备工作的重要性。
2. 能够根据接待计划落实好旅行团抵达前的各项工作。
3. 养成提前准备的预先意识。

任务实施

一、自我探索

扫码观看精品课程“地陪导游业务实训”中的“旅行团抵达前的服务准备”视频教学资料。

旅行团抵达前的服务准备

二、教学相长

（一）接站准备的重要性

接站准备是地陪导游顺利完成接站工作的重要基础，地陪导游应做好充分的接站准备，为顺利完成接站提供重要保障。虽然前期有“熟悉接待计划”，但“带团无小事”，做好接站准备可以为后续工作打下良好的基础。

初探思考

接站准备有必要吗？

新手地陪导游小源接到了一个来自北京的“贵州五日游精品线路”旅行团，在完成了前期的服务准备之后，她觉得接站工作不就是去机场接游客吗？接站的时间、地点都在接待计划上写得清清楚楚，她觉得接站准备完全没有必要。第二天，她便按照接待计划上的时间，信心满满地来到机场准备迎接游客，结果到机场一看，游客乘坐的航班延误了两个小时，司机对此很不满……

问题

地陪导游小源哪里做得不妥？她应该如何做？

分析

地陪导游小源因未能意识到接站服务的重要性，未能及时核实游客抵达时间，导致提前到达机场，浪费了时间。导游服务无小事，"小事做不好，麻烦就不少"。看似简单的接站服务，却处处潜藏着危机，稍有不慎就会弄错接站时间和地点，影响地陪导游的形象和后续带团工作的顺利开展。为了确保顺利接到旅行团，地陪导游要充分做好接站前的准备工作。接站准备的相关事宜虽然在接待计划上有所体现，但地陪导游应当对照接待计划一一落实，为下一阶段的迎接工作做好准备。

启示

做好接站准备是顺利完成接站服务的重要基础，地陪导游应认真对待接站准备工作，以确保旅游活动顺利进行。

（二）做好接站准备

1. 确认接站时间、地点

再次熟悉接待计划，明确旅游者抵达时间及地点。通过相关软件查询航班（车次、船次）信息，了解航班（车次、船次）是否延误，确认接站时间、接站地点。需要特别注意的是，一个城市若有多个机场、高铁站，注意核实抵达的具体站点，确认信息后，提前与司机沟通好出发时间，提前半小时到达以准备接站。

2. 确认物质资料

从接站起，地陪导游开始正式上团。因此，地陪导游应携带好带团所需的物质资料，包括"一表一证一牌四单"：旅游服务质量反馈表、导游资格证、接站牌、接待计划（单）、旅行团名单、餐饮结算单、旅行团费用结算单。

3. 联系司机、行李员

地陪导游应在出发前再次核实抵达时间，并在出发前再次与司机联系，确保车辆准时达到接站地点；若为旅行团配备了行李车，地陪导游应提前与行李员联系，告知旅行团的名称、人数和行李运送地点。

4. 与旅游者取得联系

再次与旅游者确认接站时间、地点，与旅游者约定在登机前发送确认登机（登车、登船）信息。同时，一方面明确告知自身特征，如导游旗、所穿衣物、背包等明显标志物；另一方面，明确见面的地点，通过周围标志性建筑进行准确定位，以便及时认找旅游者。

做一做　**做好本团的接站准备**

以小组为单位，结合“黄果树＋遵义＋西江接待计划”（表0-1），梳理本团接站准备事宜及要点，填写表2-1。

参考答案

表2-1　“黄果树＋遵义＋西江四日游”接站准备事宜及要点

准备事宜	准备要点	备注
确认接站时间、地点		
确认物质资料		
联系司机、行李员		
与旅游者取得联系		

模拟实训

（一）实训内容

完成“小七孔＋西江两日游”接站准备。

（二）实训目标

1. 掌握包团和散拼团接站准备工作的异同。
2. 能够完成散拼团的接站准备工作。

（三）实训步骤

1. 任务描述

地陪导游小陈在完成“黄果树＋遵义＋西江四日游”接待任务后，接到了“小七孔＋西江两日游”散拼团，即将进行接站服务，但她发现，此次的团型与之前不同，接站地点也不同，游客是直接到达旅游集散地，遇到此种情形，小陈应当如何做好接站准备呢？

2. 任务分析

散拼团的接站准备与包团的接站准备一样，它包括以下内容：确认接站时间、地点，确认物质资料，联系司机和行李员，与旅游者取得联系。但在具体操作过程中，散拼团因其人数较多、人员分散等特点，在核实抵达时间、地点及与游客确认上有细节上的不同。如散拼团接站的地点包含以下情形：

(1) 机场、高铁站（火车站）、码头接站

如果散客是乘坐飞机到达，地陪导游应当在出发前通过相关软件查询航班动态，确保在航班抵达前 30 分钟到达机场。若是乘坐高铁（火车）、轮船到达，地陪导游应当提前 30 分钟在出站口等候。

(2) 集散地接站

这种情况下，游客一般为当地人，无须乘坐飞机、高铁等公共交通工具，集合地点一般为当地的旅游集散中心。遇到此种情形，地陪导游要以更加认真、细致的态度落实好接站服务。在出发前一天，与游客确认好出发时间及集合地点。在出发当天，地陪导游应至少提前半小时到达集合地点，找到与游客事先商量好的会合地点，通过电话一一询问游客出发情况，及时掌握游客动态，确保游客顺利抵达。

参考答案

3. 任务实施

(1) 结合对“黄果树＋遵义＋西江四日游”行程的学习，根据“小七孔＋西江两日游接待计划”（表 0-2），完成表 2-2。

表 2-2　“小七孔＋西江两日游”接站准备内容及要点

接站准备内容	接站准备要点
确认接站时间、地点	
确认物质资料	
联系司机、行李员	
与旅游者取得联系	

(2) 根据“小七孔＋西江两日游”的接站准备内容及要点，参考表 2-3 分配角色，以小组为单位完成接站准备的模拟训练。

表 2-3　接站准备模拟训练角色分配

角色	人数	具体工作
地陪导游小陈	1	完成接站准备
司机王师傅	1	协助地陪导游完成接站准备
游客	若干	与地陪导游对接接站的具体事宜
行李员	1	负责游客行李工作

4. 任务评价

根据实操训练内容和具体情况，评价采取自我评价、组内评价和教师评价相结合的评价方式，对所完成的“小七孔＋西江两日游”接站准备模拟训练做出相应评价。效果评价表详见表2-4。

表2-4　　接站准备模拟训练效果评价表

<table>
<tr><th colspan="2" rowspan="2">评价内容</th><th colspan="3">评价等级（优、良、中、差）</th><th rowspan="2">备注</th></tr>
<tr><th>自我评价</th><th>组内评价</th><th>教师评价</th></tr>
<tr><td rowspan="4">知识技能评价</td><td>针对性</td><td></td><td></td><td></td><td></td></tr>
<tr><td>准确性</td><td></td><td></td><td></td><td></td></tr>
<tr><td>合理性</td><td></td><td></td><td></td><td></td></tr>
<tr><td>规范性</td><td></td><td></td><td></td><td></td></tr>
<tr><td rowspan="3">情感态度评价</td><td>团队协作</td><td></td><td></td><td></td><td></td></tr>
<tr><td>职业价值</td><td></td><td></td><td></td><td></td></tr>
<tr><td>个人价值</td><td></td><td></td><td></td><td></td></tr>
<tr><td colspan="2">组长总结</td><td colspan="2"></td><td>综合等级</td><td></td></tr>
<tr><td colspan="6">评价等级参照标准：
①针对性——是否结合接待计划进行个性化分析
②准确性——接待过程是否完整，问题解决是否目的明确
③合理性——是否符合接待计划的实际情况
④规范性——是否符合地陪导游服务规范，所采取的相关措施是否具有可操作性
⑤团队协作——团队分工是否明确、合理
⑥职业价值——是否体现地陪导游职业道德与职业操守
⑦个人价值——是否传递积极、向上的价值导向</td></tr>
</table>

5. 提升锦囊

接站准备是确保顺利接站的重要保证。地陪导游应当根据接待计划，逐一进行细致落实，确保与游客的第一次见面能够展现自身的专业素养。在落实接站准备时，大部分的工作都已在前期的“落实接待事宜”中完成，但接站前必须再次进行确认，以保证接团顺利进行。落实接站前的准备与“落实接待事宜”有何区别呢？请参考“落实接待事宜与接站准备要点”，详见表2-5。

表2-5　　落实接待事宜与接站准备要点

内容	落实接待事宜要点	接站准备要点
确认接站时间、地点	根据接待计划确认接站时间、地点	通过相关软件等渠道确认抵达时间，与司机确定提前到达的时间
确认物质资料	一表一证四单：旅游服务质量反馈表、导游资格证、接待计划（单）、旅行团名单、餐饮结算单、旅行团费用结算单	除了准备“一表一证四单”外，还需提前准备接站牌，做好接站准备
联系司机、行李员	与司机核实行程，提醒司机检查车辆安全，做好接站准备；若配备了行李车，应与行李员联系，告知旅行团抵达的时间、地点以及下榻的酒店	将查询后的旅行团确定抵达时间告知司机，与司机商定出发时间；若配备了行李车，应与行李员联系，告知旅行团名称、人数及行李运送地点
与旅游者取得联系	了解游客需求，与游客确认行程，提醒游客到站注意事项	提醒游客集合时间、地点，导游特征，会合地点的标志，确保游客顺利找到地陪导游

知识链接

接站前的准备工作

(1) 确认旅行团所乘交通工具抵达的准确时间

接团当天，地陪导游应及早与旅行团全陪导游或领队联系，了解旅行团所乘交通工具的运行情况，尤其是在天气恶劣的情况下，应随时掌握旅行团的动向，了解其抵达的准确时间。此外，地陪导游还可以提前向机场（车站、码头）问询处了解旅行团所乘交通工具到达的准确时间。一般情况下，至少应在飞机预计抵达时间前 2 小时，火车、轮船预计抵达时间前 1 小时向问询处询问。

(2) 与旅游车司机联系

通知旅游车司机出发的时间，商定见面地点，确保提前半小时抵达接站地点，并告知司机旅行团活动日程和具体时间。到达接站地点后，与司机商定旅游车具体的停车位置。

(3) 与行李员联系

若为旅行团配备了行李车，地陪导游应提前与行李员联系，告知旅行团的名称、人数和行李运送地点。

(4) 再次核实抵达的准确时间

地陪导游在到达接站地点后，应再次确认旅行团所乘交通工具抵达的准确时间。如被告知所接航班（车次、船次）晚点，但推迟时间不长，地陪导游可留在接站地点继续等候，如推迟时间较长，应立即将该情况报告地接社有关部门，听从安排。

(5) 持接站牌迎候旅行团

旅行团所乘交通工具抵达后，地陪导游应在旅行团出站前，持接站牌站立在出口醒目的位置，面带微笑，热情迎候旅行团。接站牌上要写清团名、团号、领队或全陪导游姓名，接小型旅行团或无领队、无全陪导游的旅行团要写上游客的姓名。除了热情友好的态度之外，地陪导游还应在气质、学识和语言方面展现其职业素养，以赢得游客的信赖，给他们留下可信、可靠的良好印象。地陪导游在提醒游客带齐随身物品后，在前方引导他们到达停车位置，站在车门一侧，面带笑容搀扶或协助他们上车。

课后拓展

实训工单　接站准备

<table>
<tr><td>学院</td><td></td><td>专业</td><td></td></tr>
<tr><td>姓名</td><td></td><td>学号</td><td></td></tr>
<tr><td colspan="4">一、接受工作任务</td></tr>
<tr><td colspan="4">地陪导游小陈接到一个来自菲律宾的“黄果树 + 天眼四日游”的外宾团，接待计划详见表 0–3，为了做好迎接工作，地陪导游小陈需要完成该团接站前的准备工作。</td></tr>
<tr><td colspan="4">二、知识拓展</td></tr>
<tr><td colspan="4">境外旅行团接站与境内旅行团接站准备工作大同小异，主要包括确认旅行团抵达的准确时间、与旅游车司机联系、与行李员联系等流程。但不同的是，在接待境外团队时，因游客的语言、风俗习惯等差异较大，地陪导游应当做好更加充分的准备，继续保持踏实、严谨、细致的态度完成旅行团抵达前的准备工作，为顺利迎接旅行团奠定坚实的基础。</td></tr>
</table>

续表

三、完成任务

1. 根据该入境旅行团的接待计划（表 0–3），请以小组为单位，完善旅行团接站准备工作，并完成下表。

"黄果树 + 天眼四日游"旅行团的接站准备汇总表

准备内容	具体事项	"黄果树 + 天眼四日游"旅行团接站准备
确认旅行团抵达的准确时间	接团当天，通过与旅行团领队联系，了解旅行团所乘交通工具的运行情况，掌握旅行团的动向，了解其抵达的准确时间	
与旅游车司机联系	在前期落实接待事宜时已与司机取得联系，在出发前，应再次与司机联系，确保车辆准时到达接站地点	
与行李员联系	若为旅行团配备了行李车，地陪导游应提前与行李员联系，告知旅行团的名称、人数和行李运送地点	
再次核实航班（车次、船次）抵达的准确时间	到达接站地点后，应再次确认航班（车次、船次）抵达的准确时间	
迎候旅行团	旅行团所乘交通工具抵达后，地陪导游应在旅行团出站前，持接站牌站立在出口醒目的位置，面带微笑，热情迎候	

2. 以小组为单位，根据下表进行角色分配，并完成接站准备模拟训练。

接站准备模拟训练角色分配

角色	人数	具体工作
地陪导游小陈	1	完成接站准备
旅游车司机马师傅	1	协助地陪导游完成接站准备
领队小王	1	与地陪导游对接接站的具体事宜
游客	若干	随团旅游

3. 根据实操训练内容和具体情况，评价采取自我评价、组内评价和教师评价相结合的评价方式，对所完成的"黄果树 + 天眼四日游"接站准备模拟训练做出相应评价。效果评价表详见下表。

接站准备模拟训练效果评价表

评价内容		评价等级（优、良、中、差）			备注
		自我评价	组内评价	教师评价	
知识技能评价	针对性				
	准确性				
	合理性				
	规范性				

续表

接站准备模拟训练效果评价表					
评价内容		评价等级（优、良、中、差）			备注
		自我评价	组内评价	教师评价	
情感态度评价	团队协作				
	职业价值				
	个人价值				
组长总结				综合等级	

评价等级参照标准：
①针对性——是否结合接待计划进行个性化分析
②准确性——接待过程是否完整，问题解决是否目的明确
③合理性——是否符合接待计划的实际情况
④规范性——是否符合地陪导游服务规范，所采取的相关措施是否具有可操作性
⑤团队协作——团队分工是否明确、合理
⑥职业价值——是否体现地陪导游职业道德与职业操守
⑦个人价值——是否传递积极、向上的价值导向

真题小测

(一) 单选题

1. 地陪导游在接团前，通常应提前（　　）到达接站地点。

A. 10 分钟　　B. 15 分钟

C. 20 分钟　　D. 30 分钟

2. 为了解所接旅行团航班抵达的准确时间，地陪导游通常应在飞机预计抵达时间前（　　）同机场问询处联系。

A. 2 小时　　B. 3 小时

C. 4 小时　　D. 5 小时

3. 地陪导游在提醒旅游者带齐随身物品后，在前方引导他们到达停车位置，站在（　　），面带笑容搀扶或协助他们上车。

A. 领队身前　　B. 司机左侧

C. 全陪导游右侧　　D. 车门一侧

(二) 多选题

1. 地陪导游服务中的接站服务包括（　　）等内容。

A. 旅行团抵达前的业务准备　　B. 旅行团抵达后的服务

C. 赴酒店途中服务　　D. 核商日程

E. 景点导游讲解

2. 地陪导游在进行接站服务时，应该（　　）。

A. 主动认找旅行团　　　　B. 认真核实防错接

C. 集中清点行李　　　　D. 集合登车清人数

参考答案

任务二 迎接工作

迎接工作是地陪导游与旅游者的第一次亲密接触，是检验前期准备工作的重要阶段，关系到地陪导游的形象和后续工作能否顺利开展。因此，地陪导游应当熟知迎接工作的基本流程，认真做好迎接工作。

任务描述

地陪导游小陈在认真做好“黄果树＋遵义＋西江四日游”的接站准备后，根据接待计划（表0-1），她即将前往贵阳龙洞堡机场迎接此团，她该如何做好旅行团的迎接工作呢？

任务目标

1. 理解迎接工作的重要性。
2. 能够根据接待计划完成迎接工作。
3. 养成服务至上的意识。
4. 养成认真严谨的学习、工作态度及职业使命感。

任务实施

一、自我探索

扫码观看精品课程“地陪导游业务实训”中的“接站服务”视频教学资料。

接站服务

二、教学相长

（一）迎接工作的重要性

迎接工作是地陪导游与旅游者的第一次正式见面，由于首因效应的影响，第一次见面留下的印象会直接影响后续的接待工作。因此，地陪导游应当做好迎接工作，给旅游者留下热情、专业的第一印象，为后续旅游工作的顺利进行打下坚实的基础。

初探思考

第一次见面

地陪导游小源接到了来自北京的“贵州五日游精品线路”旅行团，在完成了接站前的准备工作后，按照接待计划的要求，小源来到贵阳龙洞堡机场接站。之前准备得很充分，与游客在微信群里的交谈也很愉快，因此，小源觉得迎接服务肯定没有问题。小源来到事先约定好的接站地点拿着接站牌等待游客，当游客们纷纷出站时，她看到一行人主动过来与她打招呼，于是询问游客的来源地、人数及游客的姓名后，便开开心心地带着游客来到大巴车上，正当准备出站、清点人数时，小源发现有一名游客不知所终……

问题

请问地陪导游小源为什么会面临这种局面？

分析

看似偶然的巧合，实际上存在着必然的结果。地陪导游小源未能重视迎接工作，工作疏忽而导致游客丢失。

启示

迎接工作是地陪导游与游客的第一次见面，关系着游客对地陪导游的第一印象，因此，地陪导游必须高度重视迎接工作，熟悉迎接工作的流程，做好迎接游客的各项准备。

（二）做好迎接工作

1. 认找旅行团

地陪导游在到达与旅游者的集合地点后，应站在显眼的位置，举起接站牌，便于旅游者辨认。同时，地陪导游需确认附近卫生间的位置。地陪导游也可从出站旅游者的装束与组团社的徽记等特征来分析判断，或上前委婉询问，主动认找自己要接待的旅行团。

如有地接社领导前去迎接，要安排好领导在出站口的位置。找到旅行团后，地陪导游要及时与旅行团代表接洽，报出地接社的名称并做自我介绍，认真核对旅行团细节信息，确保该团队是自己应接待的旅行团。

2. 核对人数

地陪导游接到旅行团后，要立即核对实到人数，若人数增加或减少，要及时询问旅游者动向，如果有旅游者确定不来，则要通知计调，以便安排住宿、订餐、门票预约等变更事宜。

3. 集中清点行李

在核实人数后，地陪导游要协助本团旅游者将行李集中放在比较宽敞、安全的地方，并提醒大家检查行李有无破损。

4. 集合登车

地陪导游应提醒旅游者检查自己的随身物品是否带齐，然后引领旅游者前往乘车处。旅游者上车时，地陪导游和旅游车司机要恭候在车门两旁，协助或搀扶老弱旅游者上车。待旅游者全部上车后，地陪导游应帮助旅游者将手提行李放在行李架上，并协助旅游者落座，然后开始清点人数。清点人数要默数，切忌用手指数人。待大家都坐稳后，要检查放在行李架上的行李和随身物品是否放稳，然后请司机开车，前往下榻酒店。

做一做 做好“黄果树 + 遵义 + 西江四日游”的迎接工作

参考答案

以小组为单位，结合“黄果树 + 遵义 + 西江四日游接待计划”（表0-1），梳理本团迎接工作具体要点，并填写表 2-6。

表 2-6 “黄果树 + 遵义 + 西江四日游”迎接工作

迎接事宜	具体要点	备注
认找旅行团		
核对人数		
集中清点行李		
集合登车		

模拟实训

（一）实训内容

完成“小七孔 + 西江两日游”的迎接工作。

（二）实训目标

1. 掌握包团和散拼团迎接工作的异同。
2. 完成散拼团的迎接工作。

（三）实训步骤

1. 任务描述

地陪导游小陈根据“小七孔 + 西江两日游接待计划”（表 0-2），即将到达贵阳市延安西路客车站。在出发前一天晚上，小陈在游客微信群里再次提醒游客第二天的出发时间和集合地点。于是，小陈便安心地前往与游客约定好的集合大厅等候，眼看就要到登车时间了，但游客只到了一半，已到的游客开始不耐烦，纷纷询问小陈其他人什么时候能到，小陈只能一边安抚已到游客情绪，一边给未到的游客打电话……

2. 任务分析

散拼团与包团不一样，地陪导游小陈接待的“小七孔＋西江两日游”散客团，游客人数多，又无领队或全陪导游，游客之间也不熟悉。因此，小陈应当更加细致、谨慎。小陈在前一天提醒后，为确保游客按时到达，在出发当天应当提前与游客取得联系，询问出发情况，掌握游客动态。安排已到达的游客稍作休息，提醒游客检查行李、上好厕所，做好出发准备。

参考答案

3. 任务实施

(1) 结合对“黄果树＋遵义＋西江四日游”行程的学习，根据“小七孔＋西江两日游接待计划”（表 0-2），完成该团的迎接工作，填写表 2-7。

表 2-7　“小七孔＋西江两日游”迎接工作

工作内容	工作要点
认找旅行团	
核对人数	
集中清点行李	
集合登车	

(2) 根据“小七孔＋西江两日游”的迎接工作内容及要点，参考表 2-8 进行角色分配，以小组为单位进行该团的迎接工作模拟训练。

表 2-8　迎接工作模拟训练角色分配

序号	训练项目	涉及角色	至少需要学生人数
1	认找旅行团	地陪导游小陈、游客若干	3
2	核对人数	地陪导游小陈、游客若干	3
3	集中清点行李	地陪导游小陈、游客若干、司机王师傅	4
4	集合登车	地陪导游小陈、游客若干、司机王师傅	4

4. 任务评价

根据实操训练内容和具体情况，评价采取自我评价、组内评价和教师评价相结合的评价方式，对所完成的“小七孔＋西江两日游”迎接工作模拟训练做出相应评价。效果评价表详见表 2-9。

表 2-9 迎接工作模拟训练效果评价表

<table>
<tr><td colspan="2" rowspan="2">评价内容</td><td colspan="3">评价等级（优、良、中、差）</td><td rowspan="2">备注</td></tr>
<tr><td>自我评价</td><td>组内评价</td><td>教师评价</td></tr>
<tr><td rowspan="4">知识技能评价</td><td>针对性</td><td></td><td></td><td></td><td></td></tr>
<tr><td>准确性</td><td></td><td></td><td></td><td></td></tr>
<tr><td>合理性</td><td></td><td></td><td></td><td></td></tr>
<tr><td>规范性</td><td></td><td></td><td></td><td></td></tr>
<tr><td rowspan="3">情感态度评价</td><td>团队协作</td><td></td><td></td><td></td><td></td></tr>
<tr><td>职业价值</td><td></td><td></td><td></td><td></td></tr>
<tr><td>个人价值</td><td></td><td></td><td></td><td></td></tr>
<tr><td colspan="2">组长总结</td><td colspan="2"></td><td>综合等级</td><td></td></tr>
<tr><td colspan="6">评价等级参照标准：
①针对性——是否结合接待计划进行个性化分析
②准确性——接待过程是否完整，问题解决是否目的明确
③合理性——是否符合接待计划的实际情况
④规范性——是否符合地陪导游服务规范，所采取的相关措施是否具有可操作性
⑤团队协作——团队分工是否明确、合理
⑥职业价值——是否体现地陪导游职业道德与职业操守
⑦个人价值——是否传递积极、向上的价值导向</td></tr>
</table>

5. 提升锦囊

散拼团事项纷繁复杂，地陪导游稍有不慎，便可能发生“团队危机”，因此，地陪导游进行散拼团的迎接工作时，应该把握以下两点：

(1) 凡事预先安排

“带团事，无小事”。特别是针对复杂的散拼团，因游客来源、社会阶层、兴趣爱好各不相同，男女老幼参差不齐，因此整个团队情况较为复杂。在迎接散客时，地陪导游应将接站时间、地点、导游特征等关键信息与每位游客进行确认，同时，告知游客团队情况，做好预先提醒工作。

(2) 精心化解矛盾

散拼团在集合或乘车的过程中，游客可能会出现各种各样的矛盾，地陪导游应当提前做好相应准备工作，避免矛盾的发生。实在无法避免时，应精心化解矛盾。如地陪导游应当提前按照游客来源、之间关系、年龄等安排座次，并提前告知游客座次，避免发生游客抢座的情况。

知识链接

散拼团的迎接工作与包团一样，包括四个环节：认找旅行团、核对人数、集中清点行李、集合登车。不同的是，因为散拼团的特殊性，在处理每个环节时地陪导游需要更加细致、严谨。

地陪导游应按照事先约定的时间、地点等候游客，游客到达后要核对游客姓名，因散拼团无全陪导游或领队，地陪导游应当对照游客名单，一一进行点名核实。确保所有游客到齐后，提醒游客清点行李，待人数和行李都核查无误后，方可登车。

课后拓展

实训工单　迎接工作

学院		专业	
姓名		学号	

一、接受工作任务

“黄果树 + 天眼四日游”旅行团是乘坐飞机由杭州抵达贵阳的，且是菲律宾来黔游客，地陪导游小陈此前已经充分完成了接站准备工作。接团当天，地陪导游小陈要如何进一步落实好迎接工作呢？请根据“黄果树 + 天眼四日游接待计划”（表 0–3），完成本团的迎接工作。

二、知识拓展

外宾团队的迎接工作包括以下几点：

1. 认找旅行团。地陪导游应与领队提前联系，寻找有标志、容易辨认的显眼之处作为会合地点。当旅行团到达后，地陪导游应主动向前询问是否是自己所带的团队，通过领队姓名、游客人数、组团社名称等信息确认团队，并对迎接团队致以热情问候。此外，还需要准备接站牌以示对游客的热烈欢迎。

2. 清点人数及行李。确认旅行团信息，首次见面后，地陪导游应与领队一起，清点游客人数及随身携带的行李物品。清点时，地陪导游应当根据游客客源地的风俗习惯采取合适的清点方式，为避免不必要的麻烦，地陪导游可用默数方式清点人数，并提醒游客核查自己的行李。

3. 集合登车。完成人数、行李清点后，地陪导游应手持导游旗走在旅行团前面，引导游客集合登车。地陪导游应站在车门旁边，引导游客有序上车。上车后，帮助游客摆放好行李，提醒游客系好安全带。

三、完成任务

1. 根据该入境旅行团的接待计划（表 0–3），分组进行迎接工作的要点分析。

2. 以小组为单位，参考下表进行角色分配，进行外宾团迎接工作模拟训练。

迎接工作模拟训练角色分配

序号	训练项目	涉及角色	至少需要学生人数
1	认找旅行团	地陪导游小陈、领队小王、游客若干	5
2	清点人数及行李	地陪导游小陈、领队小王、游客若干	5
3	集合登车	地陪导游小陈、领队、游客若干、司机马师傅	6

3. 根据实操训练内容和具体情况，评价采取自我评价、组内评价和教师评价相结合的评价方式，对所完成的“黄果树 + 天眼四日游”迎接工作模拟训练做出相应评价。效果评价表详见下表。

迎接工作模拟训练效果评价表

评价内容		评价等级（优、良、中、差）			备注
		自我评价	组内评价	教师评价	
知识技能评价	针对性				
	准确性				
	合理性				
	规范性				

续表

评价内容		等级评价（优、良、中、差）			备注
		自我评价	组内评价	教师评价	
情感态度评价	团队协作				
	职业价值				
	个人价值				
组长总结				综合等级	
评价等级参照标准： ①针对性——是否结合接待计划进行个性化分析 ②准确性——接待过程是否完整，问题解决是否目的明确 ③合理性——是否符合接待计划的实际情况 ④规范性——是否符合地陪导游服务规范，所采取的相关措施是否具有可操作性 ⑤团队协作——团队分工是否明确、合理 ⑥职业价值——是否体现地陪导游职业道德与职业操守 ⑦个人价值——是否传递积极、向上的价值导向					

真题小测

(一) 单选题

1. 在接待散拼团时，地陪导游应当提前（　　）到达机场接站地点。

A. 10分钟　　B. 15分钟

C. 20分钟　　D. 30分钟

2. 在接待散拼团时，地陪导游应当提前（　　）到达火车出站口迎接旅游者。

A. 10分钟　　B. 15分钟

C. 20分钟　　D. 30分钟

(二) 多选题

1. 关于地陪导游迎接工作，以下说法正确的是（　　）。

A. 地陪导游应主动认找旅行团

B. 地陪导游核实人数时应与全陪导游进行对接，全陪导游确定人数后，地陪导游可直接带领旅游者集合登车

C. 地陪导游应做好景区讲解服务，满足旅游者的好奇心

D. 地陪导游在集合登车时应协助旅游者放好行李，并强调乘车安全

2. 地陪导游在核实人数时，应当（　　）。

A. 向旅行团代表做自我介绍　　B. 与旅行团代表核实人数

C. 提醒旅游者检查行李　　D. 引导旅游者集合登车

3. 地陪导游完成散拼团的迎接工作时，需要注意的是（　　）。

A. 与包团的操作流程一致，只是需要更加细致

B. 散拼团的人数比包团少，因此可以适当放松

C. 迎接散拼团时与旅游者代表确认团队信息即可，未避免浪费时间，不必单独点名

D. 散拼团因旅游者之间熟悉程度不高，因此地陪导游在迎接时需要逐个清点人数、行李

参考答案

任务三 处理接站事故

地陪导游带团的每一个环节都需要提前做好相应准备，但这并不意味着只要做好相应准备就一定不会出现任何事故或意外。因此，地陪导游还应掌握带团过程中的常见事故处理办法，保证旅游活动的顺利进行。

任务描述

地陪导游小陈在机场迎接“黄果树＋遵义＋西江四游”旅行团时，发现已经到了约定的时间，游客却迟迟未出现，于是联系了游客，才得知航班延误了。她该如何做好后续的工作呢？

任务目标

1. 了解造成错接、漏接、空接事故的原因。
2. 能够处理错接、漏接、空接事故。
3. 培养规范化服务的意识。

任务实施

一、自我探索

扫码观看精品课程“地陪导游业务实训”中的“漏接、错接、空接的处理及预防”视频教学资料。

漏接、错接、空接的处理及预防

二、教学相长

初探思考

新手导游的第一次接团

新手地陪导游小王接到来自上海的“贵州五日游”旅行团，在做好服务准备后，第二天小王便要到贵阳龙洞堡机场进行接站了。初次独立接团的小王既兴奋又紧张，一夜没睡，快到天亮才迷迷糊糊睡着，闹钟也没有叫醒她，等她醒来时，发现已经快迟到了，于是立马慌慌张张打车前往机场，但还是比约定时间晚了15分钟，游客对此颇为不满。

问题

请问为什么会出现接站事故？应该如何避免？

分析

案例中的地陪导游小王是很多新手地陪导游的“真实写照”。面对第一次接团，新手导游难免既兴奋又紧张，这时便需要做好上团前的心理准备，同时要提前熟悉接待计划，做好接站准备，通过充分的准备工作，尽可能消除“紧张感”。

当游客到达但没有地陪导游接待的情况，这便是接站服务中的“漏接”事故。地陪导游小王出于自身原因，造成漏接，导致游客不满，这是地陪导游的工作“失职”。但此时事故已然发生，该如何妥善处理，又是地陪导游面临的一大重要考验。因此，作为地陪导游，我们不仅要熟知如何规范化地完成接站工作，更要学会处理在接站过程中可能会出现的突发情况。

启示

为避免出现接站事故，地陪导游一定要认真熟悉接待计划，做好接站准备，提前到达接站地点，避免主观原因导致接站事故。若因客观原因影响接站，也要学会如何处理接站过程中的突发情况。

(一) 错接

1. 错接的含义

错接是指地陪导游在接站时未认真核实，接了不应当由自己接待的旅行团。

2. 错接的处理

出现错接事故，地陪导游首先应当判断错接是否发生在同一家旅行社。若错接的两个团属于同一家旅行社，经领导同意，地陪导游可不更换团队，继续带领所接团队进行游览；若错接团队不属于同一家旅行社，地陪导游则要立即向旅行社汇报，设法尽快更换团队，同时，诚恳地跟旅游者说明情况并表示歉意。

(二) 漏接

1. 漏接的含义

漏接是指旅行团抵达后，无地陪导游迎接的现象。

2. 漏接的处理

出现漏接，会导致旅行团原地滞留、活动受阻、影响后续行程等后果。如本任务“初探思考”案例中，地陪导游小王出于自身原因，导致旅行团到达后无人迎接，发生漏接事故。此时，小王应当迅速联系该旅行团全陪导游，说明原因，请求全陪导游协助安抚旅游者，提前核查人数和行李。联系全陪导游后，小王应当以最快的速度前往接站点，并向旅游者说明情况，诚恳致歉。发生漏接事故后，在后续的行程中，地陪导游应提供更加周到的服务。如地陪导游不能及时赶到，延误时间过长，地陪导游应当与司机取得联系，请求全陪导游联系司机带领旅游者进行下一阶段的活动。

（三）空接

1. 空接的含义

空接是指地陪导游按照接待计划前往接站地点，但没有接到旅行团的现象。

2. 空接的处理

若飞机、高铁等已准时抵达，但地陪导游却未接到旅行团，首先应当排除漏接的可能，然后与旅行团下榻的酒店核实，旅游者是否自行到了酒店。

发生空接，排除漏接后，地陪导游应立即与旅行社取得联系，告知情况，请求旅行社协助查明旅行团未抵达的原因，待查明原因后，进行下一步安排。

做一做 处理“黄果树 + 遵义 + 西江四日游”的接站事故

结合“任务描述”中的接站事故，请判断该旅行团事故类型，并分析原因。假设你是地陪导游小陈，如何处理该事故？

参考答案

模拟实训

（一）实训内容

处理散拼团接站服务中的突发事故。

（二）实训目标

1. 掌握接站服务中的突发事故处理方法。
2. 学会预防接站中可能出现的突发事故。

（三）实训步骤

1. 任务描述

地陪导游小陈承接 38 人“小七孔 + 西江两日游”的旅行团，在前期做好服务准备后，小陈终于迎来了与游客的第一次见面。小陈提前到达事先约定好的接站地点，等待游客。当游客纷纷出站时，她迎上去主动询问“请问是‘小七孔＋西江两日游’散客团的吗？”听到肯定回答后，她便带领游客集合登车。结果刚到停车场时，她发现一部分游客跟着另一名导游走向了另一辆旅游车，经过认真询问，才知道自己接错了客人，这才赶忙从停车场跑回约定地点，造成了接团的延误。

2. 任务分析

散拼团在接站服务中，因其人数多、游客之前熟悉程度不够等特点，出现概率最大的突发事故是错接。案例中，地陪导游小陈接到了不属于自己的游客，这就是错接。错接的原因有很多，但一般都是主观原因。案例中的地陪导游小陈只确认了“团型”这个信息便接走了游客，这在实际带团过程中是非常不妥的。为避免接错游客，地陪导游应在接到游客后，详细核实团队信息，包括核对团名、游客来源、人数、游客姓名、行程安排等信息，确保是自己要接待的游客。

3. 任务实施

(1) 根据你对错接的了解，结合任务描述，请总结发生错接的原因，续写任务描述案例的后续。填写错接事故处理流程图（图 2-1），绘制出完整的错接事故处理流程。

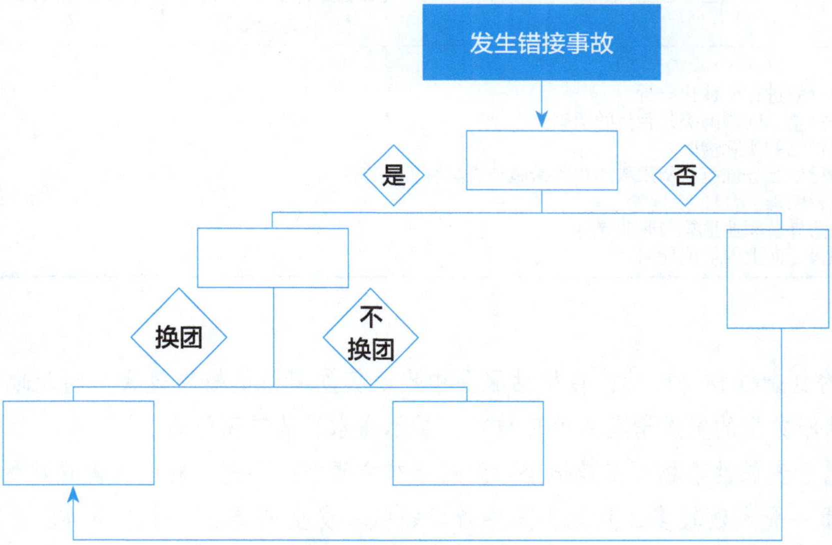

图 2-1 错接事故处理流程图

参考答案

(2) 根据错接事故处理流程图，结合任务描述，任选一种错接事故后续情景，参考表 2-10 进行角色分配，以小组为单位进行处理错接事故模拟训练。

表 2-10 错接事故模拟训练角色分配

序号	角色	角色任务	至少需要学生人数
1	地陪导游小陈	完成错接事故处理	1
2	游客代表	表达不满、配合地陪导游完成接站工作	3
3	另一位地陪导游	配合地陪导游完成事故处理	1
4	旅行社人员	听取地陪导游情况汇报，给出处理建议	1

4. 任务评价

根据实操训练内容和具体情况，评价采取自我评价、组内评价和教师评价相结合的评价方式，对所完成的“小七孔＋西江两日游”处理接站事故模拟训练做出相应评价。效果评价表详见表 2-11。

表 2-11 处理接站事故模拟训练效果评价表

<table>
<tr><td colspan="2" rowspan="2">评价内容</td><td colspan="3">评价等级（优、良、中、差）</td><td rowspan="2">备注</td></tr>
<tr><td>自我评价</td><td>组内评价</td><td>教师评价</td></tr>
<tr><td rowspan="4">知识技能评价</td><td>针对性</td><td></td><td></td><td></td><td></td></tr>
<tr><td>准确性</td><td></td><td></td><td></td><td></td></tr>
<tr><td>合理性</td><td></td><td></td><td></td><td></td></tr>
<tr><td>规范性</td><td></td><td></td><td></td><td></td></tr>
<tr><td rowspan="3">情感态度评价</td><td>团队协作</td><td></td><td></td><td></td><td></td></tr>
<tr><td>职业价值</td><td></td><td></td><td></td><td></td></tr>
<tr><td>个人价值</td><td></td><td></td><td></td><td></td></tr>
<tr><td colspan="2">组长总结</td><td colspan="2"></td><td>综合等级</td><td></td></tr>
<tr><td colspan="6">评价等级参照标准：
①针对性——是否结合接待计划进行个性化分析
②准确性——接待过程是否完整，问题解决是否目的明确
③合理性——是否符合接待计划的实际情况
④规范性——是否符合地陪导游服务规范，所采取的相关措施是否具有可操作性
⑤团队协作——团队分工是否明确、合理
⑥职业价值——是否体现地陪导游职业道德与职业操守
⑦个人价值——是否传递积极、向上的价值导向</td></tr>
</table>

5. 提升锦囊

由于散拼团团型的复杂性和特殊性，在接站服务中出现突发事故的概率较大，因此地陪导游应当熟练掌握接站服务中的突发情况的处理技巧，展示高水平的带团能力。

发生错接：错接属于责任性事故，多是地陪导游或接待方责任心不强、粗心大意造成的。

发生漏接：散拼团一般人数较多，且无全陪导游或领队。发生漏接后，地陪导游应立即联系游客代表，请求游客代表协助安抚其他游客情绪、清点游客人数等，地陪导游应尽最大努力赶到接站地点。

发生空接：发生空接，一般有两种情况，一是游客达到接站地点，但未按照计划等候集合，而是自行前往下榻酒店；二是由于航班延误或接待计划更改、游客临时生病或有急事取消行程，但未及时告知下一站接待社。

地陪导游在接待散拼团时，一定要熟悉游客基本情况，加强与游客的联系，随时掌握游客动向。地陪导游应利用信息化方式，建立游客群，提醒游客在登机或出发前在群里发送确认出发的信息，以便随时了解游客动态。

知识链接

按照事故责任，事故可分为责任性事故和非责任性事故。责任事故是指接待方原因造成的事故，包括地陪导游的直接责任和接待方其他环节的责任。如由接待方的疏忽、计划不周等造成的漏接、错接等事故。责任事故往往带来的后果较严重，不仅会影响地陪导游在游客心目中的形象，更会让游客质疑地陪导游、旅行社等责任部门的专业性，影响当地旅游行业形象。

非责任事故是指非接待部门或游客自身原因造成的事故。如因天气原因飞机不能按时起飞导致的空接或路上发生交通事故等造成的漏接。虽然这类事故责任并不在接待方，但接待方有义务做好各项补救工作。发生此类事故，处理得好，会体现出地陪导游、旅行社的专业性与高水平，赢得游客的信任，但处理得不好，也会让游客产生怀疑，影响游客对地陪导游、旅行社，甚至是对旅游目的地的印象。

课后拓展

实训工单 处理接站事故

学院		专业	
姓名		学号	

一、接受工作任务

地陪导游小陈接待来自菲律宾“黄果树 + 天眼四日游”外宾团，接待计划详见表 0–3。通过前期的充分准备，终于要迎来与游客的第一次见面，地陪导游小陈按照接待计划的时间，早早来到机场准备迎接游客，原定抵达时间已经过了 15 分钟，小陈却迟迟未等到游客，于是她赶紧与领队联系，得知因突发情况，原定航班延误到晚上 8 点起飞。请问，如果你是地陪导游小陈，你该如何处理？从此次事故中，你得到什么启示？

二、知识拓展

做好准备并不意味着带团工作就一定会顺顺利利，但不做好准备则大概率会不顺利。地陪导游在迎接外宾旅行团时，更应当做好充足的准备，展现当代中国导游的良好风貌。地陪导游在出发迎接游客时，应提前通过手机 App、航空官网等方式核查航班信息，确认航班能否按时抵达。同时，应与领队随时保持联络，询问团队情况。

三、完成任务

1. 请分析，地陪导游小陈迟迟未等到游客，属于什么事故？发生此次事故的原因是什么？小陈该如何处理？分析后，完成下表。

事故分析清单

事故名称	分析要点
事故原因	
其他可能导致该事故的原因	
处理方式	

2. 以小组为单位，小组内讨论交流，根据下表进行角色分配，完成处理接站事故模拟训练。

处理接站事故模拟训练角色分配

角色	人数
地陪导游小陈	1
司机马师傅	1
领队小王	1
游客	若干

续表

3. 根据实操训练内容和具体情况，评价采取自我评价、组内评价和教师评价相结合的评价方式，对所完成的“黄果树＋天眼四日游”处理接站事故模拟训练做出相应评价。效果评价表详见下表。

处理接站事故模拟训练效果评价表

评价内容		评价等级（优、良、中、差）			备注
		自我评价	组内评价	教师评价	
知识技能评价	针对性				
	准确性				
	合理性				
	规范性				
情感态度评价	团队协作				
	职业价值				
	个人价值				
组长总结				综合等级	

评价等级参照标准：
①针对性——是否结合接待计划进行个性化分析
②准确性——接待过程是否完整，问题解决是否目的明确
③合理性——是否符合接待计划的实际情况
④规范性——是否符合地陪导游服务规范，所采取的相关措施是否具有可操作性
⑤团队协作——团队分工是否明确、合理
⑥职业价值——是否体现地陪导游职业道德与职业操守
⑦个人价值——是否传递积极、向上的价值导向

真题小测

（一）单选题

1. 下列选项中，不属于漏接客观原因的是（　　）
A. 车辆发生故障　　B. 交通堵塞
C. 地陪导游迟到　　D. 航班提前抵达

2. 如果地陪导游没有接到应接的旅行团，正确处理程序是（　　）
A. 询问机场工作人员、与下榻酒店联系、联系旅行社，确认寻找无望后就可以离开
B. 询问机场工作人员、询问其他旅游者、与司机共同寻找
C. 询问机场工作人员、与司机共同寻找，请示后离开
D. 询问机场工作人员、与司机共同寻找、与下榻酒店联系，请示后离开

3.（　　）是地陪导游已经到机场，但未接到旅游者的情况。
A. 错接　　B. 漏接　　C. 空接　　D. 未接

（二）多选题

1. 在旅游接待过程中，以下哪些情况可能造成错接？（　　）
A. 地陪导游将 A 团的旅游者误认为是 B 团的旅游者，带领他们前往了错误的景点

B.地陪导游在集合时间前到达机场，但未能找到对应的旅行团
C.地陪导游未核对旅游者名单，导致将不属于本团的旅游者带上了车
D.地陪导游在游览过程中，未能按照计划为旅游者讲解景点

2.以下哪些情况可能被视为漏接？（　　）
A.地陪导游在机场等待了较长时间，但未能找到对应的旅行团
B.地陪导游在游览过程中，忘记了为旅游者预订午餐
C.地陪导游未按照约定的时间到达酒店，导致旅游者等待
D.地陪导游在行程中，未能按照计划安排旅游者参观某个景点

3.在机场接站服务中，以下哪些情况可能引发空接？（　　）
A.地陪导游在机场等待了较长时间，但未能接到旅行团
B.地陪导游记错了航班号，导致在错误的出口等待
C.地陪导游未能在约定的时间到达机场，导致旅游者自行离开
D.地陪导游在路途中，未能为旅游者提供足够的舒适环境

参考答案

实训三 面面俱到——首次沿途导游服务

项目描述

首次沿途导游服务是地陪导游展示气质、学识、语言水平的大好时机，通过有效落实首次沿途导游服务，既能帮助地陪导游树立良好形象，又能增进旅游者对地陪导游的信任感，为后续旅游活动的开展奠定良好基础。

如果你是地陪导游小陈，你会从哪些方面落实首次沿途导游服务呢？

以实际导游工作流程为主线，首次沿途导游服务可包括以下内容：致欢迎词、介绍行程、首次沿途导游线路设计与讲解，以及用餐服务。

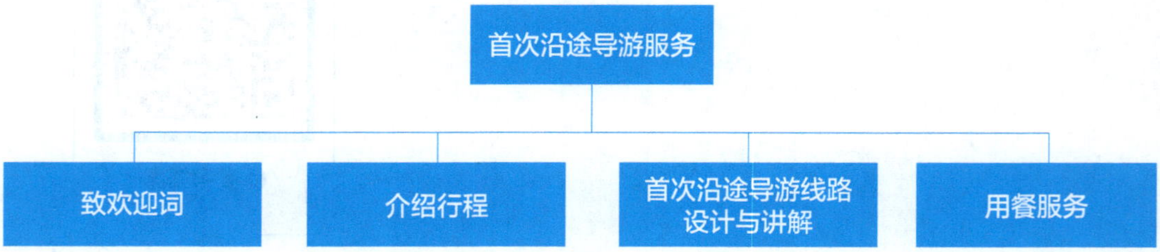

岗位画像

通过学习本节内容，你将获得以下岗位能力：

1. 熟悉常规欢迎词的五大要素，能结合旅行团特点设计特色欢迎词。
2. 熟悉介绍行程的两种方式，并能根据接待计划完成行程介绍。
3. 掌握首次沿途导游线路设计的流程，科学设计并进行讲解。
4. 掌握用餐服务的流程和规范。
5. 树立“宾客至上、服务至诚”和规范化服务的意识。
6. 培育个性化服务的超前服务意识。

重点难点

1. 重点

有效落实致欢迎词。

科学合理地设计行程的讲解内容，完成首次沿途导游讲解。

2. 难点

根据不同旅行团的接待计划，有针对性地设计特色欢迎词和导游讲解内容，做到有的放矢。

任务一 致欢迎词

致欢迎词是地陪导游第一次在旅游者面前的“出口”、“出面”和“出手”。有效落实致欢迎词的关键在于掌握旅行团情况，能针对旅行团的特点个性化地设计欢迎词，给旅游者留下良好的第一印象。

任务描述

地陪导游小陈已顺利在贵阳龙洞堡机场接到23人“黄果树＋遵义＋西江四日游”旅行团，并带领旅行团坐上了旅游大巴车，准备前往贵阳黔灵大酒店，请问在大巴车上，小陈清点完人数之后，还要提供哪些服务呢？

任务目标

1. 理解致欢迎词的重要性。
2. 掌握欢迎词的五大基本内容，能根据旅行团特点完成特色欢迎词的创作。
3. 养成认真严谨的学习、工作态度及职业使命感。

任务实施

一、自我探索

扫码观看精品课程“地陪导游业务实训”中“致欢迎词”视频教学资料。

致欢迎词

二、教学相长

(一) 致欢迎词的地点和时长

1. 致欢迎词的地点

致欢迎词是地陪导游给旅游者留下良好第一印象的重要环节，一般在地陪导游接团后带领旅行团前往下榻酒店或者景点的大巴车上进行。但如果遇到有领导前往迎接或在机场逗留时间较长或旅行团人数较多，有多辆大巴车，且不能保证每辆车上都有陪同人员时，则可在机场（车站、码头）致欢迎词。

2. 致欢迎词的时长

致欢迎词多数情况下是在大巴车上进行的。在大巴车上致欢迎词时，要注意，司机驾驶大巴车离开接站地点后，地陪导游不宜立刻致欢迎词，而应该等车辆行驶到平缓路段之后，站在旅游车前部，手持麦克风，面向游客，面带微笑、表情自然，目光柔和地注视旅游者，向旅游者致欢迎词。欢迎词的时间不宜过长，一般控制在 5 分钟左右。

（二）欢迎词的基本内容

1. 掌握欢迎词的五大基本要素

通常而言，欢迎词一般包含五大要素：问候语——真诚问候旅游者；欢迎语——代表所在旅行社、本人以及司机欢迎旅游者光临本地；介绍语——介绍自己的姓名及所属单位，介绍司机；希望语——希望旅游者配合自己的工作，并多提意见和建议；祝愿语——预祝旅游者旅游愉快、顺利。

2. 熟悉特色欢迎词的三大要点

欢迎词的内容不是一成不变、千篇一律的。特色欢迎词有三大要点：一是要结合旅行团的性质以及成员的文化水平、职业、年龄及居住地区等情况，甚至可以因接团时间、接团情形、旅游季节等不同而有所区别。二是要符合地陪导游身份，即要做到诚恳、亲切、不造作。三是要做到简明扼要、精彩纷呈。

初探思考

地陪导游小张的欢迎词精彩吗?

地陪导游小张要迎接来自广东的旅行团，为了做好本次导游服务，小张提前找领导拿到接待计划，认真研究接待计划和注意要点，对旅行团的情况做到了然于心。接站当天，小张顺利接到了旅行团，并引导游客有序在大巴车上就座。小张没有直接招呼司机开车，而是仔细清点了游客人数，提醒游客系好安全带之后，才提醒司机开车。当汽车行驶到平稳道路上时，小张自信大方地拿起话筒、面带微笑，向游客讲了一段精彩的欢迎词：

“女士们、先生们，早上好，我们全团 25 人都已到齐。现在我们将开启在贵州的三天两晚之旅，我是大家本次的地陪导游，大家可以叫我张导，也可以叫我小张，我旁边的这位是我们的司机师傅段师傅，段师傅车技娴熟，本次旅游将由我和段师傅一起为大家提供服务。希望大家能多多支持我们的工作，当然大家有任何需求也可以直接找我，我们将竭诚为大家提供服务。最后，预祝大家在本次旅途中，玩得开心，吃得愉快，谢谢大家！”

问题

请分析地陪导游小张在这段服务中，有哪些做得好的地方，有哪些不足之处。

分析

地陪导游小张在本次服务中做得好的地方有以下几方面：首先，地陪导游小张为接团做了充足准备，引导游客坐上大巴车后，在开车前认真清点人数和提醒安全事项（系安全带），在车辆行驶后没有立刻致欢迎词，而是等车辆行驶平稳后才致欢迎词。不足之处是欢迎词的五大要素缺少了“欢迎语”，没有代表旅行社对游客的到来表示欢迎。

启示

地陪导游在旅游服务中，应按照导游服务质量标准及导游服务程序，严格落实各项服务。在设计欢迎词时，应立足五大基本要素，结合旅行团特点进行设计，以期为游客提供一段精彩的欢迎词，在游客心中树立起良好的导游形象。

做一做 1 熟悉欢迎词的五大要素

请同学们根据学习情况，通过查阅、归纳欢迎词的常见用语，并针对“黄果树 + 遵义 + 西江四日游接待计划”（表 0–1）具体内容，有机结合欢迎词五大要素，完成本团常规欢迎词的创作，完成表 3–1。一定要注意欢迎词的要素内容不能欠缺，确保欢迎词的完整度。

表 3–1 欢迎词五大要素常见用语及本团常规欢迎词

要素分类	常见用语	本团常规欢迎词
问候语		
欢迎语		
介绍语		
希望语		
祝福语		

参考答案

做一做 2 创作特色欢迎词

欢迎词切忌千篇一律，只有具有个性的、独具一格的欢迎词，才能给游客留下深刻的印象。请仔细分析“黄果树 + 遵义 + 西江四日游接待计划”（表 0–1），掌握游客来源和行为习惯，创作特色欢迎词，并完成表 3–2。

表 3–2 欢迎词五大要素个性化用语及本团特色欢迎词

要素分类	个性化用语	本团特色欢迎词
问候语		
欢迎语		
介绍语		
希望语		
祝福语		

参考答案

做一做 3 创作特殊情形中的欢迎词

致欢迎词通常在地陪导游顺利接到游客后，乘坐大巴车前往酒店或者景点的路上，游客仍处于初次抵达旅游地的兴奋状态，整体情绪较好，地陪导游致欢迎词的工作水到渠成。但也有特殊情形，比如，地陪导游出于交通堵塞等原因延迟抵达接站地点，导致游客心生抱怨。此时，作为地陪导游，你要怎么致欢迎词呢？

无论面对何种接团情况，致欢迎词都是必不可少的环节。地陪导游在致欢迎词时一定要根据具体的接团情形和游客特点来组织语言。好的欢迎词，不仅能够表达对游客的欢迎、展现地陪导游的良好风采，而且在延误接团等特殊情形中，还能在一定程度上减缓游客对地陪导游的抱怨情绪，为后续开展地陪导游工作打下基础。

请针对延误接团的情形，结合“黄果树＋遵义＋西江四日游接待计划”（表 0–1），在图 3–1 中完成欢迎词的撰写。

参考答案

图 3–1　延误接团情形中的欢迎词

模拟实训

（一）实训内容

撰写散拼团的欢迎词。

（二）实训目标

1. 在熟悉散客旅行团特点的基础上，契合散拼团的游客特点，有针对性地设计欢迎词。

2. 有感情地完成致欢迎词，提高服务技能。

（三）实训步骤

1. 任务描述

地陪导游小陈顺利接到“小七孔＋西江两日游”散拼团，并带领游客坐上旅游大巴车，准备前往小七孔进行参观游玩。但这次所带的散拼团和以往包团大不相同，他发现团上的游客来自全国各地，其中江西客人偏多一些，且年龄均在 30 岁以上，50 岁以上的游客更是不少，多数为朋友或夫妻关系，少数为独立参团。面对这次散拼团，小陈犯了难，应该如何做才能有效地落实致欢迎词呢？

2. 任务分析

散拼团与包团都需要致欢迎词。散拼团的致欢迎词从内容方面来说仍然需要包含问候语、欢迎语、介绍语、希望语和祝福语五大要素。但和包团相比，散拼团在致欢迎词方面仍有所区别。

(1) 当散客来源地不同

通常而言，散拼团的游客来源地不尽相同，来自五湖四海的游客在民俗文化、饮食习惯等方面具有不同的特点。地陪导游在创作欢迎词时，不能只针对某一来源地的游客进行设计，而要考虑全部游客的特点，尽量寻求共性，做到欢迎词的规范化。同时，要能有机结合游客相对共性的特点，在规范化中做到个性化服务。

(2) 当散客来源地相同

如果散拼团的游客来源地较为统一，且能够清楚知晓游客之间的关系，地陪导游在致欢迎词时，除了欢迎词的五大要素之外，在欢迎语、祝福语方面可以从游客共同的来源地角度出发，构思用语，引起游客共鸣，拉近大家的感情。

3. 任务实施

请根据“小七孔 + 西江两日游接待计划”(表 0-2)，分析总结游客来源和特征，在图 3-2 中完成欢迎词的撰写，并在班上进行模拟演练。

参考答案

图 3-2 “小七孔 + 西江两日游”欢迎词

4. 任务评价

根据实操训练内容和具体情况，评价采取自我评价、组内评价和教师评价相结合的评价方式，对所完成的“小七孔 + 西江两日游”致欢迎词模拟训练做出相应评价。效果评价表详见表 3-3。

表 3-3 致欢迎词模拟训练效果评价表

评价内容		评价等级（优、良、中、差）			备注
		自我评价	组内评价	教师评价	
知识技能评价	针对性				
	准确性				
	合理性				
	规范性				

续表

<table>
<tr><td colspan="2" rowspan="2">评价内容</td><td colspan="3">评价等级（优、良、中、差）</td><td rowspan="2">备注</td></tr>
<tr><td>自我评价</td><td>组内评价</td><td>教师评价</td></tr>
<tr><td rowspan="3">情感态度评价</td><td>团队协作</td><td></td><td></td><td></td><td></td></tr>
<tr><td>职业价值</td><td></td><td></td><td></td><td></td></tr>
<tr><td>个人价值</td><td></td><td></td><td></td><td></td></tr>
<tr><td colspan="2">组长总结</td><td colspan="2"></td><td>综合等级</td><td></td></tr>
<tr><td colspan="6">评价等级参照标准：
①针对性——是否结合接待计划进行个性化分析
②准确性——接待过程是否完整，问题解决是否目的明确
③合理性——是否符合接待计划的实际情况
④规范性——是否符合地陪导游服务规范，所采取的相关措施是否具有可操作性
⑤团队协作——团队分工是否明确、合理
⑥职业价值——是否体现地陪导游职业道德与职业操守
⑦个人价值——是否传递积极、向上的价值导向</td></tr>
</table>

5. 提升锦囊

地陪导游应根据旅行团的性质和成员的文化水平、职业、年龄及居住地等情况，选择合适的、热情的、有特色的、有新意的语言，快速地把游客的注意力吸引到自己身上，给游客留下深刻的印象。一篇好的欢迎词应该足够新颖，能与旅行团特点相契合，而不是中规中矩的。

知识链接

欢迎词设计注意事项，详见表 3-4。

表 3-4 致欢迎词的注意要点及技巧要求

注意要点	技巧要求
仪容仪表	仪表端庄，着装整洁、大方、得体
姿态神态	面对游客站立，挺胸、收腹、身体重心落于前脚掌；注意手势，目光看向游客，微笑要恰到好处
讲解方法	称呼：采用职务称呼、职业称呼、社交称呼。如领导、老师、朋友等，表达对游客的尊敬、礼遇和重视 介绍：风趣、幽默、自然、亲切地介绍自己和司机，表达热情服务的诚挚愿望、努力工作的敬业态度，努力拉近与游客的距离

课后拓展

实训工单　致欢迎词

<table>
<tr><td>学院</td><td></td><td>专业</td><td></td></tr>
<tr><td>姓名</td><td></td><td>学号</td><td></td></tr>
<tr><td colspan="4">一、接受工作任务</td></tr>
<tr><td colspan="4">通过前期准备工作，地陪导游小陈已经初步掌握了“黄果树＋天眼四日游”入境旅行团的游客信息。此时，她已经顺利接到了来自菲律宾一行 16 人旅行团，带领游客坐上旅游大巴车正在前往下榻酒店的途中。区别于国内旅行团，入境旅行团的游客在语言、文化、饮食等方面有明显区别。假如你是小陈，要如何根据菲律宾游客特点做好致欢迎词呢？</td></tr>
</table>

续表

二、知识拓展

1. 调整时间

针对刚入境的旅行团而言，地陪导游在致完欢迎词之后，需要向游客介绍两国的时差，并请游客调整好手表时间。

2. 菲律宾礼仪介绍

菲律宾人在社交场合与客人相见时，无论男女都习惯以握手为礼。男士之间有时会在对方的背上拍击一下。参加晚宴或其他社交集会的客人，之后要为主人送去一件礼品或一封感谢信。宴席上，客人给主人的最大赞美是吃得津津有味。菲律宾人的家庭观念强烈，关于他们家庭成员的谈话往往很受欢迎。

三、完成任务

1. 根据“黄果树 + 天眼四日游接待计划”（表 0–3），请以小组为单位，分析研究菲律宾游客的特征，根据致欢迎词的要素内容创作中英文欢迎词内容，完成下表。

“黄果树 + 天眼四日游”欢迎词

中文欢迎词	英文欢迎词

2. 熟悉欢迎词内容，并上台独立模拟致欢迎词。

3. 根据实操训练内容和具体情况，评价采取自我评价、组内评价和教师评价相结合的评价方式，对所完成的“黄果树 + 天眼四日游”致欢迎词模拟训练做出相应评价。效果评价表详见下表。

致欢迎词模拟训练效果评价表

评价内容		评价等级（优、良、中、差）			备注
		自我评价	组内评价	教师评价	
知识技能评价	针对性				
	准确性				
	合理性				
	规范性				
情感态度评价	团队协作				
	职业价值				
	个人价值				
组长总结				综合等级	

评价等级参照标准：
①针对性——是否结合接待计划进行个性化分析
②准确性——接待过程是否完整，问题解决是否目的明确
③合理性——是否符合接待计划的实际情况
④规范性——是否符合地陪导游服务规范，所采取的相关措施是否具有可操作性
⑤团队协作——团队分工是否明确、合理
⑥职业价值——是否体现地陪导游职业道德与职业操守
⑦个人价值——是否传递积极、向上的价值导向

真题小测

(一) 单选题

1. 地陪导游在迎接旅行团时所致欢迎词的内容应简洁，一般应控制在（　　）。

A. 15 分钟　　B. 10 分钟　　C. 8 分钟　　D. 5 分钟

2. 境外旅行团客人登车后，地陪导游要做的第一件事是（　　）。

A. 致欢迎词　　B. 调整时差

C. 清点人数　　D. 通报前往的目的地

3. 常规欢迎词有（　　）大要素。

A. 三　　B. 四　　C. 五　　D. 六

(二) 多选题

1. 一篇好的欢迎词应该（　　）

A. 有感情　　B. 有针对性　　C. 有个性　　D. 有目标

2. 接机后前往酒店的途中，地陪导游的服务包括（　　）。

A. 致欢迎词　　B. 说明前往地点　　C. 介绍本地概况　　D. 分发游客意见表

E. 介绍下榻酒店的情况

3. 欢迎词的内容包含（　　）

A. 对旅游者表示欢迎　　B. 介绍自己和司机的姓名

C. 介绍自己的从业经历和爱好　　D. 表达自己向旅游者提供服务的诚挚意愿

E. 预祝旅游者旅游愉快

参考答案

任务二　介绍行程

如果说致欢迎词是给旅游者留下良好印象的开端，那么介绍行程则是让旅游者对接下来的活动安排做到心中有数，给旅游者一颗“定心丸”。介绍行程的内容要涵盖“食、住、行、游、购、娱”六大要素，地陪导游要组织好语言，做到条理清晰，让旅游者听了就懂。

任务描述

地陪导游小陈根据“黄果树＋遵义＋西江四日游”旅行团中游客的特点在大巴车上讲了一段特色欢迎词，让游客对旅行社、地陪导游和司机都有了较为全面的了解。接下来，她要向大家介绍行程，应该从哪些方面展开呢？

任务目标

1. 熟悉介绍行程的六要素：食、住、行、游、购、娱。
2. 能有效介绍行程。
3. 增强服务意识，能换位思考，提高服务水平。

任务实施

一、自我探索

扫码观看精品课程“地陪导游业务实训”中“介绍行程和下榻饭店”视频教学资料。

介绍行程和下榻饭店

二、教学相长

(一) 介绍行程的必要性

整体而言，旅游者对旅游目的地相对陌生，初到一地，人生地不熟，对接下来的行程充满困惑和期待，也对自己此行的收获充满担忧。地陪导游清楚明了地介绍行程，会给旅游者吃一颗“定心丸”、打一针“强心剂”。地陪导游在致欢迎词之后，可以向旅游者简单介绍行程安排，让每位旅游者对接下来的旅游活动做到心中有数。介绍行程时，地陪导游可根据接待计划，精练地介绍后续行程安排，让旅游者明确什么时间段应做些什么，需要注意哪些事项。

初探思考

地陪导游不看接待计划只凭经验介绍行程可取吗?

地陪导游小王正在接待“黄果树＋马岭河＋万峰林五日游”旅行团，在大巴车上向游客致完了欢迎词。此次线路是旅行社经典线路，小王经常接待游览这条线路的旅行团，对这三个景区特别熟悉，所以对本次接待计划并未仔细研读，而是凭借以往带团经验向游客介绍本次行程。

问题

请分析地陪导游小王的服务有哪些不足之处。

分析

介绍行程的目的是帮助游客了解接下来的行程安排，做到心中有数。地陪导游小王没有严格按照接待计划中的行程安排向游客介绍，而是凭借“经验主义”向游客介绍行程，是非常不负责任的行为。如果小王所介绍的行程与接待计划中的不符，很可能导致游客投诉。

启示

接待计划是组团社委托地接社组织落实旅行团活动的契约性文件，地陪导游在落实旅游活动时应严格按照接待计划进行，有序安排旅游行程。因此，在介绍行程环节，地陪导游不能偏离接待计划中规定的行程内容，应确保介绍的行程内容与接待计划完全一致。

(二) 介绍行程的六大要素

1. 团队用餐（食）

通常旅行团的用餐标准较为固定，为常规 10 人一桌的团餐，介绍餐饮时需要明确用餐标准，如有安排特色餐，尤其是涉及单独收费时，应单独介绍。

2. 下榻酒店（住）

可根据游览天数，按顺序介绍每晚的下榻酒店，若接待计划中有明确的酒店星级标准，介绍酒店时则要加上星级等级，并告知酒店具体位置等信息，让旅游者对入住的酒店有整体了解。

3. 交通安排（行）

简要介绍出发地和目的地，以及两地之间的距离和所需车程。

4. 景区游览（游）

将游览的景区按照时间顺序逐一介绍，可介绍景区概况，对景区内的特色景点可展开介绍，尤其是行程中的王牌景区、景点，更不可忽略。

5. 购物（购）

接待计划中安排有购物点时，地陪导游应严格落实并向游客进行介绍，但不得私自增加购物点或延长在购物点的逗留时间。此外，可以简要介绍当地特色商品，让旅游者做到心中有数。

6. 娱乐活动（娱）

对于接待计划内的娱乐活动，地陪导游应进行介绍并在后续旅游活动中严格落实。对于计划外的娱乐活动，可以介绍当地民俗风情特色，并做适当讲解。

（三）介绍行程的常见方式

1. 按照六大要素进行介绍

根据接待计划，地陪导游综合分析“食、住、行、游、购、娱”方面的旅游安排并向旅游者做介绍。介绍时可将相同类型的内容合并在一起进行介绍，比如住宿安排方面，可归纳介绍为“接下来的三晚，我们所入住的均为四星级酒店，酒店设施设备较好，能为大家提供舒适的住宿环境。”

2. 按照行程天数进行介绍

根据第一天、第二天、第三天等游览天数，逐一介绍每一天行程。如可按照如下内容介绍：“各位团友，第三天在酒店用早餐后，我们将前往黄果树景区进行参观游览，到达景区后，先游览天星桥景区，然后浏览黄果树大瀑布景区，之后用午餐，下午游览陡坡塘瀑布景区，之后会在土特产商店给大家留出 1 小时左右的购物时间，晚餐后我们将前往西江，入住西江月大酒店。这里要特别说明一下，我们费用的‘包含’与‘不包含’。费用包含了黄果树景区的门票、‘小交通’，以及统一安排的食宿，但是黄果树大扶梯的费用是不包含的，黄果树大扶梯单程 30 元 / 人、双程 50 元 / 人，是景区内的自费项目，大家可以自行选择是否乘坐。”

做一做 1 **按照六大要素介绍行程**

请同学们根据“黄果树 + 遵义 + 西江四日游接待计划”（表 0–1），按照六大要素进行分类，请自行查阅资料，梳理六大要素的介绍要点，并根据本团接待计划梳理相关内容，完成表 3–5。

参考答案

表 3–5 “黄果树 + 遵义 + 西江四日游”介绍行程要素梳理表 1

要素类别	介绍要点	本团情形	注意事项
食			
住			
行			
游			
购			
娱			

做一做 2 按照天数介绍行程

参考答案

请同学们根据“黄果树 + 遵义 + 西江四日游接待计划”（表 0–1），按照天数整合行程信息，完成表 3–6。

表 3–6　“黄果树 + 遵义 + 西江四日游”介绍行程要素梳理表 2

日期	介绍要点	本团情形	注意事项
8 月 10 日			
8 月 11 日			
8 月 12 日			
8 月 13 日			

做一做 3 模拟介绍行程

请根据上面梳理的两种介绍行程方法，综合比较，选择一种，依据“黄果树 + 遵义 + 西江四日游接待计划”（表 0–1），在图 3–3 中完成行程介绍词的撰写。

图 3–3　“黄果树 + 遵义 + 西江四日游”行程介绍词

模拟实训

（一）实训内容

完成散拼团行程介绍词的撰写。

（二）实训目标

结合散拼团的游客特征，能有针对性地设计行程介绍词，通过行程介绍让游客对接下来的旅游活动安排有较为清晰明了的认知。

(三) 实训步骤

1. 任务描述

地陪导游小陈通过自己精心设计的、幽默风趣的欢迎词给“小七孔 + 西江两日游”游客留下了深刻的第一印象。介绍完毕后，她环视了车内，发现游客的兴致整体较好，但因为游客年龄偏大，少部分游客已经呈现出了疲态。但介绍行程是首次沿途导游很重要的一个环节，不可忽略。小陈要如何更好地完成行程的介绍呢？

2. 任务分析

介绍行程是帮助游客了解旅游活动安排、使游客对接下来的旅游行程了然于心的一项非常重要的工作。通常来讲，行程介绍的内容要涵盖“食、住、行、游、购、娱”六个方面。

结合“小七孔 + 西江两日游”的实际情况，游客年龄偏大，对旅游专业术语可能较为陌生，地陪导游在讲解方面应选择清晰易懂、简洁明了的字眼，尽量使用通俗易懂的语言让游客了解行程安排。同样也可以借助讲解技巧，让讲解更加生动有趣，调动游客的兴趣。

参考答案

3. 任务实施

请根据“小七孔 + 西江两日游接待计划”(表 0-2)，根据行程安排、食宿信息等，在图 3-4 中完成行程介绍词的撰写，并上台汇报。

图 3-4 “小七孔 + 西江两日游”行程介绍词

4. 任务评价

根据实操训练内容和具体情况，评价采取自我评价、组内评价和教师评价相结合的评价方式，对所完成的“小七孔 + 西江两日游”介绍行程模拟训练做出相应评价。效果评价表详见表 3-7。

表 3-7　　介绍行程模拟训练效果评价表

评价内容		评价等级(优、良、中、差)			备注
		自我评价	组内评价	教师评价	
知识技能评价	针对性				
	准确性				
	合理性				
	规范性				

续表

评价内容		评价等级（优、良、中、差）			备注
		自我评价	组内评价	教师评价	
情感态度评价	团队协作				
	职业价值				
	个人价值				
组长总结				综合等级	
评价等级参照标准： ①针对性——是否结合接待计划进行个性化分析 ②准确性——接待过程是否完整，问题解决是否目的明确 ③合理性——是否符合接待计划的实际情况 ④规范性——是否符合地陪导游服务规范，所采取的相关措施是否具有可操作性 ⑤团队协作——团队分工是否明确、合理 ⑥职业价值——是否体现地陪导游职业道德与职业操守 ⑦个人价值——是否传递积极、向上的价值导向					

5. 提升锦囊

介绍行程看似简单，但如果想清晰明了地把需要介绍的内容全部传递给游客，仍然需要地陪导游仔细推敲介绍词。做好介绍行程工作，最根本的是地陪导游前期工作的落实程度，要求地陪导游在准备阶段全面分析接待计划，并针对接待计划中不明确的地方提前核实清楚，以六大要素或者行程天数为依据来整合旅游行程信息，并根据旅行团特点，选择合适的讲解方式，介绍行程讲解要点详见表 3–8。

表 3–8　　介绍行程讲解要点

涵盖的要素	费用包含与不包含的项目	注意事项
食：餐饮费用标准、饮食特别注意事项 住：酒店星级标准、地理位置、设施设备、特色 行：行程安排，大巴车信息 游：景区景点概况，游览的先后顺序，王牌景点的重点讲解 购：购物店、特色旅游产品 娱：文艺演出、歌舞表演等	景区内小门票、小交通、特色交通等是否包含 儿童的住宿费、加床费以及早餐费是否包含 展馆讲解设备，如耳机等费用是否包含	行程中的安全提醒、文明旅游等

知识链接

1. 地陪导游口头语言的表达要领

(1) 音量大小适中

一般来说，导游音量的大小应以每位游客都能听清为宜，音量要恰当、适度。一是声音当大则大、当小则小；二是要顺畅自然，不能生硬地变换音量。

(2) 语调高低有序

根据不同情景选择升调、降调或直调。升调多用于表达兴奋、激动、惊叹、疑问等感情状态。降调多用于表达肯定、赞许、期待、同情等感情状态。直调多用于表达庄严、稳重、平静等感情状态。

(3) 语速快慢相宜

力求做到急徐有致、快慢相宜。对中青年游客，讲解速度可快些，对老年游客则应适当放慢。

(4) 停顿长短合理

语句之间、层次之间、段落之间要有意间歇，以吸引游客注意力，增加语言的节奏感。

2. 地陪导游态势语言

人的表情、动作、姿态等可以表达语义和传递信息，主要有首语、表情语、目光语等。首语是通过人的头部活动来表达语义和传递信息的一种态势语言，包括点头和摇头。表情语是指通过人的眉、眼、耳、鼻、口及面部肌肉运动来表达情感和传递信息的一种态势语言，对地陪导游来说，控制自己的面部表情要注意灵敏、鲜明、真诚和有分寸。目光语是指通过人与人之间的视线接触来传递信息的一种态势语言。

课后拓展

实训工单 介绍行程

学院		专业	
姓名		学号	

一、接受工作任务

地陪导游小陈以一段热情洋溢、不卑不亢的欢迎词获得了菲律宾“黄果树＋天眼四日游”一行游客的高度认可。接下来，地陪导游小陈需要根据菲律宾入境旅行团的行程安排向游客介绍行程。贵州是入境旅行团非常喜欢的旅游目的地，作为贵州的一名地陪导游，向外宾介绍行程不仅仅是工作的要求，更是借此展现导游风采、宣传贵州形象的一大契机。“八山一水一分田，旖旎风光在贵州”，假如你是小陈，你将如何介绍行程呢?

二、知识拓展

1. 黄果树大瀑布

黄果树大瀑布位于贵州安顺市镇宁布依族苗族自治县。它是世界上唯一可从上、下、前、后、左、右六个方位观看的瀑布，也是世界上唯一有水帘洞（134 米）自然贯通且能从洞内向外听、观、摸的瀑布。仲夏时节，黄果树瀑布进入一年中的最佳观赏期，大瀑布奔腾而下、气势磅礴、蔚为壮观。最推荐的游玩路线是天星桥——黄果树大瀑布——陡坡塘。天星桥分为前后半段，后半段的景色会更美，全程差不多 1.5 个小时。黄果树大瀑布有 6 个观景台和 1 架铁索桥，位置不同视角不同，大瀑布的壮美也是多维的。

（资料来源：黄果树旅游区管理委员会官网）

2. 平塘天眼

“中国天眼”坐落于平塘县克度镇的大窝凼，因世界上最大单口径、最灵敏的射电望远镜在这里落成，成为吸引游客的“天文小镇”。镇上最大的地标建筑是天文时空塔，银白色的塔身高 99.99 米，共 27 层，建有 5 部电梯。登临塔顶，极目远眺，可将整个小镇尽收眼底。

（资料来源：“天文小镇”探秘 . 人民网）

三、完成任务

1. 作为接待入境旅行团的地陪导游，小陈不仅仅代表个人，还代表着贵州的旅游形象，更代表着中国的旅游形象。根据“黄果树＋天眼四日游接待计划”（表 0–3），请你认真分析旅行团游客特征和行程信息，并有针对性地在下图中完成行程介绍词的撰写。

“黄果树＋天眼四日游”行程介绍词

续表

2. 充分熟悉行程介绍词，并上台进行模拟演练。
3. 根据实操训练内容和具体情况，评价采取自我评价、组内评价和教师评价相结合的评价方式，对所完成的“黄果树 + 天眼四日游”介绍行程模拟训练做出相应评价。效果评价表详见下表。

介绍行程模拟训练效果评价表

评价内容		评价等级（优、良、中、差）			备注
		自我评价	组内评价	教师评价	
知识技能评价	针对性				
	准确性				
	合理性				
	规范性				
情感态度评价	团队协作				
	职业价值				
	个人价值				
组长总结				综合等级	

评价等级参照标准：
①针对性——是否结合接待计划进行个性化分析
②准确性——接待过程是否完整，问题解决是否目的明确
③合理性——是否符合接待计划的实际情况
④规范性——是否符合地陪导游服务规范，所采取的相关措施是否具有可操作性
⑤团队协作——团队分工是否明确、合理
⑥职业价值——是否体现地陪导游职业道德与职业操守
⑦个人价值——是否传递积极、向上的价值导向

真题小测

（一）单选题

1. 介绍行程应包含（　　）大要素。

A. 三　　B. 四　　C. 五　　D. 六

2. 地陪导游可根据（　　）介绍行程。

A. 接待计划　　B. 旅游者名单
C. 注意事项　　D. 以往经验

3. 介绍行程的根本目的是（　　）。

A. 让每位旅游者对接下来的旅游活动做到心中有数，给旅游者吃一颗“定心丸”、打一针“强心剂”
B. 尽情展示地陪导游的个人风采
C. 向旅游者表示热烈的欢迎
D. 活跃氛围，拉近与旅游者的关系

（二）多选题

1. 介绍行程的六大要素包括（　　）。

A. 团队用餐　　B. 下榻酒店　　C. 景区游览　　D. 购物

E. 注意事项

2. 地陪口头语言的表达要领包括（　　）。

A. 音量大小适中　　B. 语速快慢相宜

C. 停顿长短合理　　D. 语调始终亢奋、有激情

E. 语调高低有序

参考答案

任务三　首次沿途导游线路设计与讲解

首次沿途导游是地陪导游带领旅游者离开机场（车站、码头），前往首次停留的活动目的地行车途中，为旅游者提供的服务。沿途讲解是地陪导游工作的重要环节，沿途讲解能力是地陪导游的核心能力。

任务描述

地陪导游小陈为给游客提供优质的首次沿途导游服务，在拿到接待计划和游客信息之后，仔细分析了第一天的行程信息，为首次沿途导游服务进行了精心的设计和用心的准备，请问如果你是地陪导游小陈，将如何设计首次沿途导游线路呢？

任务目标

1. 熟悉首次沿途导游线路设计流程，能根据接待计划合理设计首次沿途导游线路。
2. 掌握首次沿途导游讲解技巧并结合旅行团特点设计讲解词。
3. 提高服务意识，能换位思考提高服务水平。

任务实施

一、自我探索

扫码观看精品课程“地陪导游业务实训”中“首次沿途导游”视频教学资料。

首次沿途导游

二、教学相长

（一）首次沿途导游线路设计

设计首次沿途导游线路，一方面要保证有效落实接待计划，利用有限的时间安排合适的行车线路，确保所选线路的车程时长合理，不影响下一站的旅游活动安排。另一方面，要契合旅游者特征和需求，保障途经有代表性的景点，为旅游者展示沿途风光。地陪导游在落实首次沿途导游线路设计时要注意以下设计技巧：明确交通线路选择，从接站的机场（车站、码头）到首次停留的活动目的地往往有多条旅游线路可供选择，地陪导游要以接待计划为依据，向司机询问最佳线路。一方面要保证车程时长合适，另一方面要保证沿途风光有特色。

（二）首次沿途导游讲解

首次沿途导游讲解的目的是让旅游者通过导游的讲解对当地的概况能有较为全面的了解。旅游者初到一个旅游地，会对当地感到好奇和新鲜，迫不及待想要了解当地的一切。这就需要地陪导游在首次沿途导游环节落实好讲解服务。通常来讲，首次沿途导游讲解包括本地概况和沿途风光介绍两大部分。但不同旅行团的接待计划有所不同，旅游者的来源、行为特征和生活习惯也不同，因此，从接站地点到首个旅游目的地期间的首次沿途导游讲解，地陪导游应根据旅游团的接待计划，综合考虑团型和旅游者信息，有针对性地设计沿途导游讲解。

一是全面了解当地概况。对旅游地的概况，以及途经的有代表性的景点有充分的了解，可按照开头语，旅游地概况、地理位置、历史背景，沿途路上有代表性的景点的介绍，结束语进行设计和创作。

二是讲解要突出景点特色。如果是途经人文景点，要将历史背景、用途或功能、位置及价值、名人评价等内涵融入其中，由景入情，引发旅游者情感共鸣。如果是途经自然景点，要将自然景点的天赋性、差异性、地域性、科学性、综合性等特征用自然科学知识解释其成因，突出其自然特征和美学特征。

初探思考

地陪导游小张的首次沿途导游讲解经历

在旅行社实习的地陪导游小张第一次独立带团，在首次沿途导游讲解环节倍感吃力。他事先准备的导游词寥寥数语就讲完了，再加上紧张，小张一时不知怎样开口，旅游车内陷入了尴尬的沉寂。车窗外的景色也异常单调，高速路途只有路牌提示着小张行程已过半。这时，司机老王提醒小张道："小张，现在我们已经驶入安顺市了。这里是贵州六个地级市之一，也是黄果树瀑布和龙宫景区所在地"。小张恍然大悟，及时调整思路，为游客开始介绍安顺市的概况和沿途所见。随着讲解的展开，游客的问题开始多了起来，车厢内的氛围顿时活跃了许多。

问题

通过地陪导游小张的表现，你觉得在首次沿途导游讲解环节要如何提供更好的服务呢？

分析

案例中，地陪导游小张一开始因准备不充分和紧张，导致未能有效落实首次沿途导游讲解服务。通常来讲，首次沿途导游讲解主要包括当地概况和沿途风光介绍两大内容。在当地概况方面，地陪导游可以以当地地理、历史、文化信息为基础，从地形地貌、气候、人口、历史沿革、行政区划分、市容市貌、社会生活、文化传统、风物特产等方面准备讲解内容。在沿途风光介绍方面，则应根据车程线路，选择具有代表性的景点提前准备讲解词，并根据车览景色依次介绍。

启示

首次沿途导游讲解非常考验地陪导游的讲解能力，这也要求地陪导游在准备首次沿途导游讲解时，要提前认真研读接待计划，分析接站地点前往首次停留的活动目的地的最佳线路，根据本地概况和途经有代表性的景点等设计讲解词。

做一做 1 确立科学合理的车程线路

请同学们根据"黄果树 + 遵义 + 西江四日游接待计划"（表 0–1），分析从贵阳龙洞堡机场到贵阳黔灵大酒店的线路设计要点，要求自行查阅地图获取道路信息，并根据本团接待计划梳理相关内容，完成表 3–9。

参考答案

表 3–9 "黄果树 + 遵义 + 西江四日游"首次沿途导游线路设计要点

类别	落实要点	本团情形
道路信息		
行车时长		
沿途有代表性的景观、景点		

做一做 2 按照行车线路组织讲解词

请同学们根据自行设计的"黄果树 + 遵义 + 西江四日游"首次沿途导游行车线路，在图 3–5 中撰写首次沿途导游讲解词。

图 3-5 “黄果树 + 遵义 + 西江四日游”首次沿途导游讲解词

模拟实训

(一) 实训内容

完成散拼团的首次沿途导游讲解词创作及讲解。

(二) 实训目标

1. 了解首次沿途导游讲解的准备内容、讲解要求、注意事项。
2. 结合散拼团的特点，有效使用讲解方法和技巧，完成首次沿途导游讲解任务。

(三) 实训步骤

1. 任务描述

地陪导游小陈正在滔滔不绝地向“小七孔 + 西江两日游”旅行团游客进行首次沿途导游讲解，这时，一位老年游客直接打断小陈，说小陈的语速太快了，自己听不清楚。请问假如你是小陈，要如何做好散拼团的首次沿途导游讲解呢？

2. 任务分析

散拼团游客情况较为复杂，地陪导游应仔细分析接待规格与行程安排，按照大多数游客的文化层次和偏好，安排好首次沿途导游讲解工作。本次“小七孔 + 西江两日游”中的游客来自全国各地，年龄偏大，地陪导游应提前熟悉老年游客的行为特征，有针对性地设计讲解词，优化讲解方式。

3. 任务实施

(1) 以小组为单位，根据“小七孔 + 西江两日游接待计划”(表 0-2)，在图 3-6 中完成该旅行团首次沿途导游讲解词的撰写。

参考答案

图 3-6 “小七孔 + 西江两日游”首次沿途导游讲解词

(2) 分组上台进行首次沿途导游讲解模拟训练。

角色：地陪导游 1 名、司机 1 名、游客若干名

要求：在有效落实首次沿途导游讲解基础上，灵活设计地陪导游与游客之间的互动。

4. 任务评价

根据实操训练内容和具体情况，评价采取自我评价、组内评价和教师评价相结合的评价方式，对所完成的“小七孔 + 西江两日游”首次沿途导游讲解词创作及讲解模拟训练做出相应评价。效果评价表详见表 3-10。

表 3-10　首次沿途导游讲解词创作及讲解模拟训练效果评价表

评价内容		评价等级（优、良、中、差）			备注
		自我评价	组内评价	教师评价	
知识技能评价	针对性				
	准确性				
	合理性				
	规范性				
情感态度评价	团队协作				
	职业价值				
	个人价值				
组长总结				综合等级	

评价等级参照标准：
①针对性——是否结合接待计划进行个性化分析
②准确性——接待过程是否完整，问题解决是否目的明确
③合理性——是否符合接待计划的实际情况
④规范性——是否符合地陪导游服务规范，所采取的相关措施是否具有可操作性
⑤团队协作——团队分工是否明确、合理
⑥职业价值——是否体现地陪导游职业道德与职业操守
⑦个人价值——是否传递积极、向上的价值导向

5. 提升锦囊

首次沿途导游是满足游客初到一地的好奇心和求知欲，展示地陪导游气质、学识、语言水平的大好时机，好的首次沿途导游服务能帮助地陪导游树立良好形象，增进游客对地陪导游的信任感和满意度，为后续旅游活动的顺利开展奠定基础。此外，首次沿途导游也是展示黔山贵水的绝佳时机，地陪导游应提前做好规划，设计好首次沿途导游讲解词，将“山地公园省·多彩贵州风”所代表的丰富的自然珍宝和人文瑰宝，以及丰厚的红色文化、阳明文化、民族文化和屯堡文化等，向游客进行推介。

知识链接

1. 首次沿途导游介绍的内容

(1) 介绍本地概况（风情导游）

介绍本地概况的内容一般视行车时间多少来安排，主要介绍本地历史沿革、地理气候特征、民俗风情、城市新貌和主要旅游景点等。

(2) 介绍沿途风光（风光导游）

地陪导游在介绍本地概况时，可穿插讲解沿途风光。在行车过程中，游客会看到很多事物，比如城市建筑、街道小区等。地陪导游在进行首次沿途导游讲解时，不能看到什么就讲什么，而是要选择能够代表当地特色的主要景点、标志性景点进行讲解，不必面面俱到。对于能够引起游客强烈兴趣的景点，可以详细介绍，普通的景点则简单介绍甚至可以不介绍。注意掌握好观赏时机，当讲解景点出现在大巴车前方时，可以请游客观赏景点，然后再给予简单讲解。讲解沿途景点应尽量简洁明了，做到“景在即讲，景过即了”。

(3) 介绍下榻酒店概况

若首次沿途导游是在前往下榻酒店时进行，可以在临近酒店时，向游客介绍所住酒店的基本情况：酒店的名称、位置、距机场（车站、码头）的距离、星级、规模、主要设施和设备、办理入住手续所需证件、有关注意事项等。

2. 首次沿途导游讲解的原则

(1) 语言简洁、节奏感强

首次沿途导游讲解是体现地陪导游“眼疾嘴快”本领的时候，即地陪导游在做沿途导游讲解时，语言要简洁明快、节奏感强，给游客带去热情、阳光、积极向上的感觉。语速应控制在每分钟 200 字左右。

(2) 同步讲解

在沿途导游的时候，讲解的内容要和景物同步，即看到了什么再讲什么；同时，也要和游客同步，保证所讲的内容都是游客能够见到或者感受到的。在介绍的时候，要掌握好观赏时机，原则上沿途景点的观赏要以游客视线所及的景点为主，要先让游客看到景点，然后再进行讲解。

(3) 先讲景、再讲情

游客初到一个地方，对当地的景点会特别感兴趣。作为地陪导游，要抓住游客此时的心理特征，先为游客提供讲解，等到游客对当地景点有所了解后，再来介绍当地的风土人情，就不会显得特别突兀，游客也更加容易理解和接受。

课后拓展

实训工单　首次沿途导游

学院		专业	
姓名		学号	

一、接受工作任务

地陪导游小陈经过认真准备，在首次沿途导游讲解环节向“黄果树＋天眼四日游”旅行团游客热情介绍贵州，在讲到贵阳市简称“筑”的来源时，提到了王阳明的诗句“贵竹路从峰顶入，夜郎人自日边来”。这时，一位菲律宾游客突然提到“夜郎自大”，并就此开始调侃起来。假如你是地陪导游小陈，要如何处理呢？

二、知识拓展

1. “贵阳”名称由来

元、明两朝，贵阳称为贵州，这是古代治城最通常的命名。明成化初年，史料中开始出现“贵阳”的记载，但直到隆庆三年（1569 年）三月丁未，程番府迁入贵州城的第二年，贵州才正式更名为贵阳。古代以阳、阴为地名者甚多，如江阴、洛阳等，不胜枚举。因（贵州）治城在贵山之阳而得名的说法是最可靠的。

续表

2. 贵阳简称“筑”的由来

贵阳简称“筑”，最普通的说法，是因贵阳地区盛产竹子。近代史家柴晓莲先生认为，贵筑县原称“贵竹”，“贵筑”是由“贵竹”演变而来。明朝时，地方志中还有关于贵州产竹的记载。至清末、民国初年，文人还有以“贵竹”人自称者。王阳明有“贵竹路从峰顶入，夜郎人自日边来”的诗句。

（资料来源：贵阳市人民政府官网）

3. 导游职业道德

我国导游职业道德规范主要有以下几方面的内容：

(1) 爱国爱企、自尊自强

爱国爱企、自尊自强不仅是导游必须遵守的一项基本道德规范，也是社会主义各行各业必须遵守的基本行为准则。它要求导游在工作中要始终站在国家和民族的高度，要时刻以国家和企业利益为重，要有民族自尊心和自信心，为国家和企业的发展多做贡献。

(2) 遵纪守法、敬业爱岗

遵纪守法、敬业爱岗要求各行各业人员除了要遵守国家的法律法规，还要遵守各自本职行业的一些规范和规定。对于导游来说，除了要遵守国家的法律法规外，还要遵守旅行社的制度和《导游人员管理条例》，执行导游服务质量标准，敬业爱岗。

(3) 公私分明、诚实善良

公私分明、诚实善良要求导游在工作中，要能够自觉抵制各种诱惑、不为一己私利而损害游客利益；对待游客要诚实守信，不弄虚作假、不欺骗游客，严格履行合同的规定，杜绝随意增减景点和购物点的行为，维护游客的合理利益。

(4) 克勤克俭、宾客至上

克勤克俭、宾客至上是导游处理与游客关系的一条基本行为准则。要求导游充分发挥积极性、主动性、创造性；发扬我国勤俭节约、热情好客的优良传统；要有很强的服务意识，能够始终把游客的利益放在第一位，想游客之所想、急游客之所急，把游客满意作为衡量自己工作的标准。

(5) 热情大度、清洁端庄

热情大度、清洁端庄是导游在接待游客的过程中应当具备的基本道德品质和道德情操。导游要做到不管游客的态度如何，始终将微笑挂在脸上，关心游客，为游客着想。导游还要注意自己的仪容仪表，做到穿着得体、干净大方，使游客有舒心、满意之感。

(6) 一视同仁、不卑不亢

一视同仁、不卑不亢要求导游在整个旅游过程中要做到不因游客的地位、钱财、容貌和肤色而区别对待。此外，导游还要树立爱国主义的思想，对待境外游客要礼貌尊重，同时不卑不亢，真正体现出我国导游人员的国格和人格。

(7) 耐心细致、文明礼貌

耐心细致、文明礼貌是导游一项重要的业务要求，它是衡量导游工作态度的一项重要标准。导游对待游客要像对待自己的家人一样耐心、细心、热心，尽自己最大的努力帮助游客解决遇到的问题。导游还要尊重每一位游客的不同生活习惯、宗教信仰、民族风俗等，对待每一位游客要举止文雅、态度友善。

(8) 团结服从、顾全大局

团结服从、顾全大局是集体主义原则在导游工作中的具体体现，它要求导游在服务游客的过程中必须以国家和集体的利益为重，讲团结、顾大局，要能够处理与他人之间的关系，杜绝相互指责的现象发生。

(9) 优质服务、好学向上

衡量导游道德素质高低的标准是看其是否具有优质服务的意识，导游在工作的过程中必须时刻树立优质服务的意识，对于游客提出的问题要尽心、尽职、尽责地解答；此外，导游还要善于学习、勤于思考，不断提高自己的道德修养和业务水平。

三、完成任务

1. 根据“黄果树＋天眼四日游接待计划”（表 0–3），结合上文任务描述，假如你是地陪导游小陈，面对入境游客的调侃，应如何应对？要求组内充分交流讨论，探讨应对态度和具体举措，填写下表。

应对态度及具体举措

应对态度	具体举措

2. 以小组为单位，分角色进行应对举措模拟训练。

续表

3. 根据实操训练内容和具体情况，评价采取自我评价、组内评价和教师评价相结合的评价方式，对所完成的“黄果树＋天眼四日游”首次沿途导游模拟训练做出相应评价。效果评价表详见下表。

首次沿途导游模拟训练效果评价表

评价内容		评价等级（优、良、中、差）			备注
		自我评价	组内评价	教师评价	
知识技能评价	针对性				
	准确性				
	合理性				
	规范性				
情感态度评价	团队协作				
	职业价值				
	个人价值				
组长总结				综合等级	

评价等级参照标准：
①针对性——是否结合接待计划进行个性化分析
②准确性——接待过程是否完整，问题解决是否目的明确
③合理性——是否符合接待计划的实际情况
④规范性——是否符合地陪导游服务规范，所采取的相关措施是否具有可操作性
⑤团队协作——团队分工是否明确、合理
⑥职业价值——是否体现地陪导游职业道德与职业操守
⑦个人价值——是否传递积极、向上的价值导向

真题小测

（一）单选题

1. 在导游讲解中，较为理想的语速应控制在每分钟（　　）左右。

A. 150 字　　B. 200 字　　C. 250 字　　D. 300 字

2. 以下哪项不是首次沿途导游讲解所包含的内容？（　　）

A. 本地概况　　B. 沿途风光　　C. 酒店概况　　D. 欢迎词

（二）多选题

1. 下列关于地陪导游沿途导游的做法中，正确的有（　　）。

A. 面带微笑站在车的前部、司机的右后侧

B. 对重要的内容要重复讲解或加以解释

C. 高速公路上要站稳抓牢进行导游讲解

D. 旅游者如果比较疲劳，地陪导游可少讲解，多让旅游者休息

E. 长距离行驶时，地陪导游可以穿插进行一些游戏和娱乐内容

2. 地陪导游在讲解的时候要根据（ ）的不同来调节音量。

A. 旅游者数量　　B. 旅游者理解能力
C. 导游讲解地点　　D. 导游讲解内容
E. 旅游者年龄

3. 讲解的原则有（ ）。

A. 语言简洁、节奏感强　　B. 同步讲解
C. 先讲景、再讲情　　D. 先介绍本地概况，再讲解沿途风光
E. 针对旅游者喜欢

参考答案

任务四 用餐服务

旅游是一项综合性的社会服务，贯穿于其中的“食、住、行、游、购、娱”六大要素，充分体现了旅游者的旅游需求。“民以食为天”，“食”这一要素在旅游中更是处于非常重要的地位。

任务描述

地陪导游小陈通过致欢迎词和首次沿途导游服务给游客留下了很好的印象，按照接待计划，在带领旅行团入住酒店之前，地陪导游小陈需要带领旅行团前往指定餐厅用餐，请问如果你是小陈，将如何提供用餐服务呢？

任务目标

1. 熟悉用餐服务的流程和规范。
2. 能提前与餐厅确认旅行团用餐情况，与旅游者确认用餐需求，并有效提供用餐服务。
3. 提高规范化服务意识和超前服务意识。

任务实施

一、自我探索

观看精品课程“地陪导游业务实训”中“游客在餐饮方面的个别要求处理”视频教学资料。

游客在餐饮方面的个别要求处理

二、教学相长

（一）提供良好的餐饮服务

“民以食为天”，不同地区的旅游者对餐饮的要求各不相同。因餐饮问题引起的旅游者投诉也屡见不鲜。通常，地陪导游按照接待计划中安排的团餐落实用餐计划即可。但在实际带团过程中，很多旅游者因各种各样的问题会提出特殊用餐需求，如要求换餐、单独用餐、在客房内用餐、自费品尝特色餐、推迟就餐时间等。面对旅游者纷繁多样的个别用餐需求，地陪导游一定不可直接断然拒绝，而应根据旅游者用餐需求的具体情况，立足合理且可能原则，采取适当的处理办法，竭诚为旅游者提供用餐服务。

（二）有效的用餐服务可提高旅游者满意度

旅游活动具有脆弱性和易受影响性。“食、住、行、游、购、娱”任何一个环节出现偏差，都将降低旅游者对旅游活动的满意度。反之，如果地陪导游在某一环节能提供有效服务，则会给旅游者留下深刻印象，用餐服务更是如此。

初探思考

肚子“想家”的游客

地陪导游小王和来自法国的旅行团游览西江千户苗寨，一路上相处十分愉快，且品尝了苗族长桌宴等特色美食。晚餐结束后，一位游客找到地陪导游小王说，“导游，你们的中国菜很好吃，我每次都吃很多，不过今天我的肚子有点想家了，你要是吃多了我们的面包和黄油，是不是也想中国的大米饭？”地陪导游小王听后深思起来。之后，她主动联系餐饮部经理询问是否能帮游客安排一顿西餐。餐饮部经理欣然同意并落实了西餐。第二天，游客们就餐时发现是西餐，个个兴奋地鼓掌。

问题

上述案例对你有什么启发？

分析

从以上案例可以看出，这是一次对游客超常服务的成功案例。地陪导游在对客服务时，应考虑游客的饮食习惯，在游客提出换餐要求后，地陪导游要尽量与餐厅联系，看是否可行。需要注意的是，如需增加费用，应征求游客的意见。具体来看，如果旅行团在用餐前3小时提出换餐要求，地陪导游要尽量与餐厅联系，但事先要讲清，换妥之后差价由游客自付；若接近用餐时游客提出换餐，一般不应接受要求，但地陪导游要做好解释工作；若游客仍坚持换餐，地陪导游可建议他们自己点菜，费用自理并告知原餐费不退。游客加菜、加饮料的要求可以满足，但费用自理。

启示

地陪导游在为游客提供服务的过程中，任何一个环节的服务质量都会影响游客对整个旅游行程的满意度。用餐服务看似简单，但若能针对游客的生活习俗和饮食习惯，有针对性地提供用餐服务，将提升地陪导游在游客心中的形象，为后续旅游活动的顺利开展奠定良好的基础。

做一做 1　模拟与餐厅确认用餐

请同学们根据“黄果树 + 遵义 + 西江四日游接待计划”（表 0–1），分组进行与餐厅确认用餐的模拟训练。

做一做 2　模拟带领游客用好第一餐

以小组为单位，根据表 3–11 进行角色分配，进行带领游客用好第一餐的模拟训练。

表 3–11　带领游客用好第一餐模拟训练角色分配

角色	人数	具体工作
地陪导游小陈	1	完成用餐服务工作
领队小王	1	协助地陪导游完成用餐服务工作
餐厅经理	1	协助地陪导游落实用餐细节
游客	若干	配合地陪导游完成用餐服务工作

模拟实训

（一）实训内容

完成散拼团的特色餐用餐服务。

（二）实训目标

结合散拼团的游客特征，有效落实计划内的特色餐用餐服务。

（三）实训步骤

1. 任务描述

地陪导游小陈带领“小七孔 + 西江两日游”旅行团游客前往西江千户苗寨参观游玩，游客对苗族人的生活习俗和苗族房屋建筑有很大的兴趣，对接下来的午餐——“长桌宴”更是跃跃欲试，满怀期待。但个别游客突然提出，自己以前来过西江，品尝过长桌宴，这次想自行品尝西江的其他美食。请问假如你是小陈，你要如何落实接下来的特色餐的用餐服务呢？

2. 任务分析

旅行团用餐的形式通常可以分为团队餐、特色餐、宴会等形式。“小七孔 + 西江两日游”9 月 22 日的中午餐为特色餐，且属于计划内的用餐，地陪导游按照旅游合同和接待计划中相关要求，逐一落实用餐时间、用餐地点、用餐标准等，按照接待计划带领游客到指定的地点用餐即可，费用也包含在团费里，不需要额外收取。但个别游客提出的想自行品尝特色餐的需求，地陪导游应遵循合理且可能的原则提供力所能及的帮助。

3. 任务实施

请分角色模拟以下情景的用餐服务，并分组进行汇报。

情景 1：游客李朋 X 夫妻第一晚入住西江苗景客栈后，晚餐想品尝当地的特色美食，希望小陈帮忙推荐餐厅。

情景 2：游客潘仁 X 和他的朋友，在第二天游览西江千户苗寨时意犹未尽，想推迟用中餐的时间。

情景 3：游客田维 X 因自己对花生过敏，希望导游能单独安排自己的用餐。

4. 任务评价

根据实操训练内容和具体情况，评价采取自我评价、组内评价和教师评价相结合的评价方式，对所完成的“小七孔 + 西江两日游”用餐服务模拟训练做出相应评价。效果评价表详见表 3-12。

表 3-12　用餐服务模拟训练效果评价表

评价内容		评价等级（优、良、中、差）			备注
		自我评价	组内评价	教师评价	
知识技能评价	针对性				
	准确性				
	合理性				
	规范性				
情感态度评价	团队协作				
	职业价值				
	个人价值				
组长总结				综合等级	

评价等级参照标准：
①针对性——是否结合接待计划进行个性化分析
②准确性——接待过程是否完整，问题解决是否目的明确
③合理性——是否符合接待计划的实际情况
④规范性——是否符合地陪导游服务规范，所采取的相关措施是否具有可操作性
⑤团队协作——团队分工是否明确、合理
⑥职业价值——是否体现地陪导游职业道德与职业操守
⑦个人价值——是否传递积极、向上的价值导向

5. 提升锦囊

旅行团常见用餐形式详见表 3-13。

表 3-13 常见用餐形式

团队餐	特色餐	宴会
旅行团安排的集体用餐，通常包含多道菜品，用餐安排为十人一桌，标准一般在接待计划中写明，餐费通常按照人均核算	特色餐是具有当地特色风味的美食，有可能是计划内的也有可能是计划外的。例如，来到西江千户苗寨，一般都会品尝下当地的特色美食——长桌宴。如果是计划内的，按计划做好安排即可；如果是计划外的，则用餐地点、用餐标准、费用则由游客自己决定，地陪导游只负责协调安排等工作	宴会一般是旅游活动内有计划安排的用餐活动，通常比较正式。在宴会中，地陪导游全程陪同，特别要注意应准时赴宴且着装要整齐大方。

无论是以上哪种用餐形式，地陪导游都应该提前了解和确认游客在饮食上的特殊要求，以免发生纠纷甚至是更严重的情况。常见的饮食特殊要求：不吃辣、不吃甜、不吃荤、不吃猪肉、不吃动物内脏、不吃海鲜等。

知识链接

1. 常见的用餐个别要求及处理办法

(1) 特殊饮食要求

游客往往出于宗教信仰、生活习惯、身体状况等原因提出饮食方面的特殊要求。如不吃油腻、辛辣食品，不吃猪肉或其他肉食，甚至不吃盐、糖等。

地陪导游的处理方法可归纳为八个字：认真落实，尽量满足。若旅游协议书中有规定的，接待社须早作安排，不折不扣地兑现。若是在旅行团抵达后游客才提出的，地陪导游可与餐厅联系，在可能的情况下尽量满足；如确有困难，可协助游客自行解决。

(2) 要求换餐

部分外国游客不习惯中餐，在吃过几顿中餐后要求换成西餐；有的外地游客想尝尝当地小吃，要求普通团餐换成特色餐等。地陪导游处理方法也是八个字：积极协助，费用自理。具体处理方式和游客提出的时间也有关系。

(3) 要求单独用餐

个别游客出于各种原因要求单独用餐时。地陪导游的处理方法也是八个字：满足要求，费用自理。此时，要根据游客提出单独用餐的原因而有所区别地处理。如果游客是出于旅行团的内部矛盾或其他原因提出单独用餐，地陪导游要耐心解释，并告诉领队或全陪导游，请其调解，如游客坚持，地陪导游可协助其与餐厅联系，但餐费自理，并告知综合服务费不退；如果游客因外出自由活动等不随团用餐，地陪导游应同意其要求，并说明餐费不退。

(4) 要求在客房内用餐

当游客提出要在客房内用餐时，地陪导游的处理方法依然是八个字：根据情况，酌情处理。

此时，也要分两种情况：一是游客生病的话，地陪导游与酒店服务员应主动将饭菜端进游客的房间以示关怀。二是健康的游客希望在客房用餐，如果餐厅能提供此项服务，可满足游客的要求，但须告知服务费自理（由于酒店的星级不同，有些酒店是免费提供送餐服务的，有些酒店则要按餐费的15%～30%收取服务费)。

(5) 要求自费品尝特色餐

当游客提出自费品尝特色餐，地陪导游的处理方法还是八个字：积极协助，尽量满足。

此时，地陪导游应予以协助，与有关餐厅联系订餐。若特色餐订妥后游客又不想去了，地陪导游应劝他们在约定时间前往餐厅，并说明若不去用餐须赔偿餐厅的损失(离用餐时间越近，交付的损失费越多)。

(6) 要求推迟就餐时间

游客因生活习惯不同，或出于在某地游兴未尽等原因要求推迟用餐时间。地陪导游的处理方法还是八个字：耐心解释，尽量满足。地陪导游可与餐厅联系，视餐厅的具体情况进行处理。一般情况下，地陪导游要向游客说明餐厅有固定的用餐时间，过时用餐需游客自行另付服务费。若游客同意付费，可满足其要求。

2. 用餐服务注意事项

(1) 一般情况下，散客的饮料费用需要自理，结账时请游客直接向餐厅支付，以免垫付后发生误解，包团有时要求地陪导游先垫付，后一起结算，此时地陪导游应将数量与金额告知全陪导游或领队并确认，同时要向餐厅索取发票或收据。

(2) 如果在酒店的用餐是自助餐，要请全陪导游或者领队分发早餐卡。如果不是自助餐，地陪导游要向游客和餐厅服务人员交代清楚，只有在一个餐桌坐满定额人数后才可以供餐，以防止后到的游客吃不上饭。

(3) 为了预防水土不服或者病菌而导致腹泻的情况出现，尤其是内陆游客来到沿海城市旅游，在用餐时特别是食用海鲜时，地陪导游要交代游客多吃一些姜、蒜、醋，以达到杀菌的作用。

(4) 用餐期间，如果地陪导游和游客一起用餐，需要向游客介绍饭菜的特色，解答游客在用餐过程中的提问。例如，在济南要讲济南菜，像九转大肠、黄河鲤鱼等；在泰安要讲白菜、豆腐等。

(5) 游客品尝特色餐有两种形式，一种是计划内的，另一种是计划外的。后一种需游客自费品尝。若游客邀请地陪导游参加，地陪导游注意不要反客为主，同时要向游客介绍特色菜品及其吃法，并进行广泛交谈。

(6) 地陪导游陪同游客一同用餐时，应尊重游客的习惯，应有礼貌，不得做出任何有失礼节的事情，如强行劝酒等。凡是应邀参加游客自费的宴请，地陪导游不要主动布菜，更不要劝酒、祝酒等。如果用餐时有游客过生日或旅行结婚，地陪导游应适时变换角色，使自己融入这个集体，成为活跃氛围的“担当”，不可漠然置之。

(7) 在询问游客就餐的情况时，尽量不要说容易引起游客负面情绪的话，如询问“有哪些方面不满意”等。

课后拓展

实训工单　用餐服务

学院		专业	
姓名		学号	

一、接受工作任务

地陪导游小陈带领“黄果树＋天眼四日游”旅行团顺利入住了喜来登贵航酒店。接下来，小陈要带领旅行团前往龙大哥辣子鸡总店用餐，但考虑到旅行团来自菲律宾，饮食习惯和贵州较为不同，而安排的用餐地点恰恰是以辣子鸡出名的中式餐饮店，请问你将如何结合餐饮店的特色并考虑游客饮食习惯，为游客提供优质的用餐服务呢？

二、知识拓展

1. 地陪导游接待国内旅行团通常是接团后先带领游客用餐，之后再前往酒店办理入住；接待入境旅行团则一般是先入住酒店、将行李安置妥当之后，再带领旅行团前往指定餐厅用餐。

2. 和接待国内团进行计划内的用餐服务流程相同，进行入境旅行团的用餐服务，地陪导游也应提前向餐厅确认用餐安排，重申用餐人数、时间、特殊事项等，确保旅行团抵达餐厅后能及时用餐，为游客提供良好的服务。

3. 贵州代表性美食

(1) 贵阳·辣子鸡

贵州辣子鸡从家庭到餐馆，风格各异，流派极多。遵义的辣子鸡、兴义的辣子鸡、安顺的辣子鸡等，每个地区炒法不一，有自己的特点。在这几个地区当中，贵阳的辣子鸡以软糯而尤受食客喜爱。用大量糍粑辣椒与油翻炒鸡块，鸡块被红油包裹浸润，油润的辣椒牢牢附在鸡块上，这样的鸡块既充分释放了鸡肉的香味，也最大限度地吸收了辣椒的辣味，辣香鸡香，让人辣得酣畅淋漓，香得回味悠长。

(2) 遵义·乌江豆腐鱼

在遵义市播州区，千百年来奔腾不息的乌江，孕育出了丰厚的地域文化，其中就包括带有“乌江味道”的美食文化——乌江豆腐鱼。乌江豆腐鱼有“黔北一技，中国一绝”的美誉，主料为鲶鱼和乌江豆腐。以油熬制糍粑辣椒、糟辣椒、豆瓣酱，待油色鲜红后放入鱼块翻炒，再加入佐料，加水用文火煮沸，放入豆腐块等，煮至入味即成。几十年来，乌江豆腐鱼这道鲜香辣烫、色香味俱全的美食，受到了众多食客追捧，在2017年获得了国家地理标志保护产品称号。

(3) 安顺·幺铺毛肚火锅

幺铺原名“腰铺”，过去是通往云南必经之地，所处地理位置好似人的腰部一样重要，因此这里的驿站便被称为“腰铺”。如今的幺铺毛肚火锅选用关岭牛作为火锅肉源，皮厚肉多、口感细腻、鲜嫩味美，为幺铺毛肚火锅“锦上添花”。此外，幺铺毛肚火锅的另一项“秘密武器”便是锅底，锅底选用两种辣椒混合炒制，味道鲜辣、色泽艳丽。

(4) 黔东南·酸汤鱼

贵州人吃酸，叹为观止，不同地区都有当家的“酸”。而要说尽显贵州的山水乡愁，非一道黔东南的酸汤鱼莫属。这里的酸汤，分为“红酸汤”和“白酸汤”，舌尖所触之处，皆是动人滋味。要配酸汤，苗人得用稻花鱼。在田里蹚水捉鱼，鱼儿吸饱了稻香而变得肥硕，捞一尾上岸，配以酸汤，堪称绝美。

(5) 黔西南·贞丰糯米饭

贞丰以当地出产的糯米为主要食材创作出的贞丰糯米饭，从清朝嘉庆年间创始至今，成为中国南北方民众都能接受的贵州风味美食。制作时，先将糯米用冷水泡透，经两次焖蒸，熟猪油炒好，装铁锅内，文火保温待用。精选瘦肉，放入特制的香料腌上数日后，用油炸至半干。上碗时，肉切成薄片盖糯米饭上食用。贞丰糯米饭，米香肉酥，油而不腻，色彩美观，味浓爽口，是贵州独特的传统美食。

(6) 铜仁·松桃卤鸭

松桃卤鸭，亦称蓼皋卤鸭，长期以来以其色、香、味享誉黔、湘、渝、鄂三省一市，被称为“南方烤鸭”。作为非遗美食，松桃卤鸭已有数百年历史。据说在清朝，有一位名叫蓼皋的苗族英雄，他为了抵抗清军入侵，率领松桃人民进行了英勇斗争，后来牺牲在战斗中，松桃人民为了纪念他，就用他的名字命名了这道美食，称之为蓼皋卤鸭。

(7) 六盘水·盘县火腿

盘县火腿与宣威火腿、金华火腿齐名，被誉为“中国三大火腿”。盘县火腿，挂上一年后才能制成，时间越久越醇香，三年以上的火腿更是可以生吃。腌制好的火腿形似琵琶，皮色亮黄，肉色红润鲜艳，香味清正浓郁，味道咸香可口，油而不腻。

(8) 毕节·宫保鸡丁

宫保鸡丁选用本地土鸡为主料，佐以花生米、糍粑辣椒等辅料烹制而成，辣而不猛、香辣味浓、肉质滑脆，入口鲜辣，鸡肉的鲜嫩配合花生的香脆，别有一番风味。

(9) 黔南·虾酸牛肉

虾酸牛肉是由虾酸制成的经典菜肴，是贵州“闻着臭、吃着香”的美食代表，制作方法比较简单，只需要将牛肉和虾酸以及各种调料混合炒制即可。

（资料来源：贵州省人民政府官网）

续表

三、完成任务
1. 用餐服务看似是地陪服务流程中的很小一环，但在用餐服务中提供优质服务可以提升游客对整个旅游行程的满意度。请参考“黄果树 + 天眼四日游接待计划”（表 0–3）中的用餐服务安排，根据以下情景，有针对性地设计对话，并分组完成模拟训练。 情景 1：个别游客不想参加集体用餐，希望自行前往青云市集品尝酸汤鱼。 情景 2：部分游客希望去提供菲律宾菜品的餐厅用餐。 情景 3：游客在品尝本次餐品后，对其中一道特色菜非常喜欢，希望再加一份。 情景 4：游客希望地陪导游联系餐厅提供酒水。 2. 根据实操训练内容和具体情况，评价采取自我评价、组内评价和教师评价相结合的评价方式，对所完成的用餐服务模拟训练做出相应评价。效果评价表详见下表。

用餐服务模拟训练效果评价表

评价内容		评价等级（优、良、中、差）			备注
		自我评价	组内评价	教师评价	
知识技能评价	针对性				
	准确性				
	合理性				
	规范性				
情感态度评价	团队协作				
	职业价值				
	个人价值				
组长总结				综合等级	

评价等级参照标准：
①针对性——是否结合接待计划进行个性化分析
②准确性——接待过程是否完整，问题解决是否目的明确
③合理性——是否符合接待计划的实际情况
④规范性——是否符合地陪导游服务规范，所采取的相关措施是否具有可操作性
⑤团队协作——团队分工是否明确、合理
⑥职业价值——是否体现地陪导游职业道德与职业操守
⑦个人价值——是否传递积极、向上的价值导向

真题小测

（一）单选题

1. 对于旅游者在旅游过程中提出的特殊饮食要求，下列说法正确的是（　　）。

A. 已订妥的特色餐，旅游者在临近用餐时不想去，地陪导游表示无所谓，立即退餐

B. 旅游者提出推迟用餐，地陪导游应告知其不能超过用餐时间，否则将自动取消用餐，餐费不退

C. 旅游者患病要求在客房内用餐，地陪导游告知旅游者，客房不提供任何送餐服务

D. 旅游者坚持自己单独用餐，地陪导游可协助其与餐厅联系，并告知旅游者餐费自理，原餐费不退

2. 旅游者的下列要求中，地陪导游必须满足，否则构成违约的是（　　）。

A. 旅游者在旅游协议中已声明的饮食禁忌

B. 旅游者要求退、换餐

C. 旅游者想换个档次更高的餐厅

D. 旅游者要求品尝特色餐

3. M 旅行团在某三星级宾馆用晚餐时，该团队有三位客人正在客房里谈话，不愿到餐厅用餐，请求地陪导游让宾馆服务员送餐到房间。对此，地陪导游应当（　　）。

A. 婉言拒绝，并耐心告诉客人应统一用餐

B. 满足客人的要求，但须告知服务费自理

C. 按照合理且可能的原则，满足客人的要求

D. 婉言拒绝，并告诉客人送餐服务只针对生病的客人

（二）多选题

1. 关于用餐时的导游服务，下列描述中正确的有（　　）。

A. 地陪导游应介绍餐厅的设施、菜肴特色、酒水类别和洗手间的位置

B. 告知旅游者餐饮标准所含餐品与自费项目

C. 巡视用餐不少于 3 次，随时解答旅游者在用餐中提出的问题

D. 让有特殊饮食习惯的旅游者单独用餐

E. 监督、检查餐厅是否按标准提供服务

2. 当旅游者要求单独用餐时，地陪导游正确处理办法为（　　）。

A. 满足要求，费用自理

B. 可根据旅游者提出单独用餐的原因而有所区别地处理

C. 如果旅游者是出于旅行团的内部矛盾或其他原因提出单独用餐，地陪导游要耐心解释，并告诉领队或全陪导游，请其调解

D. 如旅游者坚持，地陪导游可协助其与餐厅联系，但餐费自理，并告知综合服务费不退

E. 如果旅游者因外出自由活动等不随团用餐，地陪导游应同意其要求，并说明餐费不退

参考答案

实训四 宾至如归——入住酒店

项目描述

入住酒店是地陪导游服务程序的重要环节之一，地陪导游应该严格按照接待计划的安排，带领旅行团入住酒店。

岗位画像

通过学习本节内容，你将获得以下岗位能力：

1. 能简述入住酒店服务的基本内容。

2. 能辨别旅游者在住宿方面提出个别要求的常见情形，并掌握其处理原则和处理办法。

3. 能够针对旅行团的特点，基于当地酒店基本情况，做好入住酒店服务相关工作。

4. 能够熟练运用个别需求处理原则和方法，灵活、规范处理旅游者在住宿方面的特殊要求。

5. 树立宾客至上、服务至上的服务理念，养成规范化服务、爱岗敬业的意识。

重点难点

1. 重点

(1) 入住酒店服务的基本内容和程序。

(2) 旅游者在住宿方面提出个别要求的常见情形及处理原则。

2. 难点

旅游者在住宿方面提出个别要求的处理方法。

任务一 提供入住服务

酒店是旅游者在外旅游期间“临时的家”或者是“家外之家”。旅游者在抵达旅游目的地后，会对即将入住的酒店充满期待，加上路途劳累，都希望能够尽快入住以好好休息一下，因此，地陪导游在办理入住手续时，应该了解旅游者的这种需求，井然有序地安排好每个环节，同时要确保旅游者在房间里能够得到良好的休息。

任务描述

地陪导游小陈接待的“黄果树＋遵义＋西江四日游”23人旅行团，已经到达下榻酒店——贵阳黔灵大酒店，她想快速高效地为游客办理入住手续，让大家尽快进入房间休息。因此，她需要熟悉入住酒店服务的内容、掌握入住酒店服务流程。

任务目标

1. 能够针对旅行团的特点，基于当地酒店基本情况，办理入住手续，介绍酒店服务设施。
2. 能够根据入住酒店服务流程和内容，做好入住期间的相关工作。
3. 养成规范化服务、爱岗敬业的意识。

任务实施

一、自我探索

扫码观看精品课程“地陪导游业务实训”中“入住饭店服务”视频教学资料。

入住饭店服务

二、教学相长

(一) 办理入住手续

1. 集中旅行团

抵达下榻酒店以后，地陪导游首先要把旅游者引领到酒店大堂，集中等候，避免旅游者走散或者出现意外。一般来说，地陪导游会将旅游者安排在酒店大堂的休息区等候，然后请全陪导游或领队协助照顾旅游者，自己去酒店前台办理入住手续。

2. 办理入住手续

地陪导游应先收取旅游者的有效证件，有全陪导游或领队的请全陪导游或领队收取，没有全陪导游或领队的，请旅游者代表帮忙收取。若全陪导游、领队和旅游者代表都没有，地陪导游应自己收取。收取旅游者有效证件后，地陪导游与前台接待员确认信息，主要确认旅行社名称、地陪导游电话、房间数，以免弄错团队、拿错房；确认之后，地陪导游应再与前台接待员确认房间内是否有自费品，以提醒旅游者注意使用。

3. 协助分配房卡

地陪导游从酒店前台接待员处拿到房卡以后，应该交由全陪导游或领队，请其负责分配房间，并记下全陪导游或领队的房间号。

这里需要注意的是，地陪导游与酒店前台接待员、全陪导游或领队交接旅游者身份证或房卡时，要注意一个细节，那就是唱收唱点身份证和房卡的数量，就像收银员收钱时要说一句："收到您 50 元，找您 20 元"，以免出现纰漏。

初探思考

分发房卡引起的风波

地陪导游小王接待了一个 20 人的团队。第一晚他们入住 K 市的绿苑大酒店。小王在办理入住登记时，全陪导游小金肚子疼，去了卫生间。等前台把 10 张房卡给小王时，小金还没有回来。小王就对游客说："两人一间，大家自由组合吧！"于是游客很快把房卡拿走纷纷上楼了。小金这时才回来，听说小王已经把房卡分完了，突然问了一句："10 个房间都在阳面还是阴面？"小王说："我们这边不分阴面和阳面。"小金看了看小王道："你该让我来分房卡，希望没事。"果然，晚餐后，就有一对住在阴面房间的夫妻来找小王，说他们的房间没有阳光，要换房。小王清楚，现在是旺季，空房都没有了，怎么可能换房。最后在小金的调解下，此事才解决。

问题

为什么要由全陪导游来负责分配房间呢？

分析

《导游服务规范》规定，领队或全陪导游应做好分房方案。所以，分配房间是领队或全陪导游的事。

1. 在旅游过程中，地陪导游起主导地位，全陪导游或领队真正表现的机会很少，适当给他们表现的机会，充分发挥导游集体工作的作用，体现了地陪导游对全陪导游或领队的尊重。

2. 全陪导游或领队对旅行团的情况比较熟悉，由全陪导游或领队进行分配可以避免造成一些麻烦。

本案例中的小王擅自帮全陪导游分房间，结果引起游客不满，可谓好心办了坏事。小王未注意一个细节，一般情况下外宾团由领队分配房间，内宾团由全陪导游分配房间。在无全陪导游或领队的情况下，如果游客来自同一个单位，可以请代表分配。散拼团则由地陪导游分配。

启示

此团应由全陪导游分配房卡，全陪导游全程和游客在一起，对游客的情况比较熟悉，全陪导游可视游客个人情况分配房间，会尽可能减少问题的出现。

做一做 1

请同学们根据“黄果树 + 遵义 + 西江四日游接待计划”（表 0–1），根据表 4–1 进行角色分配，分组进行入住酒店模拟训练。

表 4–1　　入住酒店模拟训练角色分配

角色	人数	具体工作
地陪导游小陈	1	完成入住酒店服务
全陪导游小王	1	协助地陪导游完成办理入住手续
酒店前台接待员	1	协助地陪导游完成办理入住手续
游客	若干	参与完成办理入住手续

参考范例

（二）介绍设施及服务并告知注意事项

旅游者第一次入住下榻酒店，对酒店的设施及服务一定不了解。地陪导游可以利用分配房卡的时间，向全体旅游者介绍一下酒店的设施及服务以及需要注意的事项。尤其是注意事项，需要反复强调，确保每一位旅游者都清楚酒店的相关规定，以免出现安全事故或给以后的退房工作带来诸多的不便。但是由于在酒店大堂里，人员多、区域大，信息传递并不是十分畅通，或者为了顾及旅游者的自尊问题，许多地陪导游往往会选择在前往入住酒店的途中就向大家说明入住酒店的注意事项。

1. 介绍设施及服务

酒店设施及服务一般包括以下四个方面：

（1）餐饮设施及服务：餐饮设施及服务主要分为中餐厅、西餐厅、咖啡厅、酒吧、客房送餐服务等。

（2）会议设施：会议厅可容纳多少人及位置。

（3）休闲设施：休闲设施包括舞厅、卡拉 OK 厅、桌球室、电子游戏机室、室内游泳池、乒乓球室、网球场、壁球室、保龄球室、麻将棋牌室、健身室、按摩室、桑拿浴室、日光浴场等。

（4）其他设施及服务：不同星级的酒店分别有商务中心、停车场、医务室、外币兑换服务、票务服务、洗衣服务、照顾儿童服务、代叫出租车服务、旅游服务等。

2. 告知注意事项

地陪导游应提醒旅游者将贵重物品锁在房间内保险箱中，若房间内无保险箱，可以交给酒店前台保管；告知客房内收费的项目，包括 mini 吧、长途电话费、付费电视节目等；告知酒店安全通道位置以及房间安全注意事项，如睡觉前关好门窗，不要躺在床上吸烟等。

做一做 2

请同学们根据“黄果树 + 遵义 + 西江四日游接待计划”（表 0–1），查阅资料，进行介绍贵阳黔灵大酒店的概况、设施及服务和注意事项的模拟训练。

参考答案

（三）重申当日或次日活动安排

在前往下榻酒店的途中，地陪导游已经向旅游者宣布了当日或第二日的旅游行程。为了让旅游者明了计划安排，到达酒店以后，地陪导游需要在旅游者各自进入房间之前向大家再次重申当日或次日的活动安排、集合的时间和地点等。如果团队当中有提前入住的旅游者，地陪导游必须通知他们次日的出发时间及活动安排。

向旅游者介绍酒店内的就餐形式以及用餐的时间、地点等。如果旅行团是晚间到达，则需要重点说清楚晚饭的时间和地点。如果需要叫早，地陪导游应该与全陪导游或领队商定第二天的叫早时间，并请全陪导游或领队通知全团，而地陪导游则应该通知酒店总服务台或者楼层服务台，告知其第二天叫早的时间。

（四）引领旅游者和照顾行李进房

介绍完注意事项，分配好房卡以后，旅游者可以各自进入房间。有时候，地陪导游需要亲自引领旅游者前往入住的楼层。如果接待的团队配有行李车服务，在旅游者进房的同时，地陪导游要等旅游者行李抵达酒店后，与行李员、全陪导游或领队一起核对行李，然后移交给酒店行李员，督促酒店行李员根据分房登记表将行李尽快送至旅游者的房间。如下榻的酒店不提供此项服务，地陪导游和全陪导游或领队要协助旅游者将他们的行李带回房间。

（五）巡视房间并协助处理问题

由于旅游者对酒店不熟悉，入住过程中往往会遇到一些困难。例如门锁打不开、客房设施不会使用、网络不会开通、空调无法使用、电视不能使用、没有热水等。因此，地陪导游必须到旅行团所住楼层查看住房情况，发现问题以后，积极协助酒店有关部门及时处理，帮助旅游者解决问题。有时候，还会出现行李没有及时送到或者个别旅游者没有拿到行李、错拿行李、行李有破损等情况，地陪导游应该尽快查明原因，并及时采取相应的措施。旅游者进入房间以后，地陪导游要在旅游者居住的楼层多逗留一会儿，以便及时解决问题。

一般在旅游者进入房间十五分钟后，地陪导游和全陪导游或领队可一起到旅游者的房间巡视，既可以及时关注每一个客房的使用情况，发现问题及时处理，又可以进一步拉近与旅游者之间的距离，为下一步旅游活动的顺利开展打下基础。

做一做 3

请同学们根据“黄果树 + 遵义 + 西江四日游接待计划”（表 0–1），进行引领游客和行李进房，以及查房处理问题的模拟训练。

参考答案

模拟实训

(一) 实训内容

散拼团的入住酒店服务。

(二) 实训目标

通过设计情景，同学们分配角色，在没有全陪导游或领队的情形下，进行地陪导游一人身兼数职带领散客入住酒店的模拟训练，提高带团技巧和解决问题的能力。

1. 任务描述

地陪导游小陈带领“小七孔 + 西江两日游”散拼团即将入住景区苗景客栈，地陪导游小陈应当如何为该团快速办理入住手续并提供热情周到的入住服务?

2. 任务分析

散拼团的入住酒店服务与包团的入住酒店服务流程一样，主要包括办理入住手续、介绍设施及服务并告知注意事项、重申当日或次日活动安排、引领旅游者和照顾行李进房、巡视房间并协助处理问题。但是因散拼团一般无全陪导游或领队，且人数较多，在入住酒店环节，需要全陪导游协助的工作全部转移到地陪导游身上，因此地陪导游任务比较重。

3. 任务实施

根据“小七孔 + 西江两日游接待计划”(表 0-2)，参考表 4-2 分配角色，进行为散拼团办理入住手续、介绍西江苗景客栈、安排叫早、照顾游客和安排行李进房并巡视房间等环节的模拟训练。

表 4-2　入住酒店服务模拟训练角色分配

模拟任务	所需角色	具体工作
办理入住手续	地陪导游小陈、酒店前台接待员、游客	安排旅行团在大堂休息区等候，收取护照，至前台办理入住手续
介绍西江苗景客栈	地陪导游小陈、游客	向旅行团介绍酒店设施设备、早餐形式和注意事项等
安排叫早	地陪导游小陈、游客、酒店前台接待员	地陪导游通知旅行团明日叫早时间，并告知前台
照顾游客和安排行李进房，并巡视房间	地陪导游小陈、游客	引领旅行团进房并巡视房间

4. 任务评价

根据实操训练内容和具体情况，评价采取自我评价、组内评价和教师评价相结合的评价方式，对所完成的“小七孔 + 西江两日游”提供入住服务模拟训练做出相应评价。效果评价表详见表 4-3。

表4-3　　提供入住服务模拟训练效果评价表

<table>
<tr><td colspan="2" rowspan="2">评价内容</td><td colspan="3">评价等级（优、良、中、差）</td><td rowspan="2">备注</td></tr>
<tr><td>自我评价</td><td>组内评价</td><td>教师评价</td></tr>
<tr><td rowspan="4">知识技能评价</td><td>针对性</td><td></td><td></td><td></td><td></td></tr>
<tr><td>准确性</td><td></td><td></td><td></td><td></td></tr>
<tr><td>合理性</td><td></td><td></td><td></td><td></td></tr>
<tr><td>规范性</td><td></td><td></td><td></td><td></td></tr>
<tr><td rowspan="3">情感态度评价</td><td>团队协作</td><td></td><td></td><td></td><td></td></tr>
<tr><td>职业价值</td><td></td><td></td><td></td><td></td></tr>
<tr><td>个人价值</td><td></td><td></td><td></td><td></td></tr>
<tr><td colspan="2">组长总结</td><td colspan="2"></td><td>综合等级</td><td></td></tr>
<tr><td colspan="6">评价等级参照标准：
①针对性——是否结合接待计划进行个性化分析
②准确性——接待过程是否完整，问题解决是否目的明确
③合理性——是否符合接待计划的实际情况
④规范性——是否符合地陪导游服务规范，所采取的相关措施是否具有可操作性
⑤团队协作——团队分工是否明确、合理
⑥职业价值——是否体现地陪导游职业道德与职业操守
⑦个人价值——是否传递积极、向上的价值导向</td></tr>
</table>

5. 提升锦囊

（1）地陪导游带领散拼团抵达下榻酒店后，应提醒游客带齐自己的随身物品和大件行李，并将游客安排在酒店大堂的免费休息区域休息等候，自己去前台办理入住手续。

（2）地陪导游拿到房卡以后，需要清点一下房卡的数量，尤其是团队人数较多的时候。同时，也需要向前台问清楚早餐券的问题。有些酒店是直接将早餐券放在房卡袋内一并交给住客；有些酒店则是稍后派客房中心服务员送到每一间房间；而有的酒店则是不设置早餐券，住客只需直接前往餐厅就餐即可。因此，地陪导游需要提前问清楚就餐问题。

（3）地陪导游介绍下榻酒店时要突出它的特点。比如，“历史悠久、牌子响亮、服务规范，是身份的象征”的老酒店；“设备齐全、装修考究，虽不知名但住起来实惠、舒适”的新酒店；身处闹市的酒店，是“交通方便、商铺集中、夜生活丰富、自由活动好去处”；身居僻静区的酒店，是“闹中取静、环境幽雅、空气清新、休闲度假的最好选择”。

知识链接

地陪导游带领旅行团乘坐旅游车抵达酒店后，应提醒游客带齐自己的随身物品下车，并将他们安排在免费区域休息，再去服务台办理入住手续。

1. 询问房间情况是否与接待计划一致

如果房间情况与接待计划不一致，地陪导游要根据接待计划和预先协商好的标准据理力争，使游客能按照接待计划的标准入住。

2. 协助办理入住手续

旅行团抵达酒店后，地陪导游要协助领队或全陪导游安排分房名单，分好后将登记表交给酒店前台。办理入住手续，领取门卡；请领队或全陪导游分发房卡。地陪导游如果在酒店无住房，在离开酒店前，应将手机号、家中的电话号码告诉领队或全陪导游，以便有事时联系。

3. 向游客介绍酒店的设施及服务并告知注意事项

游客拿到房卡后，在进入房间前，地陪导游要向全团简要介绍酒店的主要设施及服务，包括餐厅、客房楼层、电梯，以及在房间内如何使用无线网络，并告知注意事项，如房内收费项目和房间安全注意事项等。

4. 协助处理有关问题

游客进入房间后，如果对房间不满意，地陪导游还要协助处理相关问题。

5. 安排好第二天的叫早时间

地陪导游应及时告知游客第二天叫早、用餐和出发的时间，并通知总服务台或楼层服务台次日叫早时间。

课后拓展

实训工单　提供入住服务

学院		专业	
姓名		学号	

一、接受工作任务

长途跋涉的游客，抵达旅游目的地后，最想做的事情不是马上开始游览，而是到下榻酒店好好休息。“黄果树＋天眼四日游”菲律宾旅行团抵达喜来登贵航酒店后，希望地陪导游小陈能尽快帮他们办理入住手续，分到房卡，取到行李，尽早进入房间。请问地陪导游小陈该如何操作呢？

二、知识拓展

(一) 行李丢失的处理

1. 在来华途中丢失行李

(1) 行李丢失情形及原因

①行李托运或搬运过程中丢失。

②装载在其他班机或误送其他机场。如从北京到贵阳，行李却被错送到桂林。

(2) 行李丢失的处理措施

①努力寻找。在机场，若游客发现找不到自己的行李，地陪导游应再三查找行李运送带四周，并按遗失者所描述的行李式样，查看是否有其他人错拿。

②立即报失。当游客一时难以找到行李，地陪导游应引领遗失者到机场行李询问处报告行李遗失，并详细说明游客所乘航班、航空公司、起飞时间、始发站、转运站、终点站、行李件数，出示游客的登机牌（或机票）和行李牌，向行李询问处工作人员说明丢失的行李箱（袋）的式样、颜色、大小等特征，并填写行李遗失登记表。

③安慰客人。游客丢失行李，其情绪必然受到影响，地陪导游应给予安慰，将遗失者入住的酒店地点、电话以及游客姓名等提供给机场行李询问处，并记下机场行李询问处的电话，以便随时电话联络。在查找期间，地陪导游还应为遗失行李的游客购买一些必需的生活用品。

④保持联系。在当地游览期间，地陪导游要经常与机场联系，询问寻找情况。

⑤暂未找到行李。如果在离开本地前行李仍未被找到，地陪导游应打电话到机场行李询问处，告知本旅行团的全部旅游行程、各地接待社名称及所住酒店的名称、电话，以便在行李被找到后能及时送到游客手里。

⑥行李遗失或损坏。行李确属遗失或损坏，虽然不是地陪导游的责任，但也要向游客表示歉意，同时由有关部门开具证明，根据国际惯例向有关航空公司索赔。一般情况下，行李交付航空公司托运之日起 7 日内向航空公司提出行李损坏问题。

2. 在酒店丢失行李

(1) 行李丢失情形及原因

①遗漏在上一站酒店。

②送错房间。

③与其他旅行团的行李弄混。

(2) 行李丢失的处理措施

①在本团游客房间查找。如果是旅行团入住酒店后有游客找不到自己的行李，地陪导游应先在本团游客的房间查找，看是否行李员送错房间或是他人错拿行李。

②请酒店行李部帮助查找。如果在本旅行团中找不到，有可能被混放到别的旅行团的行李中。此时，应请酒店行李部代为查找。

续表

③向遗失者致歉。地陪导游应就行李遗失事故向遗失者道歉，并诚恳地帮助游客进行后续问题的处理。如行李查明确已遗失，地陪导游应帮助遗失者向有关部门按规定索赔。
④写出书面报告。地陪导游应将行李遗失的原因和经过、查找的过程、遗失者的要求等写出书面报告。

旅游期间，游客丢失证件、行李是比较常见的现象。但是，丢了证件、行李，不仅给游客造成诸多不便和烦恼，也会给地陪导游带来不少麻烦和困难。因此，地陪导游要采取有效措施，防止遗失事故的发生。

(二) 行李物品丢失的预防

1. 多做提醒工作

行李遗失有些是游客个人马虎大意造成的，也有一些是相关部门的工作失误造成的。地陪导游要注意做好提醒工作，特别是在游客每次上下交通工具前、离开酒店或餐厅前。

2. 清点行李

地陪导游在每一站的行李托运之前都要清点行李的数量，做好交接工作。

3. 贴上本旅行社的标签或挂上行李牌

地陪导游把本旅行社的标签贴在客人的每一件行李上方或在行李上挂上行李牌，便于游客识别。请游客写上自己的姓名、登记编号，境外旅行团还应在行李牌上写上自己的中英文姓名、电话。

4. 严格按规定交接行李

如果有行李员接送行李，地陪导游要严格按规定检查、清点、签字，认真做好行李的交接工作。

三、完成任务

1. 根据“黄果树 + 天眼四日游接待计划”(表 0–3)，参考下表进行角色分配，分组进行为菲律宾团办理入住手续、介绍喜来登贵航酒店、照顾游客和行李进房、带领游客用好第一餐、安排叫早等环节的模拟训练。

入住服务模拟训练角色分配

模拟任务	所需角色	具体工作
办理入住手续	地陪导游小陈、领队小王、酒店前台接待员、游客	安排旅行团在大堂休息区等候，收取护照，到前台办理入住手续
介绍喜来登贵航酒店	地陪导游小陈、领队小王、游客	向旅行团介绍酒店设施及服务、早餐形式和注意事项等
照顾游客和行李进房	地陪导游小陈、游客、行李员	引领旅行团进房，并巡视房间
带领游客用好第一餐	地陪导游小陈、餐厅服务员、领队小王、游客	提前通知餐厅，引领旅行团入座，并在游客用餐时介绍菜品、巡餐
安排叫早	地陪导游小陈、领队小王、酒店前台接待员	和领队商量第二日叫早时间，领队通知旅行团，地陪导游通知酒店前台接待员

2. 该菲律宾团在餐厅用完晚餐后，陆续返回自己的房间，地陪导游小陈和领队小王正在酒店大堂休息区核商行程。这时，她看见旅行团的一位游客满脸怒气地赶到大堂找到小王，质疑领队小王：“为什么不把我的行李送到房间？”这时站在一旁的小陈赶紧吩咐该团行李员仔细检查旅行团的行李是否到齐。核对行李票时大家才发现，在机场就没有领到这位游客的行李。领队小王希望小陈能立马协助查找，小陈思忖片刻便说：“今天太晚了，明天再联系查找吧！”这引起了游客的极大不满。立即向领队口头投诉并扬言回国后要向组团社投诉。
(1) 地陪导游小陈的做法有何不妥？
(2) 针对以上案例，请以小组为单位，模拟游客行李遗失的处理。
3. 根据实操训练内容和具体情况，评价采取自我评价、组内评价和教师评价相结合的评价方式，对所完成的“黄果树 + 天眼四日游”提供入住服务模拟训练做出相应评价。效果评价表详见下表。

提供入住服务模拟训练效果评价表

评价内容		评价等级（优、良、中、差）			备注
		自我评价	组内评价	教师评价	
知识技能评价	针对性				
	准确性				
	合理性				
	规范性				

续表

<table>
<tr><td colspan="2" rowspan="2">评价内容</td><td colspan="3">评价等级（优、良、中、差）</td><td rowspan="2">备注</td></tr>
<tr><td>自我评价</td><td>组内评价</td><td>教师评价</td></tr>
<tr><td rowspan="3">情感态度评价</td><td>团队协作</td><td></td><td></td><td></td><td></td></tr>
<tr><td>职业价值</td><td></td><td></td><td></td><td></td></tr>
<tr><td>个人价值</td><td></td><td></td><td></td><td></td></tr>
<tr><td colspan="2">组长总结</td><td colspan="2"></td><td>综合等级</td><td></td></tr>
<tr><td colspan="6">评价等级参照标准：
①针对性——是否结合接待计划进行个性化分析
②准确性——接待过程是否完整，问题解决是否目的明确
③合理性——是否符合接待计划的实际情况
④规范性——是否符合地陪导游服务规范，所采取的相关措施是否具有可操作性
⑤团队协作——团队分工是否明确、合理
⑥职业价值——是否体现地陪导游职业道德与职业操守
⑦个人价值——是否传递积极、向上的价值导向</td></tr>
</table>

真题小测

（一）单选题

1. 旅游者抵达酒店后，地陪导游要协助领队或全陪导游办理（　　）手续。

A. 入住　　B. 行李运送　　C. 客房预订　　D. 就餐安排

2. 地陪导游带领旅行团到餐厅用第一餐时，应该告知旅游者（　　）以免产生误会。

A. 餐厅经理姓名　　B. 酒水的主要品种

C. 餐厅的主要设施　　D. 用餐的有关规定

3. 旅行团办理酒店入住手续时，旅游者证件应由（　　）收取。

A. 旅游者代表　　B. 前厅服务员　　C. 地陪导游　　D. 领队或全陪导游

4. 地陪导游在酒店内提供的服务不包括（　　）。

A. 协助办理入住手续　　B. 介绍酒店设施

C. 分配房间　　D. 安排行李入房

5. 在酒店内安排行李入房时，地陪导游的服务不包括（　　）。

A. 核对行李的数量和状态　　B. 督促酒店行李员及时将行李送到旅游者房间

C. 亲自把行李送到旅游者房间　　D. 处理行李遗失的问题

6. 若旅游者在机场拿到行李后，发现行李严重损坏，地陪导游应告知其可在行李交付航空公司托运之日起（　　）日内向航空公司提出行李损坏问题。

A. 7　　B. 10　　C. 15　　D. 20

7. 旅游者在来华途中遗失行李，失主（　　）

A. 可向有关航空公司索赔　　B. 可向境外组团社索赔

C. 可向旅游目的地旅行社索赔　　D. 自己负责

（二）多选题

1. 旅游车驶进下榻酒店后，地陪导游应在旅游者下车前向其讲清下次的（　　）。

A. 停车地点　　B. 旅行路线　　C. 集合时间　　D. 集合地点

E. 餐食特色

2. 地陪导游应在酒店前台处领取印有（　　）的酒店卡片分发给旅游者。

A. 酒店设施　　B. 酒店名称　　C. 酒店地址　　D. 酒店星级

E. 酒店电话

3. 旅行团抵达下榻的酒店后，地陪导游应做好的入店服务主要有（　　）

A. 根据住房名单迅速分发房卡　　B. 介绍酒店设施和安全注意事项

C. 处理旅游者进房的有关问题　　D. 宣布当日或次日的活动安排

E. 确定叫早时间并通知前台

4. 境外旅行团旅游者在我国境内遗失了行李，地陪导游应在事后向旅行社写出书面报告，主要内容有（　　）。

A. 行李遗失情况　　B. 自己的分析　　C. 行李查找过程　　D. 行李遗失处理结果

E. 失主和其他旅游者的反映

5. 在酒店遗失行李的处理步骤（　　）。

A. 在本团旅游者房间查找　　B. 请酒店行李部帮助查找

C. 向遗失者致歉　　D. 事后写出书面报告

6. 三个旅行团同时入住一家酒店，行李进房后，一位旅游者找到地陪导游，说他的行李找不着了。地陪导游应在下述地方帮其寻找（　　）。

A. 同团的其他旅游者房间

B. 同来的其他两个旅行团的旅游者房间

C. 上一个机场

D. 与该团同机抵达由同一家旅行社接待但下榻在另一个酒店的旅行团旅游者所住房间

参考答案

任务二　处理入住后的相关问题

旅游者进入房间后，可能会发现一些问题，比如，房间卫生不达标、空调不制热或不制冷、没有热水、临街吵闹等，这时就需要地陪导游及时与酒店客房部或工程部联系，尽快予以解决。因此，旅游者进入房间以后，地陪导游不能马上离开，要在旅游者居住的楼层多逗留一会儿，以便及时解决问题。

任务描述

"黄果树＋遵义＋西江四日游"23人旅行团已经入住贵阳黔灵大酒店，地陪导游小陈正在酒店前台安排明天的叫早服务，这时有一对夫妻找到小陈，说因睡眠问题想调换不当街的房间；一位游客怒气冲冲，说她的房间没有打扫，要求换房；还有一位游客说不想跟室友同住，想换房……请问地陪导游小陈该怎么处理？

任务目标

1. 了解旅游者在住宿方面提出个别要求的常见情形以及处理原则和处理方法。
2. 能够按照处理原则和方法，灵活、规范地满足旅游者住房方面的个别要求。
3. 树立宾客至上、服务至上的服务理念；养成规范化服务、爱岗敬业的职业习惯。

任务实施

一、自我探索

扫码观看精品课程"地陪导游业务实训"中"游客住宿方面个别要求的处理"视频教学资料。

游客住宿方面个别要求的处理

二、教学相长

（一）要求调换酒店

旅行团到一地旅游时，享受何种星级酒店的住房在旅游协议书中都有明确规定，有的在什么城市下榻哪家酒店都写得清清楚楚。所以，若向旅行团提供的客房低于标准，即使用同星级的酒店替代协议中标明的酒店，旅游者可能也会提出异议。

如果地接社未按协议安排酒店或协议中的酒店确实存在卫生、安全等问题而致使旅游者提出调换酒店，地陪导游应与地接社联系，地接社应负责予以调换。如确有困难，按照地接社提出的具体办法妥善解决，并向旅游者阐述有说服力的理由，提出补偿条件。

初探思考

游客要求换酒店

地陪导游小刘接待了一个旅行团，原计划是入住锦江之星酒店，由于地接社计调的疏忽，在锦江之星的预订没有确认，地接社不得不将游客安排在其他酒店。游客认为入住酒店的星级低于锦江之星酒店，因而感到不满。游客代表说："导游，我们必须住合同里规定的酒店，否则不能开车，我们也不去游玩。"

问题

结合上述案例分析，游客提出更换酒店时，地陪导游应该如何处理？

分析

游客参加旅行团时，入住酒店的星级在旅游协议书中有明确规定，一般不会随意更改。一般来说，客人要求调换酒店的原因主要有以下两点：

1. 因住房与约定标准不一致而要求换房。比如，旺季时酒店无空房，地接社无法按计划标准接待。

2. 地接社工作差错导致订房错误。这是由地接社工作人员的不仔细、不认真造成的。

启示

如果未按协议安排酒店或入住的酒店确实存在问题而致使游客提出调换酒店，地陪导游应与地接社联系，及时予以解决。如调换酒店确有困难，应向游客阐述有说服力的理由，并提出补偿条件。比如加餐、送礼品、增加游览项目等，同时，还要积极协助地接社和下榻酒店尽快安排好游客的住宿，并在旅游过程中，以精彩的讲解和热情的服务使游客满意。

做一做 1　游客要求调换酒店的处理

假如"黄果树＋遵义＋西江四日游"23人旅行团在入住酒店时，出现了因入住酒店与约定标准不一致，游客要求更换酒店的情况，请以小组为单位，进行处理游客要求调换酒店的模拟训练。

（二）要求调换房间

旅游者进入房间后，可能会发现一些问题，比如房间未打扫、有异味、设施设备损坏、房间没有窗户、朝向不好等，当旅游者提出要调换房间时，地陪导游要及时与酒店有关部门联系，尽快予以解决。具体来说，根据旅游者提出换房的理由不同，处理方法也不尽相同。

（1）房间不干净。例如有蟑螂、臭虫、老鼠等，旅游者提出换房应立即满足，必要时应调换酒店。

（2）房间卫生达不到清洁标准的，应立即安排酒店客房工作人员打扫、消毒，如旅游者仍不满意，坚持调房，应与酒店有关部门联系予以满足。

(3) 房间的朝向、层数不佳，旅游者要求调换另一朝向或另一楼层的同一标准客房时，若不涉及房费并且酒店有空房，可与酒店客房部联系，适当予以满足，或请全陪导游或领队在团队内部进行调整。无法满足时，应做耐心解释，并向旅游者致歉。

(4) 旅游者要住高于合同约定标准的房间时，如果有空房可予以满足，但旅游者需要交付原房间退房损失费和房费差价。

初探思考

游客对小孙的解释非常不满意

全陪导游：这是我们旅行团的房卡，大家先进入房间休息半小时，6点整我们去餐厅用餐，如果有什么问题可以到会议室找我。我和地陪导游小孙都在会议室。

(游客进入房间察看后，来到会议室找导游)

游客1：导游，我们住的房间条件太差了，简直没法住，给我们调换一下房间。

游客2：导游，我们的房间设施太旧，味道太重，帮我们把房间调换一下。

地陪导游小孙：哎呀，旺季能住上你们原定的酒店就不错了，这还是我好不容易抢到的房间，差一点就被别的团住了。你看我们导游连住的地方都没有，我都住在会议室了。

游客对小孙的解释非常不满意……

问题

小孙的做法有什么不妥?

分析

在本案例中，地陪导游小孙在处理游客要求换房的问题时，方式不妥，导致游客不满意。

启示

当游客提出更换房间的要求时，地陪导游应该注意控制自己的情绪，要和颜悦色地面对游客，不要以自己的住宿条件来回应游客提出的要求，也不要在游客面前邀功，以此回避游客提出的问题。

做一做 2

“黄果树＋遵义＋西江四日游”23人旅行团已经入住贵阳黔灵大酒店，地陪导游小陈正在酒店前台安排明天的叫早服务，这时一位游客怒气冲冲找到小陈，说他的房间没有打扫，要求换房。

针对以上案例，请以小组为单位，模拟游客要求调换房间的处理。

(三) 要求住单间

团队旅游一般安排旅游者住标准间或三人间。旅游者由于生活习惯不同或因与同室旅游者之间闹矛盾，而要求住单间。地陪导游应先请全陪导游或领队进行调解或内部调整，若调解不成，酒店如有空房，可满足其要求。但地陪导游必须事先说明，房费由游客自理（一般由提出方付房费）。

（四）要求延长住店时间

由于某种原因（生病、访友、改变旅游日程等）而中途退团的旅游者提出延长在本地的住店时间，可先与酒店联系，若酒店有空房，可满足其要求，但延长期内的房费由旅游者自付。若原住酒店没有空房，地陪导游可协助联系其他酒店，但须告知旅游者房费自理。

（五）要求购买房中物品

如果旅游者看中客房内的某种摆设或物品，要求购买，地陪导游应积极协助，与酒店有关部门联系，尽量满足旅游者的要求。

模拟实训

（一）实训内容

散拼团在住宿方面个别需求的处理。

（二）实训目标

通过模拟游客在入住酒店后提出的各种个别需求的处理，能灵活运用处理游客个别需求的原则和方法来解决突发问题，提高带团的技巧和解决问题的能力。

（三）实训步骤

1. 任务描述

“小七孔＋西江两日游”散拼团的游客入住西江苗景客栈后，不一会儿地陪导游小陈的电话就响起，是王先生打来的，说合同里注明的是标准双人间，怎么现在是三人间了，王先生不肯入住；刚挂断电话，旅行团里的李先生也打来电话，说他室友呼噜声太大影响休息……面对游客层出不穷的问题，地陪导游小陈该如何处理呢？

2. 任务分析

散拼团在住宿方面的个别要求比较多，因为游客休息好是旅游活动顺利进行的基本保证。因此，地陪导游想要完成这一环节的工作任务，首先需要掌握处理游客个别需求的原则和方法。其次，利用这些原则和方法灵活处理常见的入住后的突发问题。

3. 任务实施

请以小组为单位，根据表 4-4 中的情景进行模拟训练

表 4-4 情景模拟表

序号	情景模拟
1	西江苗景客栈前台，地陪导游小陈在办理入住手续时被告知，由于时值旅游旺季，原定的部分标准间要换成三人间，被分到三人间的游客均不愿意入住。请问假如你是地陪导游小陈，该如何处理？
2	地陪导游小陈刚处理完标准间变成三人间的情况，就见游客李先生走过来，略显生气地对小陈说，他的室友睡觉打呼噜，鼾声如雷，严重影响他休息，所以要求换房或者安排他住单间。请问假如你是地陪导游小陈，应怎样处理？

参考答案

4. 任务评价

根据实操训练内容和具体情况，评价采取自我评价、组内评价和教师评价相结合的评价方式，对所完成的“小七孔＋西江两日游”处理入住后的相关问题模拟训练做出相应评价。效果评价表详见表 4-5。

表 4-5 处理入住后的相关问题模拟训练效果评价表

评价内容		评价等级（优、良、中、差）			备注
		自我评价	组内评价	教师评价	
知识技能评价	针对性				
	准确性				
	合理性				
	规范性				
情感态度评价	团队协作				
	职业价值				
	个人价值				
组长总结				综合等级	

评价等级参照标准：
①针对性——是否结合接待计划进行个性化分析
②准确性——接待过程是否完整，问题解决是否目的明确
③合理性——是否符合接待计划的实际情况
④规范性——是否符合地陪导游服务规范，所采取的相关措施是否具有可操作性
⑤团队协作——团队分工是否明确、合理
⑥职业价值——是否体现地陪导游职业道德与职业操守
⑦个人价值——是否传递积极、向上的价值导向

5. 提升锦囊

入住酒店的过程看似简单，但也处处隐藏着小问题。游客经过一天的奔波劳累，非常疲惫，对旅途中“临时的家”要求会比较高。因此，地陪导游要积极协助游客尽快协商解决各类问题。

地陪导游应具有较强的独立处理问题的能力和应变能力，工作中能够主动调动游客的积极性，和游客处理好关系，果断解决问题，并在团队中消化矛盾。一方面，地陪导游要善解人意，关心团队中的每一位成员，特别是团队核心人物、老年游客等，以细微之处见真情；另一方面，地陪导游要迅速地了解所带团队的特点，善于运用内部资源，尽快化解矛盾。

知识链接

1. 处理游客个别要求的原则

旅游接待中的一个基本的原则是“宾客至上”，它是每个地陪导游的服务宗旨、行动指南和处理问题的准则。

(1) 符合法律原则

《导游管理办法》《导游人员管理条例》和《旅行社条例》中规定了游客、导游人员、旅行社三者之间的权利和义务。地陪导游在处理游客个别要求时，要符合法律对这三者的权利和义务的规定。同时，还要考虑游客的个别要求是否符合我国法律法规，如果相悖，应断然拒绝。

(2) 合理可行原则

合理可行原则是地陪导游处理问题、满足游客要求的依据。合理的判断标准：

①不影响大多数游客权益。

②不损害国家和旅行社的合法权益。

③不损害地陪导游的人格尊严。

(3) 公平对待原则

对待游客，不管是哪个国家、哪个民族、哪种宗教信仰、何种肤色，不管其社会地位高低、性别、身体是否有残疾，都应一视同仁。

(4) 尊重游客原则

游客提出的要求，大多数是合情合理的，但总会有游客提出一些苛刻的要求，使地陪导游为难。旅行团中也不可避免地会出现无理取闹之人。对待这种情况，地陪导游一定要记住自己的职责，遵循“尊重游客”的原则，对游客礼让三分。对游客的挑剔，甚至吵架、漫骂，地陪导游要保持冷静，始终有礼、有理、有节，不卑不亢。

(5) 维护尊严原则

对游客损害国家利益和民族尊严的要求，地陪导游应断然拒绝。侮辱人格尊严或违反导游人员职业道德的不合理要求，地陪导游有权拒绝。

2. 游客个别要求的处理方法

游客的个别要求大致可以分为三种情况：

(1) 合理的、经过地陪导游的努力可以满足的要求。

(2) 具有合理性但不可行的要求。

(3) 不合理的要求。

对这三种要求，地陪导游应以“宾客至上”为出发点，分别按照不同的原则进行处理。

(1) 针对游客合理且可行的个别要求

如果游客提出的个别要求是合理的，并且经过努力是可以办到的，地陪导游应努力满足游客的要求。

(2) 针对游客合理但不可行的个别要求

地陪导游一是要认真倾听，不要没有听完就指责游客的要求过高或敷衍塞责；二是要微笑对待，不要一听到不顺耳的话就表示反感并恶语相加；三是要耐心解释，对合理的但不可能办到的要求，要耐心地、实事求是地进行解释，不要以“办不到”为由一口拒绝。总之，对游客的这类要求，地陪导游不得意气用事。

(3) 针对游客不合理的个别要求

旅行团中难免有无理取闹的人，他们故意提出一些不合理的要求来刁难地陪导游，对不合理的要求，也要对游客礼让三分。游客可能挑剔，甚至吵架，但地陪导游却必须保持冷静，始终有理、有礼、有节，坚持不卑不亢的原则。在一般情况下，地陪导游对客人要以礼相待，不要与其争吵，更不得与其发生正面冲突，以免影响旅游活动，造成不良影响。对无理取闹的人，地陪导游仍要继续为其热情服务，对他们的合理且可能办到的要求，仍要尽力设法予以满足。

若个别游客的无理取闹影响了旅行团的正常活动，地陪导游可请全陪导游或领队协助解决，或直接面对全体游客，请他们主持公道。这就要求地陪导游在平时要多向游客提供热情周到的服务。实在有困难，地陪导游应该及时向地接社领导汇报，请其协助。

课后拓展

实训工单 处理入住后的相关问题

学院		专业	
姓名		学号	

一、接受工作任务

来自菲律宾的“黄果树＋天眼四日游”旅行团抵达喜来登贵航酒店后，地陪导游小陈快速帮游客办好入住手续，协助游客取到行李，尽早进入房间休息。之后，小陈与领队小王一起去巡房，解决游客入住后遇到的个别问题，告知游客熟悉客房上张贴的安全路线示意图，提醒游客防范事故的发生，注意安全。

二、知识拓展

旅行证件是游客旅行期间必备的旅行证明。它分为护照、签证、港澳居民来往内地通行证、台湾居民来往大陆通行证和我国居民身份证。

(一) 证件丢失的预防与处理

1. 证件丢失的预防

(1) 多做提醒工作。

(2) 不为游客保管证件。

(3) 切实做好每次行李的清点、交接工作。

(4) 每次游客下车后，都要提醒司机清车、关窗并锁好车门。

2. 丢失国内证件的处理方法

游客丢失旅行证件后，地陪导游应该遵循以下步骤协助其办理相关事宜：

(1) 请失主冷静回忆丢失的情况，从中找出线索，协助寻找。

(2) 如确已丢失，立即报告地接社和组团社，并留下游客的详细地址和电话。

(3) 根据旅行社的安排，协助失主向公安部门报失，并办理补办手续，所需费用由失主自理。

3. 丢失外国护照和签证的处理方法

(1) 由旅行社出具证明。

(2) 请失主准备照片。

(3) 失主本人持证明去当地公安局（外国人出入境管理处）报失，公安局出具证明。

(4) 持公安局的证明去所在国驻华使领馆申请补办新护照。

(5) 领到新护照后，再去公安局办理签证手续。

4. 丢失团体签证的处理办法

(1) 由地接社开具遗失公函。

(2) 准备原团体签证复印件（副本）。

(3) 打印与原团体签证格式、内容相同的人员名单。

(4) 收齐该团全体游客的护照。

(5) 持以上证明材料到公安局出入境管理处报失，并填写有关申请表（可由一名游客填写，其他成员附名单）。

5. 丢失中国护照和签证的处理办法

(1) 华侨丢失护照和签证

地接社开具遗失证明。失主准备彩色照片，持地接社证明到省、自治区、直辖市公安局（厅）或授权的公安机关报失并申办新护照，持新护照到其所在侨居国驻华使领馆办理入境签证手续。

续表

(2) 中国公民出境旅游丢失中国护照和签证

请当地导游陪同前往地接社协助开具遗失证明。失主在当地导游陪同下前往当地警察机关挂失，并取得报失证明。持当地警察机关的报失证明和有关材料到我国驻该国使领馆领取中华人民共和国旅行证。回国后，持身份证、中华人民共和国旅行证和境外国家警察机关的报失证明申办新护照。

6. 丢失港澳居民来往内地通行证的处理办法

港澳同胞在内地旅游期间丢失港澳居民来往内地通行证，要立即向遗失地公安派出所报失，并取得报失证明，凭报失证明到当地公安机关出入境管理部门申领返回港澳的证件。在申领返回港澳的证件时需填写中华人民共和国出入境通行证申请表，公安出入境管理部门核实身份后，将给遗失人签发中华人民共和国出入境通行证，供遗失者出境使用。当事人回港澳地区后，按程序申请补领新证。

(二) 火灾事故的预防与处理

1. 必要提醒

地陪导游应提醒游客不要携带易燃、易爆物品，提醒游客不在床上吸烟、不乱扔烟头和火种。

2. 熟悉酒店安全通道

入住酒店后，地陪导游要熟悉酒店楼层的太平门、安全出口、安全楼梯的位置及安全转移的路线，并向游客介绍；提醒游客熟悉客房内张贴的安全路线示意图，掌握一旦失火应走的路线；提醒游客，一旦发生火灾、地震、水灾，不要乘坐电梯，只能从安全通道逃生。

3. 牢记火警电话

地陪导游应牢记火警电话，掌握全陪导游或领队和本团游客所住房间号码，以便发生火灾时报警及组织全团游客安全撤离。

三、完成任务

1. 以小组为单位，针对以下情景，进行处理入住后的相关问题的模拟训练。

情景模拟表

序号	情景模拟
1	游客 MR CHIBEN 找到领队小王和地陪导游小陈，说房间内有烟味，要求换成无烟房。
2	MR JESUS 夫妇找到小陈，说他们很喜欢房间内的刺绣挂画，想要购买，希望地陪导游小陈帮忙沟通。

2. 根据实操训练内容和具体情况，评价采取自我评价、组内评价和教师评价相结合的评价方式，对所完成的“黄果树 + 天眼四日游”处理入住后的相关问题模拟训练做出相应评价。效果评价表详见下表。

处理入住后的相关问题模拟训练效果评价表

评价内容		评价等级（优、良、中、差）			备注
		自我评价	组内评价	教师评价	
知识技能评价	针对性				
	准确性				
	合理性				
	规范性				
情感态度评价	团队协作				
	职业价值				
	个人价值				
组长总结				综合等级	

评价等级参照标准：
①针对性——是否结合接待计划进行个性化分析
②准确性——接待过程是否完整，问题解决是否目的明确
③合理性——是否符合接待计划的实际情况
④规范性——是否符合地陪导游服务规范，所采取的相关措施是否具有可操作性
⑤团队协作——团队分工是否明确、合理
⑥职业价值——是否体现地陪导游职业道德与职业操守
⑦个人价值——是否传递积极、向上的价值导向

真题小测

(一) 单选题

1. 旅游者要求调换另一朝向或另一楼层的同一标准客房时，下列处理正确的是(　　)。
A. 若不涉及房间价格并且酒店有空房，可与酒店客房部联系，适当予以满足
B. 特殊情况无法满足时，按原方案执行，说明情况即可
C. 请地陪导游在团队内部进行调整
D. 若不涉及房间差价并且酒店有空房，可与酒店前台联系，适当予以满足

2. 旅行团入住酒店后，若有个别旅游者未拿到行李，地陪导游应尽快(　　)。
A. 思考对策　　B. 报告组团社
C. 追究责任　　D. 查明原因

3. 若房间卫生达不到清洁标准，但打扫过后，旅游者仍坚持调房时，地陪导游应(　　)。
A. 重新打扫　　B. 提出赔偿条件
C. 应与酒店有关部门联系予以满足　　D. 不予理睬

4. 旅行团下榻酒店后，如旅游者发现客房未打扫干净、卫生设备不符合清洁标准、空调发生故障或房间有蟑螂等问题，且酒店不能及时予以解决，导致旅游者提出换房的要求时，地陪导游应要求酒店方面(　　)。
A. 为旅游者更换房间
B. 向旅游者致歉并限期改正
C. 双倍赔偿旅游者损失
D. 退还旅行社所预交的房款

(二) 多选题

1. 旅游者在(　　)情况下要求调换房间，地陪导游应予以满足。
A. 房间看不到风景　　B. (夏天) 房间空调不制冷
C. 楼层不好　　D. 浴缸有污迹
E. 房间有蟑螂

2. 一旅行团入住酒店，当旅游者提出因房间里(　　)，需要调换房间时，地陪导游应立即联系酒店予以满足。
A. 中央空调出现故障　　B. 有蚊子和蟑螂
C. 卫生间太小　　D. 看不到风景
E. 床单有污迹

3. 由于旅行团内部矛盾，旅游者李某要求住单间，对此地陪导游正确的处理方式有(　　)。
A. 告知李某房费自理　　B. 立即向旅行社汇报
C. 主持公道解决矛盾　　D. 协助其与酒店联系
E. 请旅行团领队调解

4. 下列关于旅游者住房方面的个别要求中，地陪导游一般可予以满足的有（　　）

A. 旅游者对房间的朝向、层数不满意要求换房的

B. 旅游者要求住单间的

C. 旅游者要求购买房中物品的

D. 旅游者要求住高于合同规定标准的房间并愿意支付差价的

参考答案

实训五　如契必履——核对商定日程

项目描述

核对商定旅行团在当地的日程安排是地陪导游在旅游者抵达当地后的一项重要工作，是保证旅行团顺利游览的必要程序，也是地陪导游和领队、全陪导游之间合作的序曲。如果是入境团，它是两国导游人员合作的开始；如果是境内团，它则是两地导游人员合作的开始。

核对商定日程是地陪导游对旅游者的尊重，也是一种礼遇。既体现了地陪导游对领队或全陪导游、旅游者的尊重，又可以避免旅行社向地陪导游下达接待任务时出现错误。

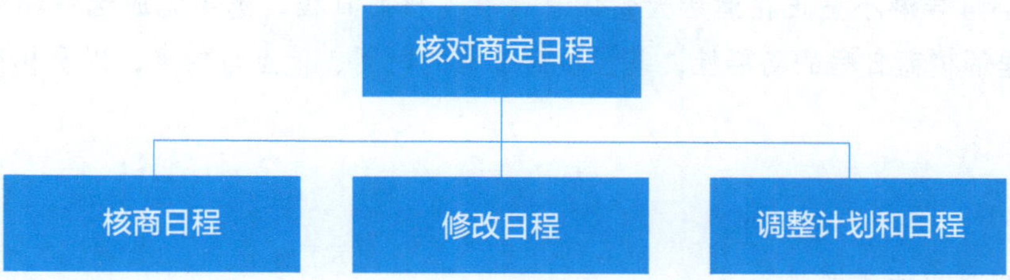

岗位画像

通过学习本节内容，你将获得以下岗位能力：

1. 理解核对商定日程的重要性，掌握核对商定日程的要点。
2. 能够做好旅行团的核对商定日程工作。
3. 能灵活、及时、妥善处理核对商定日程中出现的常见问题。
4. 了解旅游政策法规，具备法治意识，做遵纪守法的地陪导游。
5. 核对商定日程需要做到守时、守信，与旅游者互动要做到“言必行，行必果”。
6. 面对旅游者难以管理或者要求较多时，能沉着冷静解决问题，提供规范化服务。

重点难点

重点

1. 核对商定日程的必要性。
2. 核对商定日程的时间、地点、对象以及内容。

难点

1. 核对商定日程中出现不同情况时的处理。

2. 不同原因导致行程变更的处理。

任务一 核商日程

核商日程是地陪导游做好后续接待工作的重要环节，是保证旅行团能否顺利游览的必要环节。日程安排既要符合大多数旅游者的意愿，又不宜对已定的日程安排做大的变动。日程一经商定，须及时通知每一位旅游者。

任务描述

地陪导游小陈接待的“黄果树＋遵义＋西江四日游”23人旅行团，已经入住贵阳黔灵大酒店，她和全陪导游小王正在酒店大堂休息区准备核商日程。想要完成这一环节的工作任务，首先需要理解核商日程的必要性，掌握核商日程的时间、地点与对象，以及核商日程的内容等。

任务目标

1. 理解核商日程的重要性。
2. 能准确掌握何时何地与何人核商日程以及核商内容。
3. 了解旅游政策法规，具备法治意识和契约精神。

任务实施

一、自我探索

扫码观看精品课程“地陪导游业务实训”中“核对商定日程”视频教学资料，学习“核商日程”相关内容。

核对商定日程

二、教学相长

（一）核商日程的重要性

1. 体现了对旅游者及领队或全陪导游的尊重

地陪导游与旅游者核商日程是对他们的尊重，也是一种礼遇。虽然旅行团的整个活动日程已明确规定在旅游合同或协议书上，组团社根据合同或协议书制订了旅行团的接待计划，对该旅行团在本地的活动事先进行了安排，然而旅游者作为旅游产品的购买者和消费者有权审核旅游活动计划，也有权提出修改意见。

核商日程是两国（两地）间导游人员合作的开始。领队是境外组团社的代表，全陪导游是国内组团社的代表，他们的职责就是组织旅游者完成旅游计划、监督各接待单位的计划执行情况和接待质量，因此，他们有事先了解审核各地接待社对旅游日程安排的权利，对安排有提出自己意见并予以修改的权利。

2. 是实施接待计划的必要准备

虽然旅行团在某一地的参观游览内容都已明确规定在旅游协议书上，在旅行团到达前，地接社计调已经安排好该团在当地的活动日程。但经过地陪导游、全陪导游或领队和旅游者的三方审核，可以进一步发现问题，弥补漏洞或不足，有助于旅行团的游览活动更为圆满完成。

3. 利于双方沟通，对未尽事宜达成新的共识

由于旅游的计划拟订在前而接待在后，中间有较长的时间间隔，在主观、客观方面有发生变化的可能，因此，事先核商日程可以针对已经发生变化的各种因素适时地做出必要调整。同时，地陪导游还可以利用核商日程的机会了解旅游者的兴趣和要求。

初探思考

导游小夏被投诉了

地陪导游小夏接待来自张家港一行16人的旅行团。旅行团下榻酒店后，小夏就和全陪导游核商日程。在核商过程中，小夏发现全陪导游的接待计划中的游览点与自己接待计划上所确定的游览点基本一致，只是全陪导游的接待计划写得更详细，细致到每个景区的每个景点。小夏觉得没有问题，对带团胸有成竹。

小夏带领游客游览天星桥景区时，按照以前自己带团的习惯，从大门进入后一路游览了数生步、美女榕等美景，从天星湖休息区带领游客出了景区。在返回的车上，旅行团中的张先生质疑：他们的行程上写着天星桥景区还有天星洞、水上石林、银链坠潭瀑布等景点。小夏极力解释这些景点虽也在天星桥景区内，是一张套票，但路途遥远，很多游客出于体力原因不愿意游览。游客不满其解释，以小夏擅自删减景点为由，投诉到旅游监管部门，并要求赔偿门票损失。

问题

分析地陪导游小夏被投诉的原因，她有哪些地方做得不妥？

分析

地陪导游小夏被投诉的原因，显然是在与全陪导游核商日程时粗心大意，没有核对仔细。根据旅游行业的操作经验，全陪导游手上的接待计划一般都很细致，细致到每一个景点都注明，而地陪导游手上的接待计划一般都是简写。如不仔细核对接待计划上的细节，很容易漏掉大景区里的小景点，导致游客以为地陪导游删减景点，闹出误会和麻烦。

启示

一般情况下，如果出现地陪导游的接待计划与全陪导游的接待计划不一致时，地陪导游应及时与地接社计调联系，确认按哪份接待计划实施接待。如确认按己方旅行社接待计划上所规定的景点游览，则除了重点游览、讲解规定景点外，应尽量能让游客看到没有安排的那些景点，并做必要的讲解。

（二）核商日程的要点

1. 核商日程的时间与地点

在旅行团抵达后，地陪导游应抓紧时间尽早完成核商日程的工作。如果旅行团抵达本地后直接去游览点，核商日程一般可选择在机场或行车途中进行；如果旅行者是先前往酒店的，一般可选择在首次沿途导游途中进行，也可在酒店办理完入住手续后进行，地点宜在公共场所，如酒店大堂等。

2. 核商日程的对象

核商日程的对象应根据旅行团的性质而定。对于一般旅行团，地陪导游可与领队或全陪导游商谈。对于重点团、专业团、交流团，除领队或全陪导游外，还应请团内有关负责人一起参加商谈；如果该旅行团没有领队或全陪导游，可与全团旅游者一起商定。

3. 核商日程的内容

（1）地陪导游、全陪导游或领队手中的接待计划有无出入。

（2）每天活动的具体内容和大致时间。

（3）旅行团离开本地的交通工具、航班（车次、船次）及时间。

（4）对特殊活动的解释说明。

（5）征求领队或全陪导游对日程安排的意见和建议。

（6）适当推荐自费项目。

做一做 **模拟核商日程**

依据核商日程时的工作要点，针对“黄果树 + 遵义 + 西江四日游接待计划”（表 0–1），分组模拟核商日程。

参考范例

模拟实训

（一）实训内容

散拼团的核商日程服务。

（二）实训目标

散拼团的游客除了夫妻、亲属、朋友、同事彼此熟悉之外，相互之间都不熟悉，且每一组游客在不同的组团社报名，得到的行程计划和承诺可能不一样。通过本环节的模拟训练，完成在没有全陪导游或领队的情形下，与每一组游客核商日程的任务，并及时通知每一组游客。

（三）实训步骤

1. 任务描述

地陪导游小陈在旅游集散中心接到游客后，在前往小七孔景区的路上，她要与各组散客核商日程，她该如何操作呢？

2. 任务分析

散拼团一般无全陪导游，且人数较多，成员构成的复杂性、来源地区的广泛性导致散客团游客都是分成若干个小组的，地陪导游需与每一组游客核商日程。

依据“小七孔＋西江两日游接待计划”（表 0-2），该旅行团早上 8 点在贵阳市延安西路客车站集合后就要乘车前往小七孔景区，也就是说地陪导游小陈接到旅行团后，就直接去景点。因此，地陪导游应该尽早完成核商日程的工作，可以选择在出发前，或是在行车途中。

3. 任务实施

(1) 针对下述情景，分组讨论地陪导游小陈该如何处理，并进行模拟训练。

地陪导游小陈带领该旅行团在前往小七孔景区的旅游车上，介绍完今明两天的行程安排后，以况女士为代表的一组游客说她们的团费中包含小七孔电瓶车和西江电瓶车的费用；姜女士一行说她们的小七孔景区含有鸳鸯湖游船项目；皮先生说他行程里明确写着晚上到观景台看西江千户苗寨夜景……面对游客提出各种各样的要求，地陪导游小陈应该怎么处理？

参考答案

(2) 按照核商日程服务的操作要点，根据“小七孔＋西江两日游接待计划”（表 0-2），参考表 5-1 进行角色分配，分组进行核商日程模拟训练。

表 5-1　　核商日程模拟训练角色分配

模拟任务	角色	人数	具体工作
核商日程	地陪导游	1	模拟介绍日程，并请游客代表核商日程
	游客代表	若干	核对时提出异议

4. 任务评价

根据实操训练内容和具体情况，评价采取自我评价、组内评价和教师评价相结合的评价方式，对所完成的“小七孔 ＋ 西江两日游”核商日程模拟训练做出相应评价。效果评价表详见表 5-2。

表 5-2　　核商日程模拟训练效果评价表

评价内容		评价等级（优、良、中、差）			备注
		自我评价	组内评价	教师评价	
知识技能评价	针对性				
	准确性				
	合理性				
	规范性				
情感态度评价	团队协作				
	职业价值				
	个人价值				

续表

组长总结		综合等级	
评价等级参照标准： ①针对性——是否结合接待计划进行个性化分析 ②准确性——接待过程是否完整，问题解决是否目的明确 ③合理性——是否符合接待计划的实际情况 ④规范性——是否符合地陪导游服务规范，所采取的相关措施是否具有可操作性 ⑤团队协作——团队分工是否明确、合理 ⑥职业价值——是否体现地陪导游职业道德与职业操守 ⑦个人价值——是否传递积极、向上的价值导向			

5. 提升锦囊

接待计划是各方执行工作的依据，各方导游都受各自的旅行社委派，代表着各自的利益，但导游集体之间有着共同合作的基础，他们有着共同的工作对象——游客，有共同的工作任务——执行好旅游计划，有共同的工作目标——提供优质的服务，让游客满意。所以，必须核对好接待计划中的活动日程，这不仅仅是一种礼貌，而且是十分必要的环节，可以避免对接待计划的误读，减少纠纷。如果有差异，地陪导游应该立即与旅行社联系，查明原因；如果游客或全陪导游提出新的要求，地陪导游要认真分析，及时汇报旅行社，根据指示开展工作。

核商日程是对游客权利的尊重，针对散拼团或其他特种旅行团，核商日程更具有重要性，而且在核商过程中可以及时发现问题，以便能很好地解决存在的问题。因此，在正式开启旅游活动之前，地陪导游要向游客介绍日程，让每一组游客心中有数，及早发现问题、解决问题，以免出现纰漏。

知识链接

地陪导游与散拼团游客核商日程是工作中不可或缺的一环。核商日程可以避免出现时间冲突、地点错误等问题，确保旅行团的顺利游览，同时提高工作效率和质量。

在与散拼团游客核商日程时，地陪导游需要考虑时间、地点和对象三个方面，对旅行团的出发时间、到达时间、活动时间，行程路线、住宿地点、活动场所，以及团队成员、全陪导游等进行全面的考虑和确认。

在核商日程过程中，可能会遇到各种不同的情况，如天气变化、交通延误、景区关闭等，此时地陪导游需要及时处理，以保证旅行团的正常游览活动。

课后拓展

实训工单　核商日程

学院		专业	
姓名		学号	

一、接受工作任务

地陪导游小陈带领菲律宾“黄果树 + 天眼四日游”16 人团，在乘车前往喜来登贵航酒店的途中，她向游客介绍了第二天的日程安排。当她通知游客第二天六点半叫早时，领队小王说：“六点半不行，太早了。”小陈又说：“要不就七点好了。”“七点也早。”小王说。“您看几点合适呢？”小陈问。小王此时也非常严肃，冷冷地说：“到时候再说吧！”车上的气氛顿时紧张起来，地陪导游小陈也非常窘迫。请问你认为地陪导游小陈感到窘迫的原因是什么，她有哪些地方做得不妥？她应该怎么做？

二、知识拓展

旅行团能顺利完成旅游活动，离不开地陪导游、领队或全陪导游、景区景点导游员和司机等人员的辛勤工作，特别值得注意的是，地陪导游、领队或全陪导游的密切合作、精诚团结是旅行团成功旅行的重要保证。

1. 地陪导游应与领队或全陪导游处理好关系

(1) 尊重他们的人格。支持他们的工作；尊重他们的权利；遇事多与他们商量；重视他们所提出的意见和建议。

(2) 互相沟通，避免正面冲突。旅游活动中出现问题和分歧，地陪导游应主动与他们沟通，力求尽早消除误解。并非地陪导游的原因出现问题的，如航班延误、更换旅游项目等，一些缺乏耐心的领队或全陪导游可能会对地陪导游不满。此时，地陪导游不能与他们针锋相对，应牢记：忍耐是一种美德。

(3) 不卑不亢，有理、有礼、有节。对非常挑剔、不合作的领队或全陪导游，地陪导游可以采取以下方式处理：

首先地陪导游不能被其“牵着鼻子走”，以免被动。其次，地陪导游应采取措施，如服务取胜，争取大多数游客的谅解。再其次，进行有理、有礼、有节的“斗争”。最后，地陪导游要以理服人，不与之发生公然冲突，更不能当众羞辱，要适时缓和气氛，事后仍要尊重，继续顺利合作。

2. 地陪导游与领队进行核商日程的必要性

核商日程体现了对领队的尊重，是两国（两地）间导游人员合作的开始。领队是境外组团社的代表，他的职责就是组织游客完成旅游计划、监督各接待单位的计划执行情况和接待质量。领队作为旅行团的代言人，也希望得到目的地导游的尊重和合作，使商定和宣布活动日程成为其行使职权的表现。

三、完成任务

1. 针对上述情景，先分析地陪导游小陈感到窘迫的原因，并思考她有哪些地方做得不妥。分组模拟地陪导游小陈应该如何处理。

2. 根据“黄果树 + 天眼四日游接待计划”（表 0–3），请以小组为单位，参考下表分配角色，进行核商日程模拟训练。

核商日程模拟训练角色分配

角色	人数	具体工作
地陪导游小陈	1	和领队核商日程，征求意见
领队小王	1	协助完成核商日程环节，并通知全团
游客	若干	协助完成核商日程

3. 根据实操训练内容和具体情况，评价采取自我评价、组内评价和教师评价相结合的评价方式，对所完成的“黄果树 + 天眼四日游”核商日程模拟训练做出相应评价。效果评价表详见下表。

续表

核商日程模拟训练效果评价表					
评价内容		评价等级（优、良、中、差）			备注
		自我评价	组内评价	教师评价	
知识技能评价	针对性				
	准确性				
	合理性				
	规范性				
情感态度评价	团队协作				
	职业价值				
	个人价值				
组长总结				综合等级	

评价等级参照标准：
①针对性——是否结合接待计划进行个性化分析
②准确性——接待过程是否完整，问题解决是否目的明确
③合理性——是否符合接待计划的实际情况
④规范性——是否符合地陪导游服务规范，所采取的相关措施是否具有可操作性
⑤团队协作——团队分工是否明确、合理
⑥职业价值——是否体现地陪导游职业道德与职业操守
⑦个人价值——是否传递积极、向上的价值导向

真题小测

（一）单选题

1.（　　）标志着两国（两地）导游人员合作共事的开始。
A. 调整旅游活动日程　　B. 核商日程
C. 安排第一顿餐　　D. 引导旅游者进客房

2. 全陪导游在与地陪导游核商日程时，应以（　　）为依据。
A. 旅游者意见　　B. 接待计划　　C. 旅游法规　　D. 当地法规

3. 地陪导游与重点团队核商日程的时机应选择在（　　）
A. 到达酒店前　　B. 到达酒店后
C. 旅游车上　　D. 前往景点途中

4. 地陪导游同旅行团领队和旅游者核商日程是对旅游者的尊重，也是一种（　　）
A. 信誉　　B. 礼遇　　C. 待遇　　D. 荣誉

（二）多选题

1. 核商日程的目的是（　　）
A. 防止旅游者提出修改意见
B. 表明对领队或全陪导游、旅游者的尊重

C. 表明旅游者也有权审核活动计划，并提出修改意见

D. 利用核商日程的机会了解旅游者的兴趣和要求

E. 告知旅游者原则上不做日程的调整

2. 关于核商日程，正确的是（　　）。

A. 旅游者无权参与

B. 核商和宣布日程是领队职权的表现

C. 核商日程的时间应该在游览活动开始前

D. 对于一般观光团，可在首次沿途导游途中进行

E. 对于重点团，应在旅行团到达酒店后进行

参考答案

任务二　修改日程

地陪导游不仅要认真同领队或全陪导游核商日程，而且要做好出现不同意见时的应对准备。如果在核商日程时，双方之间出现了不同的意见，地陪导游应根据实际情况采取相应的对策。

任务描述

地陪导游小陈接待的“黄果树 + 遵义 + 西江四日游”23人旅行团，已经入住贵阳黔灵大酒店，她和全陪导游小王在酒店大堂休息区正在核商日程，核对发现，两份接待计划有一个小偏差：小陈手中的接待计划上写着第四天游览西江千户苗寨、观看表演后，送19时40分的飞机，但小王手中的接待计划上写着观看15：00这一场的表演，这明显在时间上有风险，小陈建议看11：00的表演，小王半信半疑，坚持要按照接待计划上的安排来。地陪导游小陈该怎么做呢？

任务目标

1. 了解并掌握核商日程中会出现哪些情况。

2. 能灵活、及时、妥善处理核商日程中出现的常见问题。

3. 面对旅游者难以管理或者要求较多时，要沉着冷静地解决问题，提供规范化服务。

任务实施

一、自我探索

扫码观看精品课程“地陪导游业务实训”中“核对商定日程”视频教学资料，学习“修改日程”相关内容。

核对商定日程

二、教学相长

（一）对全陪导游与地陪导游接待计划存在差异的处理

1. 地陪导游应及时报告地接社，查明原因，分清责任。

2. 如果是地接社的责任，应当实事求是地说明情况，赔礼道歉，按正确的接待计划执行。

3. 如果是组团社的责任，而又不好向旅游者交代，在双方都能接受的基础上核商调整行程。

初探思考

地陪导游的接待计划和全陪导游的接待计划有出入怎么办？

北京某旅行社地陪导游小夏接了一个来自 GY 市的旅行团。旅行团到达酒店后，小夏就和全陪导游核商日程安排。在核商过程中，小夏发现全陪导游手中的接待计划上的游览景点与自己的接待计划上的游览景点基本一致，只是全陪导游的接待计划写得更详细，细致到每个景区的每个景点，而小夏的接待计划只是把每个景区最著名的景点标注上了。

在游览颐和园时，小夏按计划买了普通门票（颐和园门票分为普通门票和联票，联票包括苏州街、德和园等景点）。小夏带领游客游览到了苏州街，让游客在外面留影，这时全陪导游却提出他们的接待计划里颐和园的景点包括苏州街，且坚持要按他的接待计划来安排行程。为了让全陪导游和游客没有意见，小夏答应了。

在游览结束后，全陪导游和游客较满意，但小夏回旅行社报账时却被经理狠狠地批评了一顿。

问题

地陪导游小夏哪里做错了？她应该如何做？

分析

地陪导游接待计划上的游览景点与游客手中接待计划上的景点不符时，地陪导游必须了解清楚原因，否则会给地接社或者游客带来损失。

本案例中，地陪导游小夏有两个细节问题没有处理好。第一，小夏在和全陪导游核商日程时注意到了一个细节——全陪导游的接待计划细致到每个景区的每个景点，但是她却没有把这个问题处理好，应该更仔细地把全陪导游与自己接待计划上的不同之处再确认一番。第二，小夏自作主张答应了全陪导游和游客的要求，结果导致地接社利益受损。

启示

地陪导游遇到这类问题，处理的步骤：

1.应在第一时间与地接社联系，请计调指示应按哪份接待计划实施接待。如确认按地陪导游接待计划上所规定的景点游览，则除了重点游览、讲解规定景点外，还应尽量让游客看到没有安排的那些景点，并做必要的指点、讲解。

2.如果游客愿意自费游览未安排的景点，在收取费用后，应予以满足。

（二）对领队或全陪导游提出修改日程的处理

1. 领队或全陪导游提出小的修改意见或要求增加新的游览项目

（1）地陪导游可在不违背旅游合同的前提下，对合理而又可能满足的项目，应努力予以安排。

（2）针对不存在绕路问题而时间上可以满足，同时又不产生新的费用的项目，可以应允。

（3）如对方提出增加新的游览项目，而新增游览项目须增收费用，地陪导游应及时向旅行社有关部门反映，并事先向领队或全陪导游和旅游者讲明，若他们同意，则应订立书面合同，按规定收费，但新增项目的安排不得影响原计划项目的实施。

（4）若时间上不允许，修改后会为旅行团带来其他不利影响，或执行起来确有难度，要向领队或全陪导游说明原因，并向旅游者耐心解释。

2. 领队或全陪导游提出与原日程不符且又涉及接待规格的要求

（1）对于这种要求地陪导游一般应婉言拒绝，并说明我方不方便单方面不执行合同。

（2）耐心解释，说明情况，指出其可能带来的不良后果。

（3）如果领队或全陪导游和全体旅游者提出的要求确有特殊理由，地陪导游必须请示旅行社有关领导，按领导指示而定。

做一做 1　模拟双方接待计划有出入的处理

在本节“任务描述”中，全陪导游小王的接待计划上写着观看 15：00 这一场的表演，明显在时间上有风险，地陪导游小陈建议看 11：00 的表演，但小王坚持按照自己手中接待计划上的时间来观看表演，小陈应如何处理？请分小组进行模拟训练。

参考答案

做一做 2　模拟修改或增加景点的处理

旅行团中有游客提出将息烽集中营换成娄山关红军战斗遗址，地陪导游小陈该怎么做呢？请分小组进行模拟训练。

模拟实训

(一) 实训内容

散拼团的修改日程。

(二) 实训目标

散拼团的游客除了夫妻、亲属、朋友、同事彼此熟悉之外，相互之间都不熟悉，通过本环节的模拟实训，掌握在没有全陪导游或领队的情形下，完成与每一组游客核商日程的工作。

(三) 实训步骤

1. 任务描述

地陪导游小陈带着“小七孔 + 西江两日游”散拼团在前往小七孔景区的路上，她正与各组散客核商日程，刚解决完先去哪个景点后去哪个景点的问题，旅行团中马上有游客提出：“导游，我在网上查到小七孔景区新开了踏瀑戏水项目，鸳鸯湖划船我们就不去了，我们想增加这个项目。”话音刚落，就有一位女士的声音响起：“这么热的天，紫外线又强，看来看去就这些山山水水的，还不如早点回西江，我们好去逛民俗街买银饰……”大家你一言我一语，地陪导游小陈闻到一点儿“火药味”了，假如你是小陈，你该怎么做呢？

2. 任务分析

为什么会出现这种状况？散拼团的行程是由地接社统一安排的，基本上是固定的。地陪导游和司机都无法改变既定的路线。

3. 任务实施

请根据表 5-3 进行角色分配，分组模拟下述情况。

(1) 有游客要将鸳鸯湖划船换成踏瀑戏水项目，地陪导游小陈应该怎么处理？

(2) 有游客因天热、太晒想取消鸳鸯湖、小七孔桥等景点早点到西江，地陪导游小陈该如何处理？

表 5-3　修改日程模拟训练角色分配

模拟任务	角色	人数	具体工作
增加或更换游览项目	地陪导游小陈	1	提出应对措施
	游客代表	若干	提出问题，协助地陪导游完成模拟训练
取消游览项目	地陪导游小陈	1	提出应对措施
	游客代表	若干	提出问题，协助地陪导游完成模拟训练

4. 任务评价

根据实操训练内容和具体情况，评价采取自我评价、组内评价和教师评价相结合的评价方式，对所完成的“小七孔 + 西江两日游”修改日程模拟训练做出相应评价。效果评价表详见表 5-4。

表 5-4 修改日程模拟训练效果评价表

评价内容		评价等级（优、良、中、差）			备注
		自我评价	组内评价	教师评价	
知识技能评价	针对性				
	准确性				
	合理性				
	规范性				
情感态度评价	团队协作				
	职业价值				
	个人价值				
组长总结				综合等级	

评价等级参照标准：
①针对性——是否结合接待计划进行个性化分析
②准确性——接待过程是否完整，问题解决是否目的明确
③合理性——是否符合接待计划的实际情况
④规范性——是否符合地陪导游服务规范，所采取的相关措施是否具有可操作性
⑤团队协作——团队分工是否明确、合理
⑥职业价值——是否体现地陪导游职业道德与职业操守
⑦个人价值——是否传递积极、向上的价值导向

5. 提升锦囊

因报名渠道、时间、组团成本差异等客观因素而在散拼团中出现“同团不同价”的现象，为市场经济行为，而非旅游服务质量问题。有时，也会出现游客得到的行程安排与地陪导游手中接待计划不一致的情况，如果遇到有的游客得到的承诺与地陪导游的接待计划相差甚远，地陪导游应建议游客与旅行社协商退补差价。

知识链接

1. 散拼团导游服务的难点

(1) 不同社会团体之间的矛盾容易导致散拼团管理的困难

包团由于游客多为同一社会团体或者是同一社会阶层，旅游消费观念差异较小，游客之间产生矛盾的可能性也比较小。即使在旅游过程中存在矛盾，基于认知基础，相互之间也容易协调解决问题。但散拼团则不同，散拼团成员人数较多，成员构成较复杂，不同阶层、不同职业、不同兴趣的人们，生活习惯也会存在一定差异，这导致大家的旅游需求各异。而这些游客要在一个临时组建的团队中共同生活、游览一段时间，地陪导游要让这些个性存在差异的游客协调一致且共同行动，需要很强的团队管理能力。

(2) 参团价格差异引发旅行团的骚动

其他产品销售价格不统一，顾客一般不会对商家提出什么问题，因为顾客消费结束后都是分散开来的。但是对于旅行社来说，游客成团后聚集在同一个旅行团里，可能会互相询价并对比价格。当大家的行程和服务标准相同但价格差异较大时，很容易引起高价参团的游客对自己报名的旅行社不满，而且这种不满情绪会被游客带到旅游活动中来，地陪导游需要直接面对游客来缓解游客对价格的不满。

(3) 游客心理期望值不同，服务满意度难以把握

每一位游客在出游之前都会有一定的心理期望，每个人受影响的因素不同，期望值也不同。面对地陪导游一视同仁、无差别的导游服务，期望值高的游客，可能满意度会低；相反，期望值较低的游客，可能满意度会很高。

2. 散拼团地陪导游服务的对策

(1) 优先建设团队文化

地陪导游在接待散拼团时，要消除不同社会团体之间的矛盾，需要优先建设旅行团团队文化。团队文化是旅行团成员在短暂的旅游期间，通过多种交流方式建立起来的共同的行为准则以及相应的行为方式。高效的团队文化以实现旅游价值为核心，以团队利益为重，这种团队文化能引导游客之间相互理解、互助互爱，能在旅游过程中形成积极健康的旅游氛围。

团队文化的建设需要地陪导游建立团队行为准则。团队行为准则应该是每一个地陪导游在出团前就规划好的。每天行程开始时，地陪导游就需要讲清团队活动的基本要求。在各游客了解及认同的前提下，团队行为很容易趋于一致。

(2) 消除价格差异引发的不良情绪

在同样的行程和服务标准下，价格不同容易影响游客的满意度，所以地陪导游要积极消除游客对价格的敏感度。

首先，地陪导游需要解释“同团不同价”的现象属于市场经济行为，在生活的方方面面都很常见，散客团产品的定价也不例外，无法避免，唯一的办法就是尽量减少价格差；其次，对于支付费用明显过多的游客，对旅游价格产生强烈不满时，地陪导游应建议组团社退还游客部分费用；在不能退费的情况下，通过个性化服务予以弥补；最后，在组队游览时，可以考虑将价格一致的游客组成一队，防止游客因了解价格差异太大而产生不良情绪。

(3) 建立合理的心理预期

散拼团中游客的预期各不相同，这些预期是游客在旅游出发之前的一种自我期望，以及在旅行社报名时因旅行社的承诺而产生的期望。游客期望越高，越容易失望。

作为地陪导游，在提供导游服务时，要注意以下几点：首先，了解游客行程的差异。旅行社在拼团时一般会把行程一致的游客安排为一个团队，但这些游客的行程也可能有细微的差异，了解差异所在，才能防止部分服务的缺失与遗漏；其次，地陪导游在行程开始之初，就应该给予游客合理的预期，讲清散拼团的优缺点和这次行程的接待标准，让每一位游客事先明白接待的标准；最后，在服务过程中不能过度提高服务期望，也不能有意让游客失望，应根据接待计划的服务标准，提供规范化服务，针对不同类型游客的特点，提供适当的个性化服务。

课后拓展

实训工单　修改日程

学院		专业	
姓名		学号	

一、接受工作任务

地陪导游小陈因在车上给菲律宾“黄果树 + 天眼四日游”旅行团宣布第二天的日程安排，没有事先征求领队小王的意见，导致小王有意见，场面一度很尴尬。到酒店安排好游客入住后，地陪导游小陈为了缓和与领队小王的关系，便积极主动与小王取得了联系，约定核商日程。得知小王住在 607 房间，于是小陈直接到小王的房间，与小王一起核商日程。双方拿出各自的接待计划，逐一地核对旅行团在贵州的主要参观游览活动项目，以及住宿标准、餐饮标准、娱乐活动。经核实没有发现问题，领队小王对地接社的日程安排很满意，但是提出，因为要在贵阳住 3 个晚上，希望晚上能增加参观标志建筑甲秀楼的行程。地陪导游小陈听后马上说：“可以，没有问题，我会给您安排的。”

二、知识拓展

地陪导游在与领队核商日程时的注意事项：

1. 不要到领队的房间去核商日程，而应该约在酒店大堂或咖啡厅等公共场所。
2. 地陪导游对当地的旅游资源情况较为了解，当领队或游客提出要增加景点时，可根据实际情况适当进行推荐。
3. 对于游客或领队提出来增减景点的要求，地陪导游要先和地接社计调联系，然后再答复游客，并说明费用的问题，不能擅自做出决定。

三、完成任务

1. 针对以上情景，请分析地陪导游小陈的做法有哪些欠妥之处？
2. 根据上述案例，请以小组为单位，根据下表进行角色分配，进行修改日程的模拟训练。

修改日程模拟训练角色分配

角色	人数	具体工作
地陪导游小陈	1	针对领队提出的修改日程要求做出回应
领队小王	1	提出修改要求

3. 根据实操训练内容和具体情况，评价采取自我评价、组内评价和教师评价相结合的评价方式，对所完成的“黄果树 + 天眼四日游”修改日程模拟训练做出相应评价。效果评价表详见下表。

修改日程模拟训练效果评价表

评价内容		评价等级（优、良、中、差）			备注
		自我评价	组内评价	教师评价	
知识技能评价	针对性				
	准确性				
	合理性				
	规范性				
情感态度评价	团队协作				
	职业价值				
	个人价值				
组长总结				综合等级	

续表

评价等级参照标准： ①针对性——是否结合接待计划进行个性化分析 ②准确性——接待过程是否完整，问题解决是否目的明确 ③合理性——是否符合接待计划的实际情况 ④规范性——是否符合地陪导游服务规范，所采取的相关措施是否具有可操作性 ⑤团队协作——团队分工是否明确、合理 ⑥职业价值——是否体现地陪导游职业道德与职业操守 ⑦个人价值——是否传递积极、向上的价值导向

真题小测

(一) 单选题

1. 如果旅行团或其领队提出对活动日程做重大修改的要求，并可能导致接待计划发生较大变动或涉及接待规格的变动，原则上地陪导游应予以（　　）。

A 婉言拒绝　　B. 高度重视　　C. 积极响应　　D. 严词拒绝

2. 在核商日程时，在领队提出新增旅游项目时，地陪导游应事先向其讲明，需（　　）。

A. 征求组团社同意　　B. 延长在本地的停留时间

C. 按照规定收费　　D. 减少下一站的停留时间

3. 若全陪导游的接待计划与地陪导游的接待计划有部分出入，地陪导游的处理办法应该是（　　）。

A. 以全陪导游的计划为准　　B. 以地陪导游手中的计划为准

c. 以双方商定的计划为准　　D. 及时报告地接社

4. 地陪导游与全陪导游核商日程时，发现全陪导游的接待计划上的是“游览雷峰塔”，而在地陪导游的接待计划上的是“远眺雷峰塔”。对此，地陪导游首先应做的是（　　）。

A. 按地陪导游的接待计划实施　　B. 按全陪导游的接待计划实施

C. 向地接社汇报　　D. 向组团社汇报

(二) 多选题

1. 当领队和地陪导游在核商日程中出现不同意见时，正确的处理措施是（　　）。

A. 领队提出增加新的游览项目时，如需要增加费用，地陪导游应先向领队和旅游者讲明，订立书面合同，然后修改计划项目

B. 领队提出修改意见时，地陪导游应及时向旅行社反映，对合理且可能的要求尽力满足

C. 若领队的接待计划与地陪导游的接待计划有出入，地陪导游要报告地接社，查明原因

D. 领队的接待计划与地陪导游的接待计划有出入时，如果是组团社责任，地陪导游也不应指责对方，必要时，地陪导游跟旅游者做好解释工作

E. 领队提出与原日程不符且涉及接待规格的要求时，地陪导游一般应婉言拒绝

2. 核商日程时，全陪导游对行程安排提出修改意见，地陪导游应如何做？（　　）

A. 向地接社反映

B. 对于合理且可能的要求尽量满足

C. 无法满足的要耐心解释

D. 如需增加费用，应提前向全陪导游和旅游者说明

E. 经旅行社同意后，按商定结果实施计划，无须订立书面合同

参考答案

任务三 调整计划和日程

有这样一句话：计划赶不上变化！我们知道，在地陪导游工作中不但需要按照接待计划上的内容来安排行程，而且也需要有丰富的带团经验与各地的导游相互配合好，让旅游者玩得开心，获得完美的旅游效果。在带团过程中，不会总是如大家所愿都一帆风顺，而是会经历一些“计划赶不上变化”的事情，比如天气、自然灾害、交通事故、政策闭馆、节庆活动等原因造成的计划和日程的调整。

任务描述

地陪导游小陈接待“黄果树＋遵义＋西江四日游”旅行团，根据该团接待计划（表0-1），旅行团原计划于8月10日晚上18：25分抵达贵阳龙洞堡机场，由于北京天气原因航班延误，抵达时间比原计划晚了5个小时。针对航班延误，地陪导游小陈应采取哪些应变措施？

任务目标

1. 了解导致计划和日程调整的原因和调整的情况。

2. 能够针对计划和日程调整的不同情况，灵活采取应变措施。

3. 能沉着冷静解决问题，提供规范化服务。

任务实施

一、自我探索

扫码观看精品课程“地陪导游业务实训”中“旅游计划和日程变更的处理”视频教学资料。

旅游计划和日程变更的处理

二、教学相长

（一）调整计划和日程的原因

旅游计划一经制订，一般不可随便更改，但是出于以下三种原因可以进行更改：

1. 旅游者要求调整计划和日程

旅游者在上站游览中感觉不愉快，或是本站的旅游项目与上站的旅游项目有某些方面的重复，或是旅游者自身的心理与身体方面的原因，要求调整本站的计划和日程，如调整住房标准、用餐方式、游览景点等。

需要注意的是，出于种种原因，旅游者向地陪导游提出变更旅游路线或旅游日程时，原则上应按旅游合同执行；遇有较特殊的情况或由领队或全陪导游提出变更，地陪导游也无权擅自做主，要上报组团社或地接社有关人员，经其同意后，按照其指示和具体要求做好变更工作。

2. 客观原因需要调整计划和日程

(1) 天气变化

由于突如其来的天气变化，如台风、暴雨、大雾、雪灾等自然因素，一些旅游景点被迫关闭。

(2) 道路变化

道路的翻修、毁坏造成某段交通中断，旅游车只好改道、绕道行驶，原计划的途中景点无法游览。

(3) 临增节庆活动

当地某些景区、景点在旅行团游览期间，举行大型的节庆活动，造成旅行团日程改变。这种情况下有两种办法：一是放弃，二是参与。如果计划中的景区、景点举行节庆活动，考虑到人多、环境复杂，不能使旅游者轻松尽兴地游览，还存在某些安全隐患，或是当地采取了某种管制、戒严的措施，使旅游者无法入内参观游览，则采取放弃的办法；如果是计划中原本没有举行节庆活动的景区、景点有大型节庆活动，由于活动内容较为丰富精彩，颇能反映出当地民俗风情特色，机会难得，在保证旅游者安全的基础上可以考虑参与。

(4) 交通工具变化

出于某些客观原因，或是应旅游者要求，改变赴下一站的交通工具。比如，天气变化导致飞机不能正常起飞或降落，地质灾害造成铁路、桥梁、隧洞损害，旅游者对乘坐某种交通工具感到厌烦等，都可能改变计划中的交通工具。同时，随着交通工具的改变，会出现随之而来的在当地停留时间的延长或缩短，使旅行团改变日程。

(5) 接待单位关闭

接待计划中应参观、游览的单位和景点出于某些原因发生变故而暂时关闭。比如，原来应允接待的企事业单位或学校等，突然有特殊的接待任务而无法安排旅行团的参观；博物馆展出的珍贵文物被盗，为侦查破案而暂时关闭；某景区、景点的主要建筑发生火灾而停止对外开放等，都会影响旅行团的游览计划。

(6) 下一目的地突发情况

由于下一目的地出现了难以预料或不可抗力的事件，如自然灾害或区域性传染病等，旅行团不能如期前往，被迫改变或取消日程，或是延长在本地的时间，或是改道去另一目的地。

3. 旅行社工作疏忽造成计划和日程调整

比如，地陪导游看错送机时间导致误机，不能如期前往下一站；或因旅行社的工作疏忽(如景区当天不开放、节目没安排等) 造成旅游活动安排不周，需要临时进行调整。

(二) 调整计划和日程的处理

1. 针对旅游者要求调整计划和日程的处理

出于种种原因，旅游者向地陪导游提出调整计划和日程时，地陪导游一般应婉言拒绝，说明地接社不能单方面不执行旅游合同；如果遇到旅游者坚持或者有特殊情况，地陪导游不能当场拒绝，也无权擅自做主，而要上报组团社或地接社计调，按照指示和具体要求做好调整工作。

2. 针对客观原因造成计划和日程调整的处理

旅游过程中，因不可预料及不可抗力因素，如天气、自然灾害、交通事故、政策闭馆、节庆活动等原因需要调整旅行团的计划和日程时，一般会出现四种情况，针对不同情况要有灵活的应变措施。

(1) 延长活动日程的处理

旅游者提前抵达或推迟离开都会造成游览时间延长而调整游览日程。出现这种情况，地接社和地陪导游应该采取以下措施：

①立即通知下一站地接社有关旅行团延迟抵达的信息；落实有关事宜，重新落实旅行团的用房、用餐、用车的情况，并及时落实离开的交通票据。

②旅行团滞留，地陪导游应与地接社计调联系，商量旅行团继续游览的计划；经组团社同意后，酌情增加游览景点，或晚上安排健康的文体活动，努力使活动内容充实；在调整旅游计划时，地陪导游要征求领队或全陪导游的建议和要求，共同商量，取得他们的支持和帮助；在调整的旅游计划确定之后，应与领队或全陪导游商量好如何向团内旅游者解释说明，取得他们的谅解与支持；计划一经确定，就带领旅游者游览，提供热情周到的导游服务。

(2) 缩短活动日程的处理

旅行团推迟抵达，相应缩短了在当地旅游的时间，地陪导游在得知旅行团延迟抵达的确切消息后应与地接社积极采取措施：

①地接社要尽快退掉当日的住房、用餐、车辆并做重新安排，将损失降到最低。

②地陪导游要与地接社计调一起确定新的接待计划。缩短行程计划的原则：只要时间许可，一定要将原计划中的景点及其他活动都安排上，保护旅游者的权益；若时间不允许，就选择具有代表性、有特色的旅游景点，让旅游者对当地旅游资源有个基本的了解。

如果是当地的原因导致旅行团被迫提前离开，缩短了在当地的旅游时间，对此地陪导游与地接社应积极采取措施：

①地陪导游立即与领队或全陪导游商量，实事求是地说明情况，提出调整计划。

②向旅行团中的旅游者代表说明情况，诚恳地赔礼道歉，详细介绍调整计划，争取获得他们的谅解和支持，然后分头做旅游者的工作，获得同意后，立即带领旅行团外出游览。

③由地接社办理退餐、退车等相关事宜，通知组团社和下一站地接社。

④抓紧时间安排旅游者游览计划内的游览点。若确有困难应做出应变计划，游览本地具有代表性的游览点。

⑤做出适当补偿，如赠送小纪念品；若旅游者反应强烈，可由地接社领导出面表示歉意并提出补偿办法。

(3) 针对取消一地行程的处理

若取消旅行团在某站的活动日程，多数是由自然灾害造成的。自然灾害迫使旅行团滞留某地，地陪导游应及早报告组团社，由其决定变更旅行团行程，地陪导游遵照执行，带领旅游者前往某地继续旅游，但事先必须实事求是地将组团社的决定向旅游者进行解释说明。

(4) 部分活动日程变更的处理

有时由于自然因素，如大雪、洪水、地震等，计划中的某一景点无法前往；或某一景点正在进行整修，无法参观。遇到此类情况，地陪导游应做如下处理：

①实事求是地说明情况，提出替代项目。

②详细介绍替代项目，激起旅游者游览替代项目的兴趣。

③带领旅游者进行游览活动，并提供精彩的导游讲解以及高质量的服务。

3. 针对旅行社工作疏忽造成计划和日程调整的处理

出现这种情况时，应首先对计划进行合理调整，尽量不影响日程，然后将调整后的计划与领队或全陪导游及旅游者沟通，取得他们的谅解，再按照新计划安排游览。

初探思考

订错了的航班

一行27人的旅行团原计划于6月13日19时50分乘飞机由广州前往昆明。6月12日下午地陪导游小琪接到地接社计调的电话，由于票务人员的疏忽，为该团订错了航班，通知该团改乘6月13日13：20分的航班前往昆明。对此，游客反应强烈并提出口头投诉，其中一位游客说，曾向航空公司询问，回答是原航班有票，必须按照原计划进行。

问题

对此，地陪导游小陈应采取哪些应变措施？

分析

1. 认真倾听游客的意见。

2. 调查核实。

(1) 向航空公司（或票务员）核实原航班是否有机票。

(2) 向旅行社汇报。

启示

1. 如有票，应敦促票务人员换票，向游客赔礼道歉，并采取措施消除游客的不愉快情绪。

2. 如无票，应向游客道歉，耐心解释，必要时请旅行社领导出面道歉。可安排17日午餐适当加菜，或赠送具有本地特色的小纪念品。增加该团的游览项目（增加景点）使活动内容充实。及时通知下一站地接社。

做一做　**模拟调整计划和日程的处理**

参考答案

请根据下列情景进行角色分配，分组进行模拟训练。

1. “黄果树＋遵义＋西江四日游”一行23人，原本计划在贵州停留4天，之后飞往昆明，但游客要求延长在贵州的活动日程，或要求只游览贵州一地，取消云南的旅程。对此，地陪导游小陈该如何处理？

2. “黄果树＋遵义＋西江四日游”一行23人原计划于8月13日19时40分乘飞机由贵阳前往昆明，当天出于天气原因，贵阳飞往昆明的所有航班取消，如果只能在第二天乘坐同一航班离站，那该团在贵州的活动日程就延长了一天。对此，地陪导游小陈该如何处理？

3. “黄果树＋遵义＋西江四日游”一行23人原计划8月10日乘飞机由北京抵达贵阳，由于航空管制，当天航班取消，只能改乘第二天（8月11日）同一趟航班抵达贵阳。因旅行团延迟一天抵达贵阳，缩短了在贵州旅游的时间。对此，地陪导游小陈应采取哪些应变措施？

模拟实训

（一）实训内容

散拼团调整计划和日程的处理。

（二）实训目标

通过情景模拟，提高地陪导游独立解决各种突发问题的应变能力。

（三）实训步骤

1. 任务描述

地陪导游小陈与“小七孔＋西江两日游”的各组游客核商日程时，张强×夫妻两人神色慌张地跟小陈说，亲人生病住院了，必须马上返程，小陈感同身受，赶忙安慰他们；同时，潘仁×一组游客又说游览西江千户苗寨后，想再增加一天去镇远古城看看。对此，小陈该如何操作呢？

2. 任务分析

案例中，张强 × 夫妻因特殊原因要求终止旅游提前离开，而潘仁 × 一组游客要求延长旅游时间，无论是缩短还是延长旅游时间或取消旅游行程，都不是地陪导游所能决定的，应当立即报告地接社，根据领导指示做些具体工作协助游客。

3. 任务实施

请根据表 5-5 进行角色分配，分组进行下述情况的模拟训练。

（1）张强 × 夫妻二人因故要返程，不跟团旅游了，地陪导游小陈该如何处理？

（2）潘仁 × 一组游客要求延长游览时间，地陪导游小陈该如何处理？

参考范例

表 5-5　　调整计划和日程模拟训练角色分配

模拟任务	角色	人数	具体工作
对提前离团或缩短旅游时间的处理	地陪导游小陈	1	提出应对措施
	游客	若干	提出问题，协助完成模拟训练
对延长旅游时间的处理	地陪导游小陈	1	提出应对措施
	游客	若干	提出问题，协助完成模拟训练

4. 任务评价

根据实操训练内容和具体情况，评价采取自我评价、组内评价和教师评价相结合的评价方式，对所完成的“小七孔 + 西江两日游”调整计划和日程模拟训练做出相应评价。效果评价表详见表 5-6。

表 5-6　　调整计划和日程模拟训练效果评价表

评价内容		评价等级（优、良、中、差）			备注
		自我评价	组内评价	教师评价	
知识技能评价	针对性				
	准确性				
	合理性				
	规范性				
情感态度评价	团队协作				
	职业价值				
	个人价值				
组长总结				综合等级	
评价等级参照标准： ①针对性——是否结合接待计划进行个性化分析 ②准确性——接待过程是否完整，问题解决是否目的明确 ③合理性——是否符合接待计划的实际情况 ④规范性——是否符合地陪导游服务规范，所采取的相关措施是否具有可操作性 ⑤团队协作——团队分工是否明确、合理 ⑥职业价值——是否体现地陪导游职业道德与职业操守 ⑦个人价值——是否传递积极、向上的价值导向					

5. 提升锦囊

(1) 若旅行团延长或缩短在一地的活动时间，地陪导游应注意下述两点：

针对缩短时间，地陪导游应尽力不让游客感到损失太大；针对延长时间，地陪导游应尽力不让游客感到在本地浪费了时间。

在一地延长或缩短时间超过半天，地接社要报告组团社，并将变化信息及时通知下一站地接社。

(2) 若地陪导游在与领队或全陪导游以及游客协商日程的过程中，如需要对日程做部分调整，地陪导游必须做到以下几点：

①心中有数，对调整原因做出实事求是的说明和解释，切不可因旅行社利益而对游客进行隐瞒或欺骗。

②对调整后的行程，地陪导游要有充分的预见和足够的准备。

③涉及新产生的费用要与领队或全陪导游以及游客认真协商或按有关规定予以确认。

④对于重大的调整，一定要经组团社与地接社的同意，变更及调整的项目要由领队或全陪导游及地接社业务人员或授权人员签字确认。

知识链接

游客要求中途退团，这不是地陪导游所能决定是否可行的，应立即报告旅行社，视具体情况做出决定，在领导指示下做些具体工作协助游客。

(1) 有特殊原因要求中途退团

游客有特殊原因要求提前离开旅行团，终止旅游活动，经地接社和组团社协商后可予以满足，未享受的综合服务费，按旅游协议书规定，或部分退还，或不予退还。

(2) 无特殊原因要求中途退团

游客无特殊原因，只是某个要求得不到满足而提出离团。地陪导游应配合领队或全陪导游做说服工作，劝其继续随团旅游；若旅行社确有责任，应设法弥补；若游客提出的是无理要求，要耐心解释；若游客执意要求退团，可满足其要求，告知其未享受的综合服务费不予退还。

课后拓展

实训工单　调整计划和日程

学院		专业	
姓名		学号	
一、接受工作任务			
菲律宾“黄果树＋天眼四日游”旅行团在游览黄果树大瀑布时，游客们一边惊叹于大自然的鬼斧神工，感受亚洲第一大瀑布的雄姿，一边不停用手机和相机记录着眼前的美景，地陪导游小陈见状多次提醒游客“走路不看景，看景不走路”。在从下仰望瀑布时，能真切体会到“飞流直下三千尺”的壮观，但这时听到 MS GRACE 的一声惨叫，原来她摔了一跤，左腿骨折了。对此，地陪导游小陈该如何处理？			

续表

<table>
<tr><td>

二、知识拓展

1. 因伤病要求延长旅游时间

地陪导游应协助伤病游客办理入院、出院等有关手续，还应不时前去医院探视；并解决该游客及家属在异地生活所面临的困难。若是境外游客伤病，还应协助其办理分离签证手续；办理延长签证手续；帮助办理机票、订座手续以及其他回国手续；安排车辆前往机场，离开中国。

上述所需费用由游客自理。住院期间，未享受的综合服务费按协议书规定或相关旅行社协商决定处理，或部分退还，或不予退还。

2. 其他原因要求延长旅游时间

若是境外游客，不需要办理延长签证的，一般可满足其要求。无特殊原因游客要求延长签证，原则上予以婉拒；确有特殊原因要留下，地陪导游要请示地接社领导，提供必要帮助，协助办理延长签证的手续。地陪导游先到旅行社开具证明，然后陪同游客持旅行社证明、护照及团体签证到公安局出入境管理部门办理分离签证和延长签证手续，所需费用由游客自理。

</td></tr>
<tr><td>

三、完成任务

1. 俗话说“伤筋动骨一百天”，MS GRACE 左腿骨折，无法随旅行团一起返回菲律宾。因伤病不得不延长在贵州的停留时间。根据此情景，请以小组为单位，根据下表分配角色，有针对性地设计对话，进行调整计划和日程的模拟训练。

调整计划和日程模拟训练角色分配

角色	人数	具体工作
地陪导游小陈	1	针对游客因故延长旅游时间做出回应
领队小王	1	提出问题，协助完成模拟训练
MS GRACE	1	协助完成模拟训练
其他游客	若干	协助完成模拟训练

2. 根据实操训练内容和具体情况，评价采取自我评价、组内评价和教师评价相结合的评价方式，对所完成的“黄果树＋天眼四日游”调整计划和日程模拟训练做出相应评价。效果评价表详见下表。

调整计划和日程模拟训练效果评价表

评价内容		评价等级（优、良、中、差）			备注
		自我评价	组内评价	教师评价	
知识技能评价	针对性				
	准确性				
	合理性				
	规范性				
情感态度评价	团队协作				
	职业价值				
	个人价值				
组长总结		综合等级			

评价等级参照标准：

①针对性——是否结合接待计划进行个性化分析

②准确性——接待过程是否完整，问题解决是否目的明确

③合理性——是否符合接待计划的实际情况

④规范性——是否符合地陪导游服务规范，所采取的相关措施是否具有可操作性

⑤团队协作——团队分工是否明确、合理

⑥职业价值——是否体现地陪导游职业道德与职业操守

⑦个人价值——是否传递积极、向上的价值导向

</td></tr>
</table>

真题小测

(一) 单选题

在旅游中，旅游者提出要变更活动日程的要求时，地陪导游应（　　）。

A. 为维护旅行社利益，不予同意

B. 原则上应按旅游协议约定的条款执行，特殊情况应上报旅行社并与领队或全陪导游沟通

C. 宾客至上，只要旅游者提出都应答应

D. 告知旅游者调整顺序可以，减少项目不行

(二) 多单选题

1. 导致旅游计划变更的主要原因有（　　）。

A. 旅游者要求更改计划

B. 客观原因需要变更计划

C. 旅行社计调、销售主观工作差错和失误引起的计划更改

D. 地陪导游疏忽导致误机

2. 以下属于客观原因，且导致需要变更旅游计划的情形有（　　）。

A. 气候突变，如暴风雪、沙尘暴等

B. 洪水、地震、泥石流等自然灾害

C. 交通故障，如飞机机械故障导致航班长时间推迟或取消

D. 山体滑坡、公路塌陷等。

3. 由于客观原因需要变更旅游计划和活动日程时，地陪导游应（　　）。

A. 分析事故的性质及其严重性和可能造成的后果

B. 分析旅游者因此可能出现的心理状态和情绪，迅速制订出应变计划并报告旅行社

C. 和领队或全陪导游协商取得一致意见后，分头向旅游者做好解释工作

D. 必要时，经旅行社领导同意，给予适当的物质补偿，或请领导出面表示歉意

E. 安排并向旅游者介绍替代景点，使旅游者高兴地随地陪导游游览替代景点

参考答案

实训六 流连忘返——参观游览

项目描述

参观游览是旅游过程中的核心环节，它既是旅游者出游的目的，又是旅游者购买的旅游产品的主要组成部分。地陪导游在带领旅游者进行参观游览时，应保证全过程的安全、顺利，通过生动的讲解、贴心的服务让旅游者了解参观游览的对象，加深对旅游目的地的印象。

以实际导游工作流程为主线，参观游览服务可包括以下内容：准备工作、去程服务、景点讲解、回程服务、购物服务。

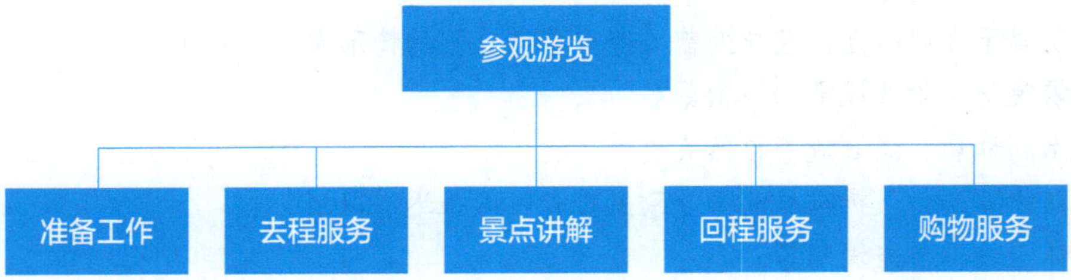

岗位画像

通过学习本节内容，你将获得以下岗位技能：

1. 熟悉参观游览服务的基本流程及各环节的服务要点。
2. 熟悉自然景观、人文景观的讲解方法。
3. 掌握游览过程中突发情况的处理方法。
4. 掌握购物服务的要求及规范。
5. 培养发现美、表现美、创造美、鉴赏美的能力。
6. 培养换位思考的共情能力。

重点难点

1. 重点

掌握参观游览服务的环节及要求，能够进行规范化服务。

能够生动、有趣地进行景点讲解。

2. 难点

根据不同团型、不同旅游者进行有针对性的景点讲解。

处理参观游览过程中的突发情况。

任务一　准备工作

“宜未雨而绸缪，毋临渴而掘井。”作为旅游过程中的核心环节，参观游览活动直接决定了旅游者觉得此次行程是否“值得”。因此，为保证参观游览活动的顺利进行，地陪导游需在游览之前做好相应的准备工作。

任务描述

地陪导游小陈即将带领“黄果树 + 遵义 + 西江四日游”23人旅行团正式开启游览行程，根据该团接待计划（表0-1），第一站将前往息烽集中营革命历史纪念馆，请问地陪导游小陈应提前做好哪些准备？

任务目标

1. 理解准备工作的重要性。
2. 能够根据接待计划做好旅行团参观游览前的各项准备工作。
3. 养成万事提前做好准备的意识。

任务实施

一、自我探索

观看精品课程“地陪导游业务实训”中“准备工作”课件教学资料。

准备工作

二、教学相长

（一）准备工作的重要性

参观游览是旅游活动中的中心环节，也是旅游者参加旅游活动的主要原因。因此，为保证旅游活动顺利进行，地陪导游应当做好参观游览前的准备工作，主动思考旅游行程中可能出现的问题，及时做好预防对策，保证旅游活动顺利进行。

初探思考

地陪导游能如此偷懒吗?

地陪导游子爵根据接待计划，在安排8月11日的行程时发现，当天要去的两个景点都是要请景区讲解员的，于是便放下心来，他觉得既然要请讲解员，那自己就不用去了解景区了。第二天在车上，游客游兴大发，一路上都在问子爵关于景区的知识，子爵因未做准备，只能勉强答出几个问题，一路上气氛非常尴尬……

问题

请问，子爵为什么会面临如此尴尬的局面？应如何避免？

分析

根据接待计划，在游览博物馆或历史文化场馆时，为了让游客有更好的旅游体验，一般会请景区的讲解员为游客进行全程讲解，帮助游客更好地了解科学和历史文化。对于地陪导游来说，请景区讲解员并不意味着地陪导游就不需要了解旅游景区了。相反，为了满足游客的求知心理，地陪导游应当做好更充分的准备，掌握更多的相应知识，及时对游客的问题进行补充、回答，让游客获得更好的旅游体验，体现地陪导游的专业素养。

启示

作为地陪导游，无论何时都应当主动做好准备工作。一次成功、顺利的旅游活动离不开各方的协作、配合，但这并不意味着地陪导游可以“偷懒”。相反，地陪导游还要做更加细致的准备，以便在游客需要时能够满足游客的求知、求新等旅游心理。

(二) 做好准备工作

1. 落实行程

在参观游览开始之前，地陪导游应当对照接待计划，认真核实当天行程所涉及的房、餐、车、游等方面的信息以及注意事项。比如，第二天需要更换酒店，则提前告知旅游者，收拾好行李物品做好更换酒店的准备，同时，地陪导游要联系即将入住的酒店，确认房型、数量等信息，确保顺利入住。具体落实事项及要点详见表6-1。

表6-1　落实事项及要点一览表

落实事项	落实要点	备注
房	房型、数量、酒店位置、特殊要求	是否更换酒店
餐	餐标、用餐人数、用餐时间、忌口要求、餐厅位置	
车	到达时间和地点、当日行程安排	联系司机确认
游	门票预约和购买方式、景区相关规定和相关知识	
注意事项	出发时间、集合地点、景区游览注意事项	

2. 物质准备

地陪导游在旅行团开始正式进行参观游览活动前，应做好相应的物质准备，包括带团的物质资料及个人物品。带团的物质资料包括“一表一证一牌四单”（旅游服务质量反馈表、导游资格证、接站牌、接待计划（单）、旅行团名单、餐饮结算单、旅行团费用结算单），个人物品则包括充电宝、雨伞、证件袋等。

做一做 1 **做好物质准备**

请根据“黄果树 + 遵义 + 西江四日游接待计划”（表 0–1），写出该旅行团的物质准备。

参考答案

3. 提前到达

一般情况下，地陪导游应至少提前 10 分钟到达集合地点。如需要更换酒店，则要提前至少 30 分钟到达酒店，协助旅游者办理退房，提醒旅游者检查好自己的行李物品，核实人数，做好登车准备。

4. 集合登车

登车前，地陪导游应再次清点人数，提醒旅游者检查好自己的行李物品。旅游者到齐后，地陪导游应站在车门一侧，帮助旅游者上车。旅游者全部登车后，应再次清点人数，检查好行李物品是否存放妥当，提醒旅游者系好安全带，待所有旅游者坐稳后，请司机开车前往景区。在旅行团抵达景区前，地陪导游应告知旅游者旅游车的标志、停车地点、开车时间、游览线路等。

做一做 2 **做好准备工作**

请根据“黄果树 + 遵义 + 西江四日游接待计划”（表 0–1），分析该旅行团参观游览前的准备工作的落实事项及要点，完成表 6–2。

参考答案

表 6–2 “黄果树 + 遵义 + 西江四日游”准备工作落实事项及要点一览表

落实事项	落实要点	备注
房		
餐		
车		
游		
注意事项		

模拟实训

（一）实训内容

散拼团参观游览准备工作。

（二）实训目标

1. 掌握包团和散拼团参观游览准备工作的异同。
2. 完成散拼团的准备工作。

（三）实训步骤

1. 任务描述

地陪导游小陈接待“小七孔＋西江两日游”散拼团，旅行团即将进行参观游览，但她发现，这次行程是在集合点集合完毕后直接前往小七孔景区进行游览。请问小陈该如何做好此团的准备工作呢？

2. 任务分析

根据接待计划（表 0-2），此次散客团“小七孔＋西江两日游”行程比较特殊，它是在完成接站后直接进行景点游览，因此，此团的参观游览准备工作应与前期的接站准备相结合。

3. 任务实施

（1）根据“小七孔＋西江两日游接待计划”（表 0-2），填写表 6-3，并在“备注”栏确认哪些事项已在接站准备环节完成，不需要在此环节进行。

参考答案

表 6-3　“小七孔＋西江两日游”准备工作落实事项及要点一览表

落实事项	落实要点	备注
房		
餐		
车		
游		
注意事项		

(2) 参考“小七孔＋西江两日游接待计划”(表 0-2)，根据表 6-4 进行角色分配，以小组为单位进行该团游览前的准备工作模拟训练。

表 6-4　　准备工作模拟训练角色分配

角色	人数	具体工作
地陪导游小陈	1	完成接站、参观游览准备工作
司机王师傅	1	协助完成接站、参观游览准备工作
游客	若干	与地陪导游对接接站、参观游览的具体事宜
酒店前台接待员	1	与地陪导游对接酒店事宜

4. 任务评价

根据实操训练内容和具体情况，评价采取自我评价、组内评价和教师评价相结合的评价方式，对所完成的“小七孔＋西江两日游”参观游览前的准备工作模拟训练做出相应评价。效果评价表详见表 6-5。

表 6-5　　准备工作模拟训练效果评价表

评价内容		评价等级（优、良、中、差）			备注
		自我评价	组内评价	教师评价	
知识技能评价	针对性				
	准确性				
	合理性				
	规范性				
情感态度评价	团队协作				
	职业价值				
	个人价值				
组长总结				综合等级	
评价等级参照标准： ①针对性——是否结合接待计划进行个性化分析 ②准确性——接待过程是否完整，问题解决是否目的明确 ③合理性——是否符合接待计划的实际情况 ④规范性——是否符合地陪导游服务规范，所采取的相关措施是否具有可操作性 ⑤团队协作——团队分工是否明确、合理 ⑥职业价值——是否体现地陪导游职业道德与职业操守 ⑦个人价值——是否传递积极、向上的价值导向					

5. 提升锦囊

参观游览前的准备工作一般情况下包含以下几个方面：落实行程、物质准备、提前到达、集合登车。但具体要完成哪些准备工作，则要视情况而定。根据接待计划，若游客是接站后直接开始游览景区，则要将参观游览前的准备工作提前到接站前进行，在进行接站准备时便要提前将参观游览所需的准备工作一同完成；若游客是入住酒店后再开始行程，此时的参观游览前的准备工作则要按照落实行程、物质准备、提前到达、集合登车的顺序依次进行。

知识链接

《旅游景区文明引导工作指南》中明确指出，要落实《旅游不文明行为记录管理暂行办法》，将违反法律法规或违背公序良俗，受到刑事处罚、行政处罚，或被司法机关、仲裁机构判决或裁决承担民事责任，或造成严重社会不良影响的行为，纳入“旅游不文明行为记录”。采取适当方式，对旅游不文明行为依法依规予以曝光。

引导游客遵守景区的相关规定，不仅是顺利完成旅游活动的重要保障，而且是地陪导游职责的重要体现。在游览景区时，除了要提醒游客注意游览安全、保管好自己的随身物品等共性提醒工作以外，面对不同类型景区，地陪导游在提醒注意事项时应该根据景区特点，把握提醒的侧重点，引导游客文明旅游。

1. 自然类型景区

自然类型景区的旅游资源多为不可再生旅游资源，因此，在带领游客游览如黄果树风景区、小七孔景区等自然类型景区时，应提醒游客保护自然环境。

2. 民俗风情类型景区

行程中如有民俗风情类型景区，比如西江千户苗寨、肇兴侗寨等，地陪导游一定要提醒游客入乡随俗，并告知当地的风俗禁忌。

3. 红色旅游景区

红色旅游作为一种以爱国主义和革命传统教育为宗旨的旅游产品，是爱国主义传承和革命传统教育的重要载体。因此，在游览红色旅游景区时，地陪导游应引导游客警惕娱乐化，反对低俗化，以庄严、肃穆之心敬重历史。同时，提醒游客遵守相关的法律规定，如《英雄烈士保护法》第二十七条指出，在英雄烈士纪念设施保护范围内从事有损纪念英雄烈士环境和氛围的活动的，纪念设施保护单位应当及时劝阻；不听劝阻的，由县级以上地方人民政府负责英雄烈士保护工作的部门、文物主管部门按照职责规定给予批评教育，责令改正；构成违反治安管理行为的，由公安机关依法给予治安管理处罚。第二十八条指出，被侵占、破坏、污损的纪念设施属于文物保护单位的，依照《中华人民共和国文物保护法》的规定处罚。

课后拓展

实训工单　准备工作

学院		专业	
姓名		学号	
一、接受工作任务			
地陪导游小陈接待来自菲律宾的“黄果树＋天眼四日游”旅行团，接待计划详见表 0–3，地陪导游小陈已经完成了前期的工作。接下来，她将带领游客前往景区游览，请结合前面所学，完成该团参观游览前的准备工作。			
二、知识拓展			
天眼景区游览注意事项： 1. 禁止携带手机、数码相机、平板电脑、笔记本电脑、充电宝、智能手环、对讲机、遥控器等一切电子产品。 2. 禁止携带打火机、火柴等易燃易爆物品。 3. 禁止携带水果刀、剪刀及其他违禁品。 （资料来源：黔南文旅公众号）			

续表

三、完成任务

1. 根据该入境旅行团的接待计划（表 0–3），请以小组为单位，分析该团参观游览前的准备工作落实事项及要点，并完成下表。

“黄果树 + 天眼四日游”准备工作落实事项及要点一览表

落实事项	落实要点	备注
房		
餐		
车		
游		
注意事项		

2. 以小组为单位，根据下表分配角色，并进行该团参观游览前的准备工作的模拟训练。

准备工作模拟训练角色分配

角色	人数	具体工作
地陪导游小陈	1	完成准备工作
司机马师傅	1	协助完成准备工作
游客	若干	与地陪导游对接参观游览的具体事宜
酒店前台接待员	1	与地陪导游对接酒店事宜

3. 根据实操训练内容和具体情况，评价采取自我评价、组内评价和教师评价相结合的评价方式，对所完成的“黄果树 + 天眼四日游”参观游览前的准备工作模拟训练做出相应评价。效果评价表详见下表。

准备工作模拟训练效果评价表

评价内容		评价等级（优、良、中、差）			备注
		自我评价	组内评价	教师评价	
知识技能评价	针对性				
	准确性				
	合理性				
	规范性				
情感态度评价	团队协作				
	职业价值				
	个人价值				
组长总结				综合等级	

评价等级参照标准：
①针对性——是否结合接待计划进行个性化分析
②准确性——接待过程是否完整，问题解决是否目的明确
③合理性——是否符合接待计划的实际情况
④规范性——是否符合地陪导游服务规范，所采取的相关措施是否具有可操作性
⑤团队协作——团队分工是否明确、合理
⑥职业价值——是否体现地陪导游职业道德与职业操守
⑦个人价值——是否传递积极、向上的价值导向

真题小测

（一）单选题

1. 旅行团抵达后，地陪导游组织旅游者集合登车，待旅游者坐定后，地陪导游要做的第一件事是（　　）。

A. 风光导游　　B. 清点人数　　C. 调整时间　　D. 致欢迎词

2. 为做好旅行团参观游览前的有关工作，地陪导游应至少提前（　　）分钟到达集合地点。

A. 5　　B. 10　　C. 15　　D. 20

3. 游览当天若需要更换酒店，地陪导游应至少提前（　　）分钟到达集合地点。

A. 5　　B. 10　　C. 20　　D. 30

（二）多选题

1. 地陪导游在带领旅游者游览息烽集中营革命历史纪念馆时，应做的提醒工作有（　　）。

A. 注意保管好自己的随身物品　　B. 禁止在纪念馆内嬉戏、打闹

C. 禁止拍照　　D. 尊重历史

2. 地陪导游应携带的物质资料有（　　）。

A. 旅游服务质量反馈表　　B. 导游资格证

C. 接站牌　　D. 接待计划（单）

E. 旅行团名单　　F. 餐饮结算单

G. 旅行团费用结算单

参考答案

任务二 去程服务

在前往景区的途中，旅游者是兴奋且满怀期待的。地陪导游应利用好赴景区途中的时间，介绍沿途风光，更好地激发旅游者的游兴，调动团队气氛，适时介绍即将要游览的景区，做好相应的提醒工作，为接下来的参观游览打好基础。

任务描述

地陪导游小陈带领“黄果树＋遵义＋西江四日游”23人旅行团正式开启游览行程，根据该团接待计划（表0-1），第一站将前往息烽集中营革命历史纪念馆，从贵阳黔灵大酒店到息烽集中营革命历史纪念馆有61千米，约50分钟车程，请问地陪导游小陈在这50分钟的去程中应提供哪些服务？

任务目标

1. 掌握去程服务的基本流程及服务要点。
2. 能够根据接待计划做好旅行团的去程服务。
3. 培养规范化服务与个性化服务相结合的职业能力。

任务实施

一、自我探索

观看精品课程“地陪导游业务实训”中“沿途风光导游”视频教学资料。

沿途风光导游

二、教学相长

（一）去程服务的重要性

地陪导游的去程服务对于整个旅游接待过程至关重要。它不仅关系到旅游者对旅游行程的满意度和旅游体验，还直接影响后续地陪导游工作的顺利开展。因此，地陪导游应高度重视去程服务工作，以专业的态度、周到的服务和应对突发情况的能力来赢得旅游者的信任和满意。

初探思考

地陪导游小王哪里做错了？

地陪导游小王根据“贵州五日游接待计划”，在带领游客前往肇兴侗寨的途中，为游客讲解了沿途的风光，通过唱歌、猜谜语等活动积极与游客互动，整个团队沉浸在欢乐的氛围中。小王本想在车上提醒游客游览景区的相关注意事项，但看到大家正高兴，觉得此时啰嗦会影响游客的游兴，想着下车再说也是一样的。车子一停，小王便和游客一起下车进行游览。可景区内人山人海，一下子便有游客脱离了大部队，由于没有告知集合时间，小王一路上不停地在与走失的游客联系，完全没有心思照顾其他游客，随团的游客也逐渐不满……

问题

请问，你从以上案例中得到什么启示？

分析

去程服务是为参观游览做好充分准备的重要一环。去程服务包括介绍沿途风光、活跃车内气氛、介绍景区概况、提醒注意事项。这几项工作少了任何一环，都将影响后续游览活动的顺利进行。因此，作为地陪导游，应根据行车时间的长短，有序地安排好去程服务，为接下来的参观游览打好基础。

启示

去程服务的内容是确定的，地陪导游应当根据实际情况的变化灵活地调整相关事宜，特别是提醒注意事项，一定要多次提醒，才能保证旅游活动的顺利进行。

（二）做好去程服务

1. 介绍沿途风光

（1）熟悉沿途概况，做好沿途讲解

在前往景区的途中，地陪导游应当介绍沿途的主要景物，并借机向旅游者介绍当地的风土人情、历史典故等，以加深旅游者对当地的了解。在讲解的过程中，要注意所见的景物与介绍要“同步”，并留意旅游者的反应，以便对景物做更为深入的讲解。

例如，根据“黄果树＋遵义＋西江四日游接待计划”（表 0–1），在前往息烽集中营革命历史纪念馆的途中会经过贵阳市云岩区、白云区、息烽县等区域，地陪导游可以对这几个地方的地理位置、风土人情等做大致的介绍，并对沿途的景区如黔灵山公园、甲秀楼等做讲解，加深旅游者对多彩贵州的了解。

（2）做好充足准备，回答旅游者问题

在讲解的过程中，随着讲解的深入，旅游者可能会提出各种各样的问题。为了有效回答旅游者的提问，地陪导游可以在准备时通过换位思考，假设自己是旅游者，会提出哪些问题、对哪些方面比较感兴趣。通过换位思考，来更好地理解旅游者心理，做好充足的准备，回答好旅游者的提问。

2. 活跃车内气氛

在长途旅程中，地陪导游可以根据旅游者的特点，适时地组织活动来调动气氛，让旅游者忘却旅途的辛劳，留下快乐的回忆。在旅游车上，地陪导游可通过讨论旅游者感兴趣的话题、组织唱歌、猜谜语、讲故事等娱乐活动，活跃团队气氛。

3. 介绍景区概况

景区游览是旅游活动的核心内容，在前往景区的途中，地陪导游应根据旅游者特点，适时介绍旅游景区，激发旅游者游览欲望，满足旅游者“见树先见林”的心理。介绍旅游景区应包含以下六个方面的内容。

（1）地理位置

首先对景区所处的地理位置、所属区域、相对位置及周边区域做适当介绍。

（2）历史沿革

通过梳理景区发展的脉络，介绍景区发展的重要历史节点，如名字由来、建立时间、景区等级确立时间、历史名人故事等，让旅游者了解景区的发展历史。

（3）艺术价值

景区的艺术价值重在突显景区的独特性，表现其独特地位。根据实际情况，介绍该景区某景点在同类型景点中独树一帜的特点，如介绍这是世界或中国“最大……”“最高……”“最古老……”“最小……”“最长……”等，突显其独特性。

（4）形成原因

用简练的语言大致介绍景区的形成原因，如果形成原因专业性较强，还需要考虑旅游者的文化层次，地陪导游应进一步进行总结、凝练，将复杂、抽象的知识转化为生动、有趣的科普。

（5）景区特色

在赴景区途中，地陪导游要对景区的构成、景区的游览线路做相应的介绍，激起旅游者的游玩兴致，要让旅游者明白“去哪游、游什么、怎么游”。

（6）旅游者感兴趣的其他内容

通过对旅游者的了解，根据其可能感兴趣的视角进行景区介绍。激发旅游者游兴，让旅游者对即将要游览的景区充满期待。

4. 提醒注意事项

如何交代好游览中的注意事项，须了解提醒的时间、内容及技巧。

（1）提醒的时间

通过前文“初探思考”的启示，提醒工作一定要在到达景区的途中进行。提醒工作必不可少，在途中地陪导游可做 3 次提醒。第一次是在车上，根据提醒的具体内容，做完提醒后还剩大约 20 分钟车程到达景区是最好的时机。提醒得太早，旅游者可能会忘；提醒太迟，离目的地越近，旅游者心情越激动，此时的提醒效果会大打折扣。第二次提醒是在下车准备游览之前，地陪导游应当再次提醒，强调重点内容，加深旅游者印象。第三次提醒，应当在抵达后，对照景区导览图，再次强调。在正确的时间做正确的提醒，才能保证游览工作的顺利进行。

（2）提醒的内容

①上车的时间、地点，特别是下车和上车不在同一地点时，更应该多次强调，做好提醒，其次是车身的颜色、车牌号等，以免旅游者上错车。

②到达景区后，即使旅游者游兴正盛，也不能立刻组织游览活动。地陪导游应当在景区

导览图前，以导游旗进行指示，对照导览图，再次强调游览路线，重申当日活动安排、集合时间、地点等。

③其他注意事项，特别是景区的规定，一定要提前告知旅游者。如游览黄果树景区等自然景区，应当提醒旅游者保护自然资源，不要用手触摸石笋、钟乳石等，做环境友好型旅游者；如游览西江千户苗寨等人文风景区，地陪导游应当提醒旅游者遵守当地的风俗，入乡随俗，不要在吊脚楼内吸烟、禁止触摸铜鼓等，以免在游览途中引起误会，影响旅游体验；如游览遵义会议会址等红色旅游景区时，则应提醒旅游者保持肃穆，禁止大声喧哗等。地陪导游应当根据不同的旅游目的地的要求、风俗、特点等，积极引导旅游者，争做新时代的文明旅游者。

(3) 提醒的技巧

地陪导游应做好三次不同时间和三大不同内容的提醒工作，如果不注意提醒方式，就会显得唠叨，让旅游者厌烦。如何用喜闻乐见的方式做好提醒工作呢？

一是切忌命令：地陪导游与旅游者是服务者与被服务者的关系，地陪导游是为旅游者提供服务的，因此，即使是带有强制性的要求，如景区内不能吸烟、不能拍照等，地陪导游也应当是耐心地提醒旅游者，而不是以命令的口气做要求。二是灵活提醒：提醒的内容多且杂，地陪导游应当结合工作实际，认真思考工作方法，采用灵活的方式做好提醒工作。如提醒旅游者记好车牌号，单靠地陪导游告知车牌号，旅游者不一定能够完全记住，如何采用一种更为灵活的方式？可以在介绍旅行团时，将旅行团的团号以车牌号命名，如车牌号为贵AT1234，就把旅行团命名为“1234 团”，车牌号也就被记住了。

做一做 介绍景区概况

根据“黄果树＋遵义＋西江四日游接待计划”（表 0–1），进行介绍景区概况模拟训练。

参考范例

模拟实训

（一）实训内容

散拼团的去程服务。

（二）实训目标

1. 掌握包团和散拼团去程服务的异同。
2. 能够完成散拼团的去程服务。

（三）实训步骤

1. 任务描述

地陪导游小陈接待了“小七孔＋西江两日游”散拼团，即将进行参观游览，请问她该如何做好去程服务？

2. 任务分析

根据该团接待计划（表 0-2），此次行程是在完成接站后直接进行游览。因此，此团的参观游览去程服务应与前期的首次沿途导游相结合，在进行首次沿途导游讲解后，便要开始进行参观游览的去程服务。

3. 任务实施

根据“小七孔 + 西江两日游接待计划”（表 0-2），完成表 6-6。参考表 6-7 进行角色分配，以小组为单位进行“小七孔 + 西江两日游”去程服务模拟训练。

表 6-6　　小七孔 + 西江两日游去程服务落实事项及要点一览表

落实事项	落实要点
介绍沿途风光	
活跃车内气氛	
介绍景区概况	
提醒注意事项	

参考答案

表 6-7　　去程服务模拟训练角色分配

角色	人数	具体工作
地陪导游小陈	1	完成去程服务
司机马师傅	1	协助地陪导游完成去程服务
游客	若干	配合完成去程服务

4. 任务评价

根据实操训练内容和具体情况，评价采取自我评价、组内评价和教师评价相结合的评价方式，对所完成的“小七孔 + 西江两日游”去程服务模拟训练做出相应评价。效果评价表详见表 6-8。

表 6-8　　去程服务模拟训练效果评价表

评价内容		评价等级（优、良、中、差）			备注
		自我评价	组内评价	教师评价	
知识技能评价	针对性				
	准确性				
	合理性				
	规范性				

续表

评价内容		评价等级（优、良、中、差）			备注
		自我评价	组内评价	教师评价	
情感态度评价	团队协作				
	职业价值				
	个人价值				
组长总结				综合等级	

评价等级参照标准：
①针对性——是否结合接待计划进行个性化分析
②准确性——接待过程是否完整，问题解决是否目的明确
③合理性——是否符合接待计划的实际情况
④规范性——是否符合地陪导游服务规范，所采取的相关措施是否具有可操作性
⑤团队协作——团队分工是否明确、合理
⑥职业价值——是否体现地陪导游职业道德与职业操守
⑦个人价值——是否传递积极、向上的价值导向

5. 提升锦囊

地陪导游在提供参观游览的去程服务中应根据行程做好沿途风光介绍、活跃车内气氛、介绍景区概况、提醒注意事项。若接站地点距离游览目的地较远，可以适当开展车内活动，活跃气氛。如此次“小七孔＋西江两日游”行程，从贵阳集合点到达小七孔景区，行车时间较长，因此，在途中可适当开展车内活动，以唱歌、猜谜语等方式活跃气氛。若出发地点距离游览目的地较近，地陪导游应根据实际情况调整内容，保证游览活动开心、顺利地进行。

知识链接

西江千户苗寨，位于贵州省黔东南苗族侗族自治州雷山县西江镇南贵村，距雷山县城25千米，距黔东南州州府33千米，由十余个依山而建的自然村寨相连成片，四面环山，梯田依山顺势直连云天，白水河穿寨而过，将苗寨一分为二。

西江千户苗寨在半山建造独具特色的木结构吊脚楼，千余户吊脚楼随着地形起伏变化、层峦叠嶂。西江千户苗寨主要景点有西江苗族博物馆、酿酒坊、刺绣坊、蜡染坊、银饰坊、观景台、噶歌古道、田园观光区等。西江千户苗寨是一座露天博物馆，是一部展览着苗族发展的史诗，成为观赏和研究苗族传统文化的大看台。

1992年，西江千户苗寨被列为贵州省省级文物保护单位。2005年，西江千户苗寨吊脚楼被列入首批国家级非物质文化遗产名录。西江千户苗寨为4A级旅游景区。

（资料来源：西江千户苗寨官网）

课后拓展

实训工单　去程服务

学院		专业	
姓名		学号	

一、接受工作任务

地陪导游小陈接待一个来自菲律宾的“黄果树＋天眼四日游”旅行团，请根据“黄果树＋天眼四日游接待计划”（表 0–3），结合前面所学，完成该团的去程服务模拟训练。

二、知识拓展

1. 安顺市

安顺，寓意“国泰民安、风调雨顺”，拥有“中国瀑乡”“屯堡文化之乡”“西部之秀”的美誉，现辖西秀区、平坝区、普定县、镇宁布依族苗族自治县、关岭布依族苗族自治县、紫云苗族布依族自治县 6 个县区，全市面积 9228 平方千米，总人口约 300 万人，少数民族人口占总人口的 41.9%。

安顺市区位优越、交通便捷。素有“黔之腹、滇之喉、蜀粤之唇齿”之称，是黔中经济区重要增长极、黔中城市群重要中心城市。全市风景区面积占辖区面积的 12% 以上，是国家最早确定的甲类旅游开放城市之一，有中国优秀旅游城市、中国最美丽城市、中国十大特色休闲城市、中国十大秀美之城的美称。安顺市拥有黄果树、龙宫 2 个 5A 级景区和 14 个 4A 级景区，32 个 3A 级景区。空气质量优良率常年保持在 99% 以上；夏季平均气温 21℃，是中国最佳适宜居住城市、中国最佳避暑旅游城市之一。

（资料来源：安顺市人民政府官网）

2. 平塘县

平塘县地处贵州省南部，隶属黔南布依族苗族自治州，享有“中国天眼之城”美誉。500 米口径球面射电望远镜（FAST）成功落户平塘县克度镇，并于 2016 年 9 月 25 日落成启用，习近平总书记发来贺信并将其誉为“中国天眼”。作为世界最大的单口径射电望远镜，“中国天眼”将在未来 20 ~ 30 年保持世界领先水平。2022 年，国家天文台“FAST”数据处理中心项目在平塘县落地建设，平塘县日渐成为天文学研究的国际开放门户、全球重要的射电天文学术交流中心、国际天文科普研学基地和科技成果转化基地。

平塘是珠江上游重要的生态屏障，属中亚热带季风湿润气候区，是大自然造就的天然氧吧和地质公园。平塘县拥有享誉海内外的天文奇观、地质奇观和桥梁奇观；有 600 多年文化传承历史的牙舟陶烧制技艺，同毛南族打猴鼓舞荣列国家级非物质文化遗产名录。

（资料来源：天塘县人民政府官网）

三、完成任务

1. 根据“黄果树＋天眼四日游接待计划”（表 0–3），请以小组为单位分析去程服务落实事项及要点，并完成下表。

去程服务落实事项及要点一览表

落实事项	落实要点
介绍沿途风光	
活跃车内气氛	
介绍景区概况	
提醒注意事项	

2. 以小组为单位，根据下表进行角色分配，并分组进行去程服务模拟训练。

去程服务模拟训练角色分配

角色	人数	具体工作
地陪导游小陈	1	完成去程服务
司机马师傅	1	协助地陪导游完成去程服务
游客	若干	配合完成去程服务

续表

3. 根据实操训练内容和具体情况，评价采取自我评价、组内评价和教师评价相结合的评价方式，对所完成的“黄果树＋天眼四日游”去程服务模拟训练做出相应评价。效果评价表详见下表。

去程服务模拟训练效果评价表

评价内容		评价等级（优、良、中、差）			备注
		自我评价	组内评价	教师评价	
知识技能评价	针对性				
	准确性				
	合理性				
	规范性				
情感态度评价	团队协作				
	职业价值				
	个人价值				
组长总结				综合等级	

评价等级参照标准：
①针对性——是否结合接待计划进行个性化分析
②准确性——接待过程是否完整，问题解决是否目的明确
③合理性——是否符合接待计划的实际情况
④规范性——是否符合地陪导游服务规范，所采取的相关措施是否具有可操作性
⑤团队协作——团队分工是否明确、合理
⑥职业价值——是否体现地陪导游职业道德与职业操守
⑦个人价值——是否传递积极、向上的价值导向

真题小测

（一）单选题

1. 地陪导游的讲解要从旅游者的实际出发，如从旅游者的（　　）出发。
A. 社会阶层　　B. 文化层次　　C. 职业类型　　D. 身份地位

2. 游览遵义会议会址与游览小七孔景区的提醒注意事项不同的是（　　）。
A. 注意游览时间与集合时间　　B. 保持肃穆，禁止大声喧哗
C. 不随地吐痰，不乱扔垃圾　　D. 尊重当地文化风俗

（二）多选题

1. 游览西江千户苗寨，地陪导游应提醒的注意事项有（　　）。
A. 禁止随意触摸铜鼓　　B. 尊重当地文化风俗
C. 不在吊脚楼内吸烟　　D. 做文明旅游者

2. 介绍旅游景区可以从以下哪些方面进行？（　　）
A. 地理位置　　B. 形成原因　　C. 历史沿革　　D. 艺术价值
E. 旅游者感兴趣的其他内容　　F. 景区特色

3. 去程服务的内容包括（　　）。

A. 介绍沿途风光　　B. 活跃车内气氛　　C. 介绍景区概况　　D. 提醒注意事项

4. 关于去程服务以下说法错误的是哪项？（　　）

A. 为避免旅游者觉得厌烦，地陪导游在提醒注意事项时应越简单越好

B. 地陪导游提供去程服务时应对景区进行详尽的介绍

C. 提醒的注意事项应当包含游览的时间、集合的时间和地点、景区相关规定等

D. 为了满足旅游者初到一地的期待感，地陪导游应对沿途的风光进行大致的介绍，满足旅游者的求知欲

参考答案

任务三　景点讲解

"专心致志，以事其业"。作为旅游活动中的核心内容，参观游览中的景点讲解直接影响旅游者的旅游体验，同时也是衡量地陪导游水平高低的重要标准。景点讲解能够宣传景点文化，提升景点内涵，而地陪导游讲解的好坏也直接影响着景点的形象。作为旅游者"美"的向导，地陪导游应将"美"的信息传递给旅游者，引导旅游者观赏美、感受美。

任务描述

地陪导游小陈带领"黄果树＋遵义＋西江四日游"23人旅行团正式开启游览行程，根据接待计划（表0-1），第一天游览的息烽集中营革命历史纪念馆、遵义会议会址都有景点讲解员，但后面的行程需要小陈自行讲解。在游览过程中，小陈应该如何用语言将黄果树大瀑布的壮美展现给游客呢？

任务目标

1. 掌握景点讲解的原则、要求及方法。
2. 能够根据接待计划做好景点讲解。
3. 提升地陪导游职业能力与素养。

任务实施

一、自我探索

扫码观看精品课程“地陪导游业务实训”中“导游的讲解技能”视频教学资料。

导游的讲解技能

二、教学相长

(一) 讲解的原则

1. 客观性原则

客观性原则是指讲解要以客观现实为依据，在客观现实的基础上进行意境的再创造。在讲解中，无论采用何种方式或技巧，都必须以客观现实为依托，必须建立在自然界或人类的某种客观现实的基础上。

比如，在带领“黄果树＋遵义＋西江四日游”23 人旅行团游览遵义会议会址时，就要紧贴史实，根据对遵义会议真实情景的描述，让旅游者身临其境，尊重历史。

2. 针对性原则

针对性是指从旅游者的实际情况出发，因人而异、有的放矢地进行讲解。旅游者来自四面八方，审美情趣各不相同，因此，地陪导游要根据不同旅游者的具体情况，在讲解内容、语言运用、讲解方法上有所区别。通俗地讲，就是“看人说话，投其所好”，选择旅游者感兴趣的内容进行有针对性的讲解。

针对“黄果树＋遵义＋西江四日游”23 人旅行团，旅游者为一般的团队，在游览黄果树大瀑布时，地陪导游应重点讲解美景。如果带领的是研学旅行团，应当着重讲解瀑布的成因、喀斯特地貌等知识，而带一般的团队，对这些专业性较强的知识做过多介绍，可能会引起旅游者的反感。

初探思考

小张感到很挫败

地陪导游小张接到了“黄果树一日游”旅行团，该旅行团为全国散拼团。为了做好导游讲解工作，小张做了很多准备工作，包括对黄果树大瀑布的形成原因、地质构造等都做了比较充分的准备。但在游览过程中，小张发现该团的游客对于瀑布形成原因、地质构造等并不感兴趣。小张感到很挫败。

问题

请问，你从以上案例中得到了什么启示?

分析

该“黄果树一日游”旅行团，为一般的团队，在游览黄果树大瀑布时，地陪导游应重点讲解景区的美景，对这些专业性较强的知识做过多介绍，可能会引起游客的反感。

启示

地陪导游小张为了能够做好讲解服务，进行了充分的知识准备，这是值得鼓励的。讲解是地陪导游的重要职业技能，优秀的讲解能够让游客拥有不一样的旅游体验。想要做好讲解服务，光是做好准备还不够，还要根据游客的特点、场景的变换灵活调整讲解内容。

3. 计划性原则

计划性原则要求地陪导游在面对特定的工作对象和处于特定的时空条件下能够发挥主观能动性，科学地安排旅游者的活动日程，有计划地进行讲解。一方面，地陪导游按计划在进行旅游活动时，要科学地分配各景点的参观游览时间；另一方面，地陪导游应当根据旅游者的具体情况合理地安排在某景点的活动时间，选择最佳的游览线路，讲解内容根据旅游者情况做适当取舍。

4. 灵活性原则

灵活性原则是指讲解要因人而异、因时制宜、因地制宜。计划赶不上变化，计划完美的旅游活动也可能会受天气、季节、交通等因素的影响，无法完全实现“最佳线路”“最佳时间”。因此，地陪导游在讲解时也要根据旅游者的具体情况及客观现实情况，灵活地运用导游知识，采用切合实际的讲解方法。

做一做 1　不同情景的讲解

根据“黄果树 + 遵义 + 西江四日游接待计划”（表 0–1），分别模拟在雨天、晴天游览黄果树大瀑布时的讲解。

参考答案

（二）讲解的要求

1. 言之友好

“有朋自远方来，不亦乐乎”“能够认识大家是我的荣幸”“很高兴能够和大家相聚在多彩贵州”，地陪导游在讲解时的用词、声调、语气、态势语言等都应当表现出友好的情感。

2. 言之有物

地陪导游在讲解时要有具体的指向，不能空洞无物，讲解资料应当突出景点特色，简洁而充分，做到细致讲解，千万不要东拉西扯，满嘴空话、套话。

3. 言之有据

言之有据是讲解原则中提到的“客观性原则”的体现，要求地陪导游在讲解时要根据客观事实进行讲解，切忌胡编乱造。

4. 言之有趣

旅游是一场体验美的旅程，讲解亦是如此。生动形象、幽默风趣的讲解能够让旅游者获得美好的体验，但同时也要注意，幽默风趣要自然贴切，绝不可牵强附会，切忌强行幽默。

5. 言之有神

讲解应尽量突出景点的文化内涵，使旅游者领略其中的神韵；同时，在讲解的过程中，也要注意旅游者的神情变化，如旅游者的眼神是否游离、旅游者是否感兴趣等，根据旅游者的神情状态及时调整讲解内容。

6. 言之有力

地陪导游在讲解时要正确掌握语音、语气和语调，既要有鲜明生动的语言，又要注意语言的音乐性和节奏感，在强调重点内容时，要加大音量，增强声音的力度。

7. 言之有情

地陪导游要善于通过自己的语言、表情、神态等传情达意。讲解时，要既有激情和热情，又有温情和友情。

8. 言之有礼

讲解的用语、动作、行为等要文雅、谦逊，一切以让旅游者获得美的享受为出发点。

（三）讲解的方法

1. 概述法

概述法是地陪导游就旅游城市或景点的地理、历史、社会、经济等情况向旅游者进行概括性的介绍，使其对即将参观游览的城市或景点有一个大致了解和轮廓性认识的讲解方法。

这种方法多用于地陪导游接到旅行团后坐车前往下榻酒店的首次沿途导游中，也适用于游览较大的景点之前。概述法就像是交响乐中的序曲，能引导旅游者进入特定的旅游意境，初步领略游览地的奥秘。

2. 分段讲解法

分段讲解法就是对那些规模较大、内容较丰富的景点，地陪导游将若干部分来逐段进行讲解的讲解方法。

地陪导游可首先在前往景点的途中或在景点入口处的导览图前介绍景点概况（历史沿革、占地面积、主要景观名称、观赏价值等），使旅游者对即将游览的景点有个初步的印象，达到“见树先见林”的效果；然后地陪导游带团按照顺序进行游览，并进行讲解。在讲解某一部分时，不要过多涉及下一部分的景物，要让旅游者对下一部分的景物充满期待，并使讲解环环相扣、景景相连。

做一做 2　掌握概述法和分段讲解法

根据“黄果树 + 遵义 + 西江四日游接待计划”（表 0–1），用概述法和分段讲解法对黄果树景区的三个景点进行介绍。

参考范例

3. 突出重点法

突出重点法是指在讲解中并非面面俱到，而是突出某一方面的讲解方法。一处景点要讲解的内容很多，地陪导游必须根据不同的时空条件和对象区别对待，有的放矢地做到轻重搭配、重点突出，详略得当、疏密有致。讲解时一般要突出以下四个方面：

一是突出景点的独特之处。地陪导游在讲解时必须讲清景点的特征及其与众不同之处，尤其在同一次旅游活动中参观多处类似景点时，更要突出介绍其特征。如同样是瀑布，在介绍陡坡塘瀑布时要抓住其“宽”“吼”“西游记拍摄地”三个特征，在介绍黄果树大瀑布时则强调其“高”“中国第一大”“多角度观赏”等独特之处，让旅游者觉得不虚此行。

二是要突出具有代表性的景点。游览规模较大的景区，地陪导游必须先确定好重点景点。比如，在黄果树景区，旅游者最想看到的就是最具代表性的黄果树大瀑布，地陪导游在介绍的时候，也可以适当地多向旅游者介绍黄果树大瀑布，满足旅游者的好奇心。

三是突出旅游者感兴趣的内容。旅游者的兴趣爱好各不相同，但从事同一职业、属于同一文化层次的人往往有共同的爱好。地陪导游在研究旅行团的资料时要注意旅游者的职业和文化层次，以便在游览时重点讲解旅行团内大多数成员感兴趣的内容。

例如，同样是游览黄果树景区，若旅游者对地质感兴趣，地陪导游应重点介绍黄果树大瀑布的形成原因，将地质知识与景点介绍融合起来；如果旅游者是一般的观光游客，地陪导游在介绍的时候应重点介绍黄果树景区的特色景点，突出景物的观赏性与生动性。

四是突出“之最”。面对景点，地陪导游可根据实际情况，介绍这是世界或中国最大（最长、最古老、最高、最小）的某种景物，通过“最”来突显景点独一无二的地位，从而吸引旅游者的兴趣。

例如介绍黄果树大瀑布时，地陪导游可以这么说：黄果树大瀑布是中国第一大瀑布，也是世界第三大瀑布，是唯一一个可以从上、下、左、右、前、后六个方位进行观赏的瀑布。通过“第一”“第三”“唯一”等，来突显黄果树大瀑布的独特性。

4. 问答法

问答法是指讲解时，地陪导游向旅游者提出问题或启发他们提出问题的讲解方法。使用问答法的目的是活跃游览气氛，激发旅游者的想象，使旅游者和地陪导游之间产生思想交流，让旅游者获得参与感、享受自我成就感。问答法包括自问自答法、我问客答法、客问我答法和客问客答法四种形式。

自问自答法就是地陪导游自己提出问题，并做适当停顿，让旅游者猜想，但并不期待他们的回答，只是为了吸引他们的注意力，促使他们思考，激发他们的兴趣，然后做简洁明了的回答或生动形象的介绍，还可以借题发挥，给旅游者留下深刻的印象。

我问客答法就是要诱导旅游者回答，但不要强迫回答，无论旅游者的答案对错，地陪导游都不应打断，更不能笑话。最后由地陪导游的讲解引出更多、更广的话题。

客问我答法是指旅游者针对游览内容主动提出问题，地陪导游根据问题进行解答。一般情况下，旅游者提出的问题大多与景点相关，为了避免出现无法回答的情况，地陪导游应在游览前针对景点做好充分的知识准备。

客问客答法是指地陪导游对旅游者提出的问题并不直截了当地回答，而是有意识地请其他旅游者来回答问题，也称为“借花献佛法”。这种方法适于在为“专业团”讲解专业性较强的内容时使用。如果发现旅游者回答问题时所讲的内容有所偏差或有不足之处，地陪导游也要见机行事，适当指出，但同时也要注意保护旅游者的自尊心。

5. 虚实结合法点

虚实结合法就是在讲解中将典故、传说与景点介绍有机结合，即编织故事情节的讲解方法。“实”指的是景点的实体、实物、史实、艺术价值等，“虚”指的是与景点有关的民间传说、神话故事、趣闻轶事等。“虚”与“实”应有机结合，但以“实”为主，“虚”为辅，以“虚”烘托情节，加深“实”的存在。

6. 触景生情法

触景生情法是指在讲解中见物生情、借题发挥的一种讲解方法。在讲解时，地陪导游不能就事论事地介绍景物，而是要“借题发挥”，利用所见景物制造意境，引人入胜，使旅游者产生联想，从而领略其中的妙趣。同时，在运用触景生情法时，要求讲解内容与所见景物要和谐统一，真正达到情景交融，赋予静态的景物以灵动之美。

例如，在带领旅游者游览遵义会议会址时，地陪导游在介绍会址的主体建筑时，便可以触景生情，联想当年开会时的情景，毛泽东在会上精彩的发言，阐述了中国革命战争的战略战术问题和今后在军事上应采取的方针……以会址之景触发情感，再现遵义会议精神。

7. 制造悬念法

制造悬念法是指地陪导游在讲解时，提出令人感兴趣的话题，但故意引而不发，激起旅游者急于知道答案的欲望，使其产生悬念的讲解方法，俗称“吊胃口”“卖关子”。

8. 类比法

类比法是指在讲解的过程中，以熟喻生，以达到类比旁通的一种讲解方法。地陪导游用旅游者熟悉的事物与眼前的陌生景物进行比较，以便旅游者理解。用熟悉的事物来比较，也能够让旅游者产生亲切感，从而达到事半功倍的效果。类比法可分为以下两种：

第一种是同类相似类比。这种类比方法是将相似的两个事物进行比较，便于旅游者理解并使其产生亲切感。例如，在讲到甲秀楼在贵阳的地位时，可以这么说：甲秀楼在贵阳的地位，相当于黄鹤楼之于武汉、大观楼之于昆明、望江楼之于成都。通过旅游者熟悉的黄鹤楼、大观楼、望江楼，让旅游者立马就明确了甲秀楼在贵阳的地位。

第二种是同类相异类比。这种类比方法是将两种同类但又有明显差异的风物进行比较，比出规模、质量、风格、水平、价值等方面的不同，加深旅游者的印象。如同样都是苗族，不同苗族支系的习俗会存在差异，为了让旅游者更好地理解西江苗族支系的特点，可以将此苗族与湘西苗族进行对比，使旅游者更好地理解西江苗族特点。

9. 妙用数字法

妙用数字法是指在讲解中巧妙地运用数字来说明景点内容，让旅游者更好地了解景点的一种讲解方法。讲解中离不开数字，数字是帮助地陪导游精确地说明景物的历史、年代、形状、大小、角度、功能、特性等内容的重要手段之一。数字的使用必须恰当、得法，如果运用得当，就会使平淡的数字焕发光彩，反之则会让人觉得索然无味。运用数字忌讳平铺直叙，大量枯燥的数字堆砌在一起可能会让旅游者感到厌烦，因此运用数字要讲究“妙用”。

10. 画龙点睛法

画龙点睛法是指地陪导游用凝练的词句概括所游览景点的独特之处，给旅游者留下深刻印象的讲解方法。旅游者听了讲解，观赏了景观，既看到了“林”，又欣赏了“树”，一般都会有一番讨论，地陪导游可以趁机给予适当的总结，以简练的语言，甚至几个字，点出景物精华之所在，帮助旅游者进一步领略其中奥妙，获得更多、更高的精神享受。

例如，旅行团游览完黄果树大瀑布后，可以用“壮观”“神奇”“大自然的鬼斧神工”来赞美，游览完遵义会议会址后，可以用“庄严”“厚重感”“奇迹”等关键词来总结。

模拟实训

(一) 实训内容

根据景点特点，结合游客特点，使用不少于三种讲解方法创作讲解词，完成“小七孔 + 西江两日游”的景点讲解。

(二) 实训目标

能够针对接待计划运用不同讲解方法有针对性地完成讲解。

掌握自然资源类型景点和人文资源类型景点的讲解要点。

(三) 实训步骤

1. 任务描述

地陪导游小陈接待了“小七孔 + 西江两日游”散拼团，即将进行景点游览，请问她该如何做好讲解？

2. 任务分析

根据“小七孔 + 西江两日游接待计划”（表 0-2），此次散拼团的游览景区分别是小七孔景区和西江千户苗寨。在进行讲解时，要先分析景点特点，选择合适的讲解方法进行讲解。不难发现，此次行程的两个景点一个是以自然资源为主，一个是以人文资源为主。

以自然资源为主的景点，讲解重点在于自然风光，将自然景物的美用生动的语言给予再现，可运用多种讲解方法进行讲解，如运用虚实结合法，将自然美景与民间传说、奇闻逸事结合起来，实现自然与人文的双重体验；运用画龙点睛法将各个景点的特点进行概括，加深游客对景点的印象等。以人文资源为主的景点如西江千户苗寨，则可以更多地展示人类生活的丰富性与独特性，可运用概述法讲述苗族的历史脉络，运用重点突出法，突出西江千户苗寨的唯一性与独特性，运用制造悬念法，如“世界上最大的苗寨为什么会在西江”等问题来引起游客的兴趣。

3. 任务实施

结合所学知识，根据景点实际，结合游客特点，使用不少于三种讲解方法创作景点讲解词，按照“小七孔 + 西江两日游接待计划”（表 0-2），分析“小七孔 + 西江两日游”景点讲解要点，完成表 6-9，以小组为单位，轮流进行“小七孔 + 西江两日游”景点讲解模拟训练。

表 6-9　　　　“小七孔 + 西江两日游”景点讲解

讲解方法	小七孔讲解要点	西江千户苗寨讲解要点

参考答案

4. 任务评价

根据实操训练内容和具体情况，评价采取自我评价、组内评价和教师评价相结合的评价方式，对所完成的“小七孔 + 西江两日游”景点讲解模拟训练做出相应评价。效果评价表详见表 6-10。

表 6-10　　　　景点讲解模拟训练效果评价表

评价内容		评价等级（优、良、中、差）			备注
		自我评价	组内评价	教师评价	
知识技能评价	针对性				
	准确性				
	合理性				
	规范性				
情感态度评价	团队协作				
	职业价值				
	个人价值				
组长总结				综合等级	

评价等级参照标准：
①针对性——是否结合接待计划进行个性化分析
②准确性——接待过程是否完整，问题解决是否目的明确
③合理性——是否符合接待计划的实际情况
④规范性——是否符合地陪导游服务规范，所采取的相关措施是否具有可操作性
⑤团队协作——团队分工是否明确、合理
⑥职业价值——是否体现地陪导游职业道德与职业操守
⑦个人价值——是否传递积极、向上的价值导向

5. 提升锦囊

讲解的注意事项如下：

(1) 讲解要繁简适度；讲解语言应准确易懂，并富有感染力；吐字应清晰。

(2) 要努力做到讲解的活跃生动，做好讲解与引导游览的有机结合。

(3) 要针对不同游客的需要，因人施讲，并对游客中的老幼病孕和其他弱势群体给予合理关照。

(4) 在讲解过程中，应自始至终与游客一起活动；注意随时清点人数，以防游客走失；注意游客的安全，随时做好安全提示，以防意外事故发生。

(5) 要安排并控制好讲解时间，以免影响游客的原有行程。

(6) 讲解要自始至终使用文明语言；回答问题要耐心、和气、诚恳；不冷落、顶撞或轰赶游客；不与游客发生争执或矛盾。

(7) 如在讲解进程中发生意外情况，则应及时联络景区有关部门，以尽快得到妥善处理或解决。

讲解的常用方法还有很多，如点面结合法、引人入胜法、启示联想法、谜语竞猜法、知识渗透法等，它们都是在导游工作实践中提炼、总结出来的。在具体工作中，各种导游方法也不是孤立的，而是相互依存、相互渗透的。在学习众家之长的同时，还应结合自己的特点融会贯通，在实践中形成自己的讲解风格和讲解方法，并视具体的时空条件和对象，灵活、熟练地运用，这样才能获得良好的讲解效果。

知识链接

地陪导游讲解可参考《旅游景区讲解服务规范》(LB/T 014-2011)，提升讲解水平。

如讲解内容的选取原则如下：

(1) 有关景区内容的讲解，应有景区一致的总体要求；

(2) 内容的取舍应以科学性和真实性为原则；

(3) 民间传说应有故事来源的历史传承，任何景区和个人均不得为了景区经营而随意编造；

(4) 有关景区内容的讲解应力避同音异义词语造成的歧义；

(5) 使用文言文时需注意游客对象；需要使用时，宜以大众化语言给以补充解释；

(6) 对历史人物或事件，应充分尊重历史的原貌；如遇尚存争议的科学原理或人物、事件，则宜选用中性词语加以表达；

(7) 讲解内容如系引据他人此前研究成果，应在解说中给以适度的说明，以利于游客今后的使用和知识产权的保护；

(8) 景区管理部门应积极创造条件，邀请有关专家实现对讲解词框架和主体内容的科学审定。

课后拓展

实训工单　景点讲解

学院		专业	
姓名		学号	
一、接受工作任务			
地陪导游小陈接待来自菲律宾的“黄果树＋天眼四日游”外宾团，根据该团接待计划（表 0-3），请结合前面所学，任选其中一个景点，使用不少于三种讲解方法，完成该团的景点讲解。			
二、知识拓展			
在为外宾团提供景点讲解时，除了要符合讲解的原则，达到讲解的要求外，更为重要的是注意把握好讲解的尺度。一方面，做好宣传优美风光、优秀文化的宣传大使工作；另一方面，在讲解时尽量避免政治、宗教等敏感话题，不卑不亢，做好国家形象的维护大使。			

续表

三、完成任务

1. 根据该入境旅行团的接待计划（表 0–3），任选一景点，采用不少于三种讲解方法进行该团的景点讲解模拟训练，在下图中撰写相应的讲解词。

“黄果树 + 天眼四日游”景点讲解

2. 根据实操训练内容和具体情况，评价采取自我评价、组内评价和教师评价相结合的评价方式，对所完成的“黄果树 + 天眼四日游”景点讲解模拟训练做出相应评价。效果评价表详见下表。

景点讲解模拟训练效果评价表

评价内容		评价等级（优、良、中、差）			备注
		自我评价	组内评价	教师评价	
知识技能评价	针对性				
	准确性				
	合理性				
	规范性				
情感态度评价	团队协作				
	职业价值				
	个人价值				
组长总结				综合等级	

评价等级参照标准：
①针对性——是否结合接待计划进行个性化分析
②准确性——接待过程是否完整，问题解决是否目的明确
③合理性——是否符合接待计划的实际情况
④规范性——是否符合地陪导游服务规范，所采取的相关措施是否具有可操作性
⑤团队协作——团队分工是否明确、合理
⑥职业价值——是否体现地陪导游职业道德与职业操守
⑦个人价值——是否传递积极、向上的价值导向

真题小测

（一）单选题

1. 地陪导游带领旅游者参观游览云冈石窟时，主要是参观第五、六窟及五华洞和昙曜五窟。这是突出重点法中的（　　）。

A. 突出景点的独特之处　　B. 突出具有代表性的景观

C. 突出旅游者感兴趣的内容　　D. 突出“……之最”

2. 在旅游大巴车快要到达游览景点时，可以使用（　　），将景点的最重要价值及最独特之处向旅游者进行讲解，以激发旅游者对该景区的游览兴趣。

A. 概括法　　B. 触景生情法　　C. 突出重点法　　D. 问答法

3. 在讲解中，若地陪导游采用“我问客答法”，除了所提问题要恰当之外，还应在旅游者回答时做（　　）。

A. 适当停顿　　B. 适当劝导　　C. 适当引导　　D. 适当督导

4. 讲解古建筑采用的“虚实结合法”中的“实”指的是古建筑的（　　）。

A. 历史沿革、名人轶事　　B. 建筑布局、风格特点

C. 形状结构、古今传说　　D. 神话故事、主要用途

5. 游览颐和园后，地陪导游可用“抑、透、添、夹、对、借、障、框、漏”九个字概括，并帮助旅游者回忆在颐和园中所见到的相应景观，这种方法是（　　）。

A. 画龙点睛法　　B. 妙用数字法　　C. 类比法　　D. 触景生情法

6. “吊胃口”“卖关子”的手法，会给旅游者留下特别深刻的印象，这种方法是（　　）

A. 画龙点睛法　　B. 妙用数字法　　C. 制造悬念法　　D. 触景生情法

（二）多选题

1. 突出重点的讲解方法要求地陪导游在讲解中要注重突出（　　）。

A. 景点中具有代表性的景观　　B. 景点的独特之处

C. 景点的实用性和科学性　　D. 旅游者希望了解和感兴趣的内容

E. 景点的“最”字

2. 地陪导游在讲解中运用制造悬念法的好处是（　　）。

A. 可活跃游览气氛　　B. 能营造讲解意境

C. 能提高旅游者的游兴　　D. 能增强讲解效果

E. 能对旅游者产生感染力

3. 下列运用同类相似类比的有（　　）。

A. 北京的王府井与日本东京的银座

B. 北京的王府井与美国纽约的第五大道

C. 梁山伯、祝英台与罗密欧、朱丽叶

D. 武汉归元禅寺与法国凯旋门

E. 上海的城隍庙与日本东京的浅草

参考答案

任务四 回程服务

回程服务是指当天的游览活动结束之后，在返回酒店的途中，地陪导游应当提供的服务。

任务描述

地陪导游小陈带领“黄果树＋遵义＋西江四日游”23人旅行团游览完遵义会议会址后，根据接待计划（表0-1），接下来的行程是要前往安顺西秀山宾馆，请问小陈在此过程中需要提供哪些服务？

任务目标

1. 掌握回程服务的基本内容。
2. 能够根据接待计划提供有针对性的回程服务。
3. 能够换位思考，具有超前服务意识。

任务实施

一、自我探索

扫码观看精品课程“地陪导游业务实训”中“回程服务”课件教学资料。

回程服务

二、教学相长

（一）回顾当天活动

在回程途中，地陪导游可用画龙点睛法将当日所游览的内容进行总结与回顾，回答好旅游者的提问，以便加深旅游者对当日游览活动的印象。同时，地陪导游还可以对旅行团当日的表现进行总结回顾，加强团队凝聚力。

（二）进行沿途风光导游

同首次沿途导游一样，在回程途中，地陪导游也应当对沿途风光、景物进行沿途介绍，让旅游者领略更多的风景。需要注意的是，为了避免审美疲劳，应当避免原路返回。同时，在进行沿途风光导游时，也要观察旅游者状态，如果旅游者情绪高昂，地陪导游可选择旅游者感兴趣的内容进行讲解，若旅游者因游玩一天而比较疲劳，地陪导游应当在简要回顾后给旅游者留出充裕的休息时间。

初探思考

地陪导游小张该怎么办?

地陪导游小张带领游客顺利完成了北京一日游。回程途中，小张为了丰富旅游活动，先是安排了猜谜语的小游戏，随后又为游客进行了回程途中的风光导游。但游客好像并不高兴，在车上睡觉、玩手机、聊天……

问题

请问如果你是小张，你该怎么办?

分析

回程途中的服务内容较为丰富，要根据游客的实际状况进行灵活调整。一般情况下，一天旅程结束后，游客通常会感觉疲惫，因此，不宜开展太多的途中活动。小张应当及时观察游客的需求，在完成必要的工作后，留给游客适当的休息时间。

启示

地陪导游的服务内容非常丰富，何时做、怎么做都应当根据环境、游客状态等的变化灵活地进行调整。要想做好地陪工作，不仅需要“脚踏实地”落实细节，也要“仰望星空”做好全局考虑。

(三) 宣布次日活动

地陪导游应当在回程途中，宣布次日活动，强调次日出发的集合时间、地点等，提醒旅游者做好次日游览准备，并提醒旅游者次日游览的注意事项。

(四) 提醒注意事项

提醒工作必不可少，回程服务中的提醒注意事项需要根据接待计划中的后续行程来判断提醒内容的重点。

1. 统一活动

提醒旅游者接下来的行程具体安排，如观看演出的时间、地点，观看注意事项等。

2. 自由活动

提醒旅游者若自行外出，最好结伴而行，避免前往混乱的场所，注意人身、财产安全等。

(五) 安排叫早服务

地陪导游应与全陪导游或领队确认好当日工作已完成，协商好次日出发事宜。根据旅游者需求，安排叫早服务。

做一做 何时回顾当天活动?

请根据“黄果树 + 遵义 + 西江四日游接待计划”(表 0-1)，分析该团何时回顾当天活动?

参考答案

模拟实训

（一）实训内容

完成“小七孔＋西江两日游”的回程服务。

（二）实训目标

根据散拼团特征，做好散拼团的回程服务。

（三）实训步骤

1. 任务描述

地陪导游小陈带领“小七孔＋西江两日游”38人的散拼团正游览小七孔景区，根据该团接待计划（表0–2），旅行团当日将入住西江苗景客栈，请问地陪导游小陈如何根据此团特点提供回程服务？

2. 任务分析

认真分析此团的接待计划，不难发现提供回程服务的时间只有9月21日入住西江苗景客栈之前。相比于前期的“黄果树＋遵义＋西江四日游”行程，此团的回程服务时间较短，因此，地陪导游应当根据实际情况决定如何提供回程服务。

3. 任务实施

（1）请根据任务描述，在表6–11中写出此团的回程服务的要点。

表6–11　“小七孔＋西江两日游”回程服务

服务事项	服务要点
回顾当天活动	
进行沿途风光导游	
宣布次日活动	
提醒注意事项	
安排叫早服务	

参考答案

（2）参考表6–12进行角色分配，完成回程服务模拟训练。

表6–12　回程服务模拟训练角色分配

角色	人数	具体工作
地陪导游小陈	1	完成回程服务
游客	若干	配合地陪导游完成回程服务

4. 任务评价

根据实操训练内容和具体情况，评价采取自我评价、组内评价和教师评价相结合的评价方式，对所完成的“小七孔＋西江两日游”回程服务模拟训练做出相应评价。效果评价表详见表6-13。

表 6-13　　回程服务模拟训练效果评价表

评价内容		评价等级（优、良、中、差）			备注
		自我评价	组内评价	教师评价	
知识技能评价	针对性				
	准确性				
	合理性				
	规范性				
情感态度评价	团队协作				
	职业价值				
	个人价值				
组长总结				综合等级	

评价等级参照标准：
①针对性——是否结合接待计划进行个性化分析
②准确性——接待过程是否完整，问题解决是否目的明确
③合理性——是否符合接待计划的实际情况
④规范性——是否符合地陪导游服务规范，所采取的相关措施是否具有可操作性
⑤团队协作——团队分工是否明确、合理
⑥职业价值——是否体现地陪导游职业道德与职业操守
⑦个人价值——是否传递积极、向上的价值导向

5. 提升锦囊

地陪导游要根据旅行团实际情况有针对性地提供回程服务。面对散拼团，因游客的熟悉程度不高，在带团过程中一定要注意维护好团队关系、强调团队纪律。因此，如果旅行团提供回程服务的时间较短，地陪导游应当根据团队特点进行综合判断，其中，宣布次日活动及提醒注意事项是必不可少的，绝不可因为时间短而忽视这两项工作。

知识链接

回程服务与返程服务：在实际带团过程中，回程服务一般是指结束当天游览后回到酒店的这段时间所提供的服务，第二天还有旅游活动安排；而返程服务则指的是结束全部游览活动后离开旅游目的地前往下一目的地所提供的服务，其后续工作是送站服务。在带团过程中，地陪导游应明确回程与返程的区别，根据团队实际情况做好提前安排，保证旅游活动顺利进行。

课后拓展

实训工单　回程服务

学院		专业	
姓名		学号	

一、接受工作任务

地陪导游小陈接待了来自菲律宾的“黄果树 + 天眼四日游”旅行团，5 月 19 日带领游客完成了天眼景区的游览，根据该团接待计划（表 0–3），将要返回贵阳，观看《多彩贵州风》的表演，晚上入住喜来登贵航酒店，请根据该团接待计划进行回程服务，展示地陪导游职业素养。

二、知识拓展

大型民族歌舞《多彩贵州风》目前已演出 5000 多场，出访巡演了美国、法国、加拿大、英国、俄罗斯、韩国、匈牙利、瑞士、波兰、捷克等三十余个国家和地区，足迹踏遍北京、上海等全国四十多个城市，2011—2019 年连续被评为“国家文化出口重点项目”，是贵州省唯一的“2017—2018 年度国家文化出口重点项目”，被列入国家文化旅游重点项目名录，已成为享誉世界的一张贵州文化名片。

（资料来源：贵州网）

三、完成任务

1. 根据该入境旅行团的接待计划（表 0–3），结合 5 月 19 日行程安排，总结回程服务要点，并填写下表。

“黄果树 + 天眼四日游”回程服务

服务事项	服务要点
回顾当天活动	
进行沿途风光导游	
宣布次日活动	
提醒注意事项	
安排叫早服务	

2. 请以小组为单位，参考下表进行角色分配，进行该团回程服务模拟训练。

回程服务模拟训练角色分配

角色	人数	具体工作
地陪导游小陈	1	完成回程服务
游客	若干	配合地陪导游完成回程服务

3. 根据实操训练内容和具体情况，评价采取自我评价、组内评价和教师评价相结合的评价方式，对所完成的“黄果树 + 天眼四日游”回程服务模拟训练做出相应评价。效果评价表详见下表。

续表

回程服务模拟训练效果评价表						
评价内容		评价等级（优、良、中、差）			备注
		自我评价	组内评价	教师评价	
知识技能评价	针对性				
	准确性				
	合理性				
	规范性				
情感态度评价	团队协作				
	职业价值				
	个人价值				
组长总结				综合等级	

评价等级参照标准：
①针对性——是否结合接待计划进行个性化分析
②准确性——接待过程是否完整，问题解决是否目的明确
③合理性——是否符合接待计划的实际情况
④规范性——是否符合地陪导游服务规范，所采取的相关措施是否具有可操作性
⑤团队协作——团队分工是否明确、合理
⑥职业价值——是否体现地陪导游职业道德与职业操守
⑦个人价值——是否传递积极、向上的价值导向

真题小测

（一）单选题

1. 回程途中在进行沿途风光导游时，以下说法正确的是（　　）。
A. 如果可能的话，尽量保持原路返回，熟悉路程
B. 地陪导游应当做尽可能详尽的讲解，以满足旅游者的求知欲
C. 地陪导游应根据旅游者的实际情况进行调整，如旅游者比较疲惫，可不进行沿途风光导游
D. 应与首次沿途导游一样，对回程途中的标志性景点、地区等做好沿途风光导游

2. 若为散客提供回程服务，以下做法正确的是（　　）。
A. 散客彼此熟悉程度不够，因此地陪导游可以在回程途中组织相关活动，增强团队熟悉程度
B. 若回程时间较短，地陪导游在回程途中只需要进行沿途风光导游即可
C. 回程途中，地陪导游应将次日活动安排告知旅游者
D. 当旅游者提出要独自外出游览时，地陪导游应尽可能满足旅游者的要求

(二)多选题

1. 若旅行团在抵达酒店后没有统一活动安排，旅游者想自行外出，地陪导游的提醒事项有(　　)。

A. 提醒旅游者结伴而行

B. 提醒旅游者当日游览注意事项

C. 提醒旅游者保管好自己的财物

D. 告知旅游者景区的相关规定

2. 回程服务包括(　　)。

A. 致欢送词　　B. 回顾当天活动

C. 进行沿途风光导游　　D. 提醒注意事项

E. 宣布次日活动　　F. 安排叫早服务

3. 关于回程途中的提醒注意事项，以下说法错误的是(　　)。

A. 提醒旅游者回程途中的乘车安全，提醒接下来的行程安排

B. 若接下来没有统一活动，出于安全考虑，应尽可能阻止旅游者外出

C. 地陪导游应提醒旅游者次日的活动安排，提前与旅游者商定叫早时间

D. 提醒旅游者注意遵守景区相关规定，做文明旅游者

参考答案

任务五 购物服务

购物服务是地陪导游服务工作的组成部分，也是旅游者旅游活动的重要环节。为旅游者提供特色商品讲解及处理购物的相关问题是地陪导游购物服务的主要内容。做好购物服务是保证旅游者旅游体验质量的重要环节。

任务描述

地陪导游小陈带领“黄果树＋遵义＋西江四日游”23人团游览了黄果树景区后，在返回

的路上，根据接待计划（表 0-1），要开展购物活动，请问地陪导游小陈应如何提供购物服务？

任务目标

1. 掌握购物服务的主要内容和注意事项。
2. 能够根据旅游目的地的主要特色商品进行讲解并处理购物相关问题。
3. 讲究文明，遵守社会公德，始终保持良好的精神状态和愉悦的工作心情。

任务实施

一、自我探索

扫码观看精品课程“地陪导游业务实训”中“游客购物方面个别要求的处理”视频教学资料。

游客购物方面个别要求的处理

二、教学相长

（一）旅游者购物的动机

1. 纪念性动机

旅游者到旅游目的地游览后，购买当地特色商品是留住旅游美好记忆的一种方式。当旅游结束后，当地特色商品就成为此次旅游活动美好回忆的载体，能够帮助旅游者回忆起旅途的美好，同时也是纪念旅游活动的重要方式。

2. 馈赠性动机

购买特色商品不仅是个人的需求，也是旅游者满足社交需求的一种方式。亲友互赠，实现情感交流，是旅游者购物的重要原因之一。地陪导游在进行购物服务时，可根据旅游者的需求进行有针对性的推荐，满足其需求。

3. 新奇性动机

旅游是一场“求新”“求异”的旅程。当地的特色商品能在一定程度上满足旅游者“求新”“求异”的心理。对于旅游者来说，旅游目的地之所以有吸引力，也在于其“新”“异”，因此，旅游者的购物活动也在一定程度上体现其追求新奇的动机。

初探思考

小李有哪些不当之处

地陪导游小李带领“贵州五日游”旅行团游览完黄果树景区后，在返程路上开展购物活动，她带领游客前往亲戚开的土特产店，并承诺产品质量和价格有保证、物美价廉。游客赵小姐买了几盒野生天麻，回酒店后经药房鉴定为人工天麻，找到地陪导游小李要求退货，小李表示“商品一经售出，概不退换”。

问题

1. 请问地陪导游应如何为游客提供购物服务？
2. 案例中的地陪导游小李有哪些不当之处？

分析

1. 地陪导游不可私自指定购物商店，应按接待计划到定点购物商店。

2. 地陪导游不应擅自承诺商品质量，应给予游客相关的指导，以防游客购买到质价不符、以次充好的商品。

3. 当游客购买的商品出现问题时，地陪导游应予以协助，必要时陪同前往，保证游客的合法权益。

启示

购物是旅游活动过程中的重要环节，也是增强旅游体验的重要方式。地陪导游在进行购物服务时应当根据游客的需求做合理推荐，养成良好的职业道德，切记不能因个人私利强制购物，这是导游职业要求所不允许的，也是法律所禁止的。

(二) 旅游者购物的形式

1. 计划内购物

计划内购物是指在旅行团的接待计划中明确规定的，属于旅行团正常计划项目的购物。这种购物，由于已经在接待计划中予以注明，因此，全体旅游者对这种安排是事先知晓的。

计划内购物有以下特点：

①在接待计划中已经注明。

②旅游者对这项安排是事先知晓的。

③一般是出售当地特色商品的商店。

④是旅行团活动内容的重要组成部分，对商店的要求是规模大、价格公正、商品质量有保证。

地陪导游在带领旅行团进行计划内购物时要注意以下几点：

①按接待计划带领旅行团到定点商店购物。

②进入商店前，向旅游者讲清停留时间和有关注意事项。

③向旅游者介绍本地特色商品。

2. 计划外购物

计划外购物是指在接待计划中没有明确规定或限制的情况下，为满足旅游者的需求而临时安排的购物活动。计划外购物往往表现出较大的灵活性。

计划外购物有以下特点：

①在接待计划中没有安排。

②可根据游览行程时间的松紧程度、旅游者要求的强弱程度和购物商店的分布情况灵活安排。

地陪导游在带领旅行团进行计划外购物时要注意：要征求全陪导游或领队以及旅游者的意见，在全陪导游或领队同意的情况下，按大多数旅游者的要求，认真地安排好购物活动，以满足旅游者的需要。

3. 自由活动购物

自由活动购物一般分为两种情况：一种是在游览的间歇，留下一段时间供旅游者在景点周围购物；另一种是在行程中专门留下一天或半天时间安排旅游者去当地的繁华商业区购物。

地陪导游在带领旅行团进行自由活动购物时要注意以下几点：

①提醒旅游者注意保护自己的人身财产安全。

②在旅游者自由购物解散前，向旅游者讲清集合时间、集合地点和有关注意事项。

③密切注意旅游者的动向，尤其是在景区或人多的商业街，如旅游者与别人发生纠纷，地陪导游应及时上前解决问题，避免不必要的麻烦。

（三）提供购物服务的主要内容

1. 介绍特色商品

①突出文化内涵。许多地方的特色商品是多年文化传承的结果，在历史的发展过程中，融入了很多人文思想和艺术元素。地陪导游在商品讲解中，要注意突出其文化内涵，满足旅游者的审美需要，而不是孤立地讲解商品本身，更不能直接推销和兜售。

②讲解真实客观。地陪导游在讲解商品时，介绍功效时要做到实事求是、客观公正，评价要恰如其分，赞美要有根据，坚决杜绝不负责任、无限夸大的讲解，更不能怀着自私的目的进行欺骗性宣传。

2. 合理安排购物时间

①无论是计划内、计划外的购物还是自由活动购物，地陪导游安排得都不能过于频繁。次数太多，很有可能会影响正常的游览行程，也会使旅游者产生厌烦情绪。

②购物时间要安排合理，既不可太长，使旅游者在商店中无事可做，也不可太短，使旅游者没有时间认真挑选。

③要在行程中的最佳时段安排游览活动，在游览间歇或旅游者疲乏时可安排购物。这样做，既有效地满足了旅游者的游览审美需求，又可利用购物刺激旅游者的兴趣，可使整个行程显得充实。

3. 慎重选择购物商店

旅行团购物商店的选择一定要慎重，如果选择不当，可能会使旅游者的利益受到损害，同时还会带来一系列的后果。

一是要选择旅游定点购物商店。一般来讲，经过旅游行政管理部门的认定，定点商店无论在质量上还是在价格上都相对令人放心。

二是要选择信誉较好、价格合理的商店。在这里，旅游者的利益可以得到有效的保障。

三是要选择购物环境相对较好的商店。旅游者可以从容地进行比较与挑选，买到较为满意的商品。

四是要选择与旅行团行程就近的商店。选择不需要绕太多的路就可以到达的商店，会给旅游者一种信任感，反之，旅游者会产生疑虑。

4. 协助旅游者办理大件商品托运手续

在购物中，如有个别旅游者购买了商店中的大件商品，如家具、地毯、花瓶等，地陪导游要协助旅游者办理托运手续。地陪导游要熟知海关关于携带物品出入境的规定，以防国外客人买到贵重物品无法出境。

（四）提供购物服务的注意事项

①树立正确的职业观，全心全意为旅游者服务。

②严格执行地接社制定的活动日程，不得擅自增加购物次数或强迫旅游者购物。

③了解旅游者的购物动机，根据旅游者的需求推荐相应的旅游产品，切忌为个人私利强迫旅游者购物。

④当好旅游者的参谋，维护旅游者的利益，提醒旅游者不要上当受骗，对商店以次充好、坑骗旅游者的行为，要向商店负责人反映并索赔。

⑤做好细节服务，主动询问旅游者是否需要办理托运或转寄，积极予以协助。

做一做 如何处理购物需求？

游客包耘×参加了“黄果树＋遵义＋西江四日游”旅行团，根据接待计划，此团并未在8月13日安排购物活动，但游览完西江千户苗寨后，她提出了购物需求，如果你是地陪导游小陈，请问你该如何处理？

参考答案

模拟实训

（一）实训内容

为散拼团提供购物服务。

（二）实训目标

掌握地陪导游提供购物服务的要点，能够对旅游商品进行规范讲解，突出商品特点和文化内涵，能够为游客提供规范化的购物服务，并解决游客在购物中遇到的问题。

（三）实训步骤

1. 任务描述

地陪导游小陈带领“小七孔＋西江两日游”38人散拼团游览完小七孔景区后乘车前往西江千户苗寨，一路上小陈详细地讲解了黔东南州多姿多彩的苗族风情以及特色建筑、服饰、银饰和饮食，游客对苗族银饰非常感兴趣，想去看看。但又担心小陈带去的购物店以次充好、强买强卖。对此，地陪导游小陈该如何操作呢？

2. 任务分析

购物是旅游活动中的重要内容，游客既有购物需要，却又担心掉进购物陷阱，显得十分纠结。因此，地陪导游在购物服务中常常显得左右为难。首先，地陪导游小陈应介绍特色商品，让游客了解；其次，通过真诚地与游客交流，解除游客顾虑，进而使其得到购物的满足。

3. 任务实施

(1) 进行介绍贵州银饰的模拟训练。示例如下：

贵州少数民族特别是苗族对银饰非常喜爱。在重要节日和庆典活动里，苗族妇女身着盛装佩戴银饰，环佩叮当，欢歌笑语，自成一景。在这个工业时代，薪火相传的手工银饰，令人倍感亲切。贵州少数民族的银饰大者如银角，小者如银丝，带有鱼、龙、蝴蝶等具有图腾崇拜、祈愿意义的符号饰品充满生活中的每个细节。

(2) 参考表 6-14 分配角色，根据其中的情景进行购物服务模拟训练。

表 6-14　　购物服务模拟训练角色分配及情景设置

角色	情景设置		
	了解	质疑	犹豫
游客	1. 不了解商品，也没有购买欲望 2. 对商品感兴趣，需进一步了解商品情况	1. 感兴趣，但质疑商品质量和价格 2. 对旅游商店和地陪导游存在偏见，认为商品都是假货或价格高，自己不买还影响其他游客不买	有购买意愿，但担心商品质量和价格，想要更多的优惠
地陪导游小陈	该怎么做	该怎么做	该怎么做

4. 任务评价

根据实操训练内容和具体情况，评价采取自我评价、组内评价和教师评价相结合的评价方式，对所完成的"小七孔＋西江两日游"购物服务模拟训练做出相应评价。效果评价表详见表 6-15。

表 6-15　　购物服务模拟训练效果评价表

评价内容		评价等级（优、良、中、差）			备注
		自我评价	组内评价	教师评价	
知识技能评价	针对性				
	准确性				
	合理性				
	规范性				
情感态度评价	团队协作				
	职业价值				
	个人价值				
组长总结				综合等级	
评价等级参照标准： ①针对性——是否结合接待计划进行个性化分析 ②准确性——接待过程是否完整，问题解决是否目的明确 ③合理性——是否符合接待计划的实际情况 ④规范性——是否符合地陪导游服务规范，所采取的相关措施是否具有可操作性 ⑤团队协作——团队分工是否明确、合理 ⑥职业价值——是否体现地陪导游职业道德与职业操守 ⑦个人价值——是否传递积极、向上的价值导向					

5. 提升锦囊

世界各国都十分重视旅游商品和纪念品的开发、生产和促销，并将其视作吸引游客的魅力因素、增加旅游收入的重要手段。据统计，在世界各国旅游总消费中，购物消费支出比例高达 50%。地陪导游对旅游商品的促销起着举足轻重的作用。

其实，只要地陪导游服务质量好，游客并不一定排斥购物。但是，如果地陪导游服务态度不好，又强行要求游客购物的话，游客肯定特别反感，更别提配合地陪导游去购物了。简而言之，购物服务涉及地陪导游销售技巧的问题。如果在介绍景点的同时巧妙地融入购物内容，就会让游客自然地产生购物的欲望。所以，地陪导游在引导游客购物过程中，要严格地按照导游服务程序执行，真正做到既满足游客需求，又保障游客的利益。

知识链接

1. 地陪导游在游客购物活动中的作用

游客往往对旅游目的地的情况缺乏了解，尤其是在购物活动中，对当地可值得购买的到底是什么，常常知之甚少，如果没有地陪导游的协助，游客的购物活动往往比较盲目。地陪导游在购物活动中的作用是非常明显的。

(1) 主导作用

地陪导游适时地介绍当地的特色商品，可以加深游客对特色商品的了解并激发其购买欲望；地陪导游根据游客的需要，安排一定的时间带领游客选择商店进行购物，都体现了地陪导游在旅游购物中的主导作用。

(2) 参谋作用

游客在购物前，一般会向地陪导游征询意见、了解情况，在购买中也会向地陪导游详细地了解商品的性能、特色及售后服务的有关规定，请地陪导游帮助挑选商品。因此，地陪导游在游客购物中起着不可替代的参谋作用。

(3) 维权作用

地陪导游应当带旅行团到定点商店和价钱公道、质量有保证的商店去购物。地陪导游要提醒游客不要上当受骗，以免掉入购物陷阱。对商店不按质论价、出售伪劣商品、以次充好的行为，地陪导游有责任向商店负责人反映、交涉；在游客购买了伪劣商品后，地陪导游有义务积极协助游客予以调换。总之，在游客的购物过程中，地陪导游要自始至终地维护游客的合法权益。

2. 引导游客购物的服务技巧

(1) 对购买目的明确的游客，地陪导游不必过多给予介绍。

(2) 对观望的游客，地陪导游可先视其心理状态在恰当的时机向其介绍特色商品的特点，进一步了解游客的购买动机，以负责的态度帮助游客下决心，促使其产生购买欲望。

(3) 对没有购物需求的游客，地陪导游也不能怠慢，眼前的游客也许就是明天的潜在客户。

3. 导游服务中的商品促销

不管游客是否购物，前后态度都应一致。为了更有效地促销特色商品，最大限度地满足游客购物的需求，地陪导游应做到如下几点：

(1) 熟悉商品、热情宣传

为了满足游客不同购物需求，地陪导游应尽可能地多了解特色商品的产地、质量、使用价值、销售地点和价格等信息，并主动热情地向他们宣传，做好游客的购物参谋。

(2) 思想重视、态度积极

地陪导游必须认识到满足游客的购物需求是导游服务工作的重要内容之一，帮助游客购物，地陪导游责无旁贷。

(3) 了解对象、因势利导

为了更好地促销商品，地陪导游不仅要熟悉商品，还要做个有心人，设法了解游客是否有购物需求、购买能力如何及他们希望购买什么样的商品，从而有针对性地提供购物服务，满足游客的购物需要。

(4) 掌握推销原则

地陪导游做好购物服务必须建立在游客“需要购物、愿意购物”的基础之上，不得强买强卖。

课后拓展

实训工单 购物服务

学院		专业	
姓名		学号	

一、接受工作任务

菲律宾一行“西江＋天眼四日游”16人团在游览完景点后，团内一位老年华侨游客向地陪导游小陈提出购买中药材和中成药的要求；MR CHIBEN 购买了5件酱香型白酒带回去给亲朋好友，找到小陈请她帮忙办理托运；MS SANDY 在买完水晶项链后发现有瑕疵，要求小陈带其去购物店退货……

二、知识拓展

(一) 游客购物活动常见的特殊要求与处理建议

1. 要求单独外出购物

游客单独外出购物时，地陪导游要予以协助，当好购物参谋，告知商品选购相关方法与技巧等，做好安全等方面的提醒工作。需要注意的是，当旅行团即将离开本地时，要劝阻游客单独外出购物。

2. 要求退换物品

游客购物后，发现商品存在质量问题时，要求地陪导游帮助其退换，地陪导游应积极协助，必要时陪同前往。

3. 要求托运物品

游客购买大件商品后，要求地陪导游帮忙托运时，地陪导游可告知商店一般经营托运业务；若商店无托运业务，地陪导游要协助游客办理托运手续。

4. 要求代为购物

游客欲购买某商品，若当时无货，请地陪导游代为购买，原则上地陪导游应予以婉拒；如果游客有特殊情况，强烈要求时，地陪导游可建议其直接委托商店代理。

(二) 购买中药、中药材等情况的处理与注意事项

外国游客购买中药及中药材时，地陪导游应告知我国海关的有关规定，如入境游客出境时携带用外汇购买的、数量合理的中药材或中成药，需向海关提交盖有国家外汇管理局统一制发的“外汇购买专用章”的发货票，若超出自用合理数量范围则不准带出（前往国外的，总值限人民币300元；前往港澳地区的，总值限人民币150元）。

(三) 购买古玩或仿古艺术品等情况的处理与注意事项

游客希望购买古玩或仿古艺术品时，地陪导游应带其前往正规的文物商店购买；买妥商品后要提醒游客索要并保存好发票，同时不要将商品上的火漆印（如有的话）去掉，以便海关查验。游客如果要在地摊上选购古玩，地陪导游应劝阻；对入境游客，要特别告知其中国海关对文物出境的规定；如果发现个别游客有走私文物的嫌疑，地陪导游应即时劝阻并指出后果的严重性，劝阻无效时，应及时报告有关部门。

续表

三、完成任务

1. 参考下表分配角色，根据其中的“情景设置”进行购物服务的模拟训练。

购物服务模拟训练角色分配及情景设置

角色	情景设置		
游客	想购买中药材和中成药	要求托运物品	要求退换商品
地陪导游	该怎么做	该怎么做	该怎么做

2. 根据实操训练内容和具体情况，评价采取自我评价、组内评价和教师评价相结合的评价方式，对所完成的“黄果树 + 天眼四日游”购物服务模拟训练做出相应评价。效果评价表详见下表。

购物服务模拟训练效果评价表

评价内容		评价等级（优、良、中、差）			备注
		自我评价	组内评价	教师评价	
知识技能评价	针对性				
	准确性				
	合理性				
	规范性				
情感态度评价	团队协作				
	职业价值				
	个人价值				
组长总结				综合等级	

评价等级参照标准：
①针对性——是否结合接待计划进行个性化分析
②准确性——接待过程是否完整，问题解决是否目的明确
③合理性——是否符合接待计划的实际情况
④规范性——是否符合地陪导游服务规范，所采取的相关措施是否具有可操作性
⑤团队协作——团队分工是否明确、合理
⑥职业价值——是否体现地陪导游职业道德与职业操守
⑦个人价值——是否传递积极、向上的价值导向

真题小测

（一）单选题

1. 旅游者希望购买古玩或仿古艺术品，地陪导游应带其到正规的（　　）。

A. 商店　　B. 古玩市场

C. 古玩商店　　D. 文物商店

2. 对商店不按质论价、出售伪劣商品、以次充好的行为，地陪导游应向（　　）反映，维护旅游者权益。

A. 商店负责人　　B. 营业员

C. 旅行社领导　　D. 旅游者

(二) 多选题

1.原行程中没有购物，旅行团中部分旅游者要求增加购物环节，地陪导游的正确处理方法是(　　)。

A.因是计划外的购物需求，直接婉言拒绝即可

B.询问全体旅游者的意见，再视情况而定

C.若未达成一致意见，地陪导游可单独为需要购物的旅游者进行购物推荐，并提醒购物注意事项

D.如果旅游者有需要，地陪导游可与旅游者一同前去购物，满足旅游者的购物需求

2.地陪导游在提供购物服务时应当注意(　　)。

A.树立正确的职业观，以旅游者需求为出发点，根据旅游者的需要进行购物服务

B.若行程内没有购物环节，为了让旅游者有良好的购物体验，地陪导游应主动提出前往购物场所进行购物

C.若行程内无购物环节，旅游者单独提出需要购物，地陪导游应尽可能满足旅游者的需求，但不必一同前往

D.地陪导游在提供购物服务时，应当主动提醒旅游者“按需购买”

参考答案

实训七 有始有终——送站服务

项目描述

送站服务是地陪导游业务的最后一个环节，如果说接站服务是拉开旅程的序幕，那么送站服务则是结束这段旅程的尾声。地陪导游工作应善始善终，如接待过程中曾发生不愉快的事情，应尽量做好弥补工作；要想方设法把自己的服务工作推向高潮，让整个旅游过程在旅游者心目中留下深刻、美好的印象。

假如你是地陪导游小陈，已经顺利完成了带领“黄果树＋遵义＋西江四日游”旅行团在贵州参观游览的任务，获得大家的一致认可，而接下来的送站服务，你将从哪些方面开展呢？

送站服务是旅行团接待工作的最后阶段，按照实际带团流程，将送站服务分为五个模块，分别为准备送站、致欢送词、旅游交通事故的处理、误机（车、船）的预防及处理、后续工作。

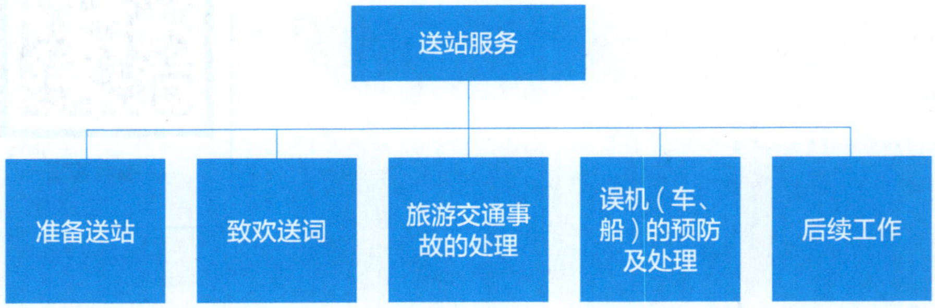

岗位画像

通过学习本节内容，你将获得以下岗位能力：

1. 熟悉送站服务的工作流程。
2. 掌握欢送词的主要内容，并掌握特色欢送词的撰写技巧。
3. 区分旅游交通事故类型并掌握应对方法。
4. 掌握发生误机（车、船）事故的原因和主要应对方法。
5. 能有效处理送团之后的后续工作。
6. 在送团环节仍坚持良好的服务态度，坚持有始有终，为旅游者提供热情服务。

重点难点

1. 重点

有效落实地陪导游送站工作流程。

2. 难点

面对送站过程中发生的突发事件，能做到沉着冷静、有效应对和处理。

任务一 准备送站

旅行团结束本地的参观游览活动之后，地陪导游应做到使旅游者安全、顺利离站，而准备送站工作就是为保障旅游者顺利离站奠定基础。准备送站主要涵盖送行准备和离店服务两大内容。地陪导游要认真掌握接待计划中的离站信息，结合旅行团实际情况，落实好准备送站工作。

任务描述

快乐的时光总是短暂的，转眼间已经到了行程的第四天，“黄果树 + 遵义 + 西江四日游”旅行团在贵州的参观游览活动进入了最后的阶段。请问如果你是地陪导游小陈，将如何落实准备送站工作呢？

任务目标

1. 熟悉准备送站的流程要点。
2. 根据旅行团接待计划，有效落实准备送站服务。
3. 养成规范化服务的意识和风险防控意识。

任务实施

一、自我探索

扫码观看精品课程“地陪导游业务实训”中“送行服务、离店准备”视频教学资料。

送行服务、离店准备

二、教学相长

(一) 送行准备

送行准备的具体内容主要分为四个部分，分别是核实交通票据，商定出行李时间、集合出发时间、叫早和早餐时间，提醒结账，以及及时归还证件。

1. 核实交通票据

通常往返大交通如飞机、高铁、轮船等的交通票据是由组团社负责采购的，地接社负责的是当地景点往返之间的小交通。因此，若旅行团的返程大交通是由组团社负责，则主要由全陪导游或领队和组团社计调负责采购和落实，地陪导游需要做的是在送站前一天，和全陪导游或领队核实交通类别、航班（车次、船次）、起飞（开车、起航）时间，以及在哪个机场（车站、码头）离开等事项。如果组团社和地接社沟通后，确认由地接社负责采购大交通的交通票据，则主要由地陪导游负责和地接社计调联系，获取交通单详情，核实离站的交通票据。

2. "三个商定"

商定出行李时间——首先，地陪导游应先了解旅行社行李员与酒店行李员交接行李的时间（或按旅行社规定的时间），然后与酒店礼宾部商定地陪导游、全陪导游或领队与酒店行李员交接行李的时间。其次，在上述交接行李时间商定后，地陪导游再与全陪导游或领队一起商定旅游者出行李的时间，商定后再通知旅游者，并向其讲清有关行李托运的具体规定和注意事项（如不要将护照、贵重物品放在行李中）。最后，普通旅行团不安排行李车，行李随车运送，地陪导游通知旅游者出发时间，并提醒旅游者带上行李。

商定集合出发时间——由于司机对路况比较熟悉，所以出发时间一般由地陪导游与司机来商定，为了做出更合理的安排，地陪导游还应与全陪导游或领队商议，商定后及时通知旅游者。

商定叫早和早餐时间——地陪导游应与全陪导游或领队商定叫早和早餐时间，并及时通知酒店有关部门和旅游者。如果该团是乘早班飞机或火车离开，需要改变用餐时间、地点和方式（如带盒饭），地陪导游要及时做好有关安排。

3. 提醒结账

旅行团离店前，地陪导游应提醒、督促旅游者尽早与酒店结清自费账目，如洗衣费、长途电话费、食品饮料费等。若旅游者损坏了客房设备，地陪导游应协助妥善处理赔偿事宜。此外，地陪导游应将旅行团的离店时间及时通知酒店服务台，提醒其及时与旅游者结清账目。

4. 及时归还证件

一般情况下，地陪导游不应保管旅行团的证件，用完后应立即归还旅游者。尽管如此，离店前一天，地陪导游还是应检查自己的物品，查看是否留有旅游者的证件、票据等，如有应立即归还，当面点清。

初探思考

航班意外取消了

参加贵阳三日游的云南游客原计划当天 20：30 从贵阳龙洞堡机场乘坐飞机返回昆明。地陪导游小田与民航公司再次确认航班起飞时间时，被告知预订航班因天气原因被取消了。部分游客建议改乘高铁前往昆明，但另一部分游客坚持乘坐飞机。小田与该旅行团全陪导游商量后，一起与游客沟通，最终游客都同意改乘高铁返回昆明。当晚，在将旅行团送至高铁站看着游客顺利进站后，小田长舒一口气，总算较为圆满地完成了本次服务。

问题

你认为地陪导游小田的处理方法是否恰当?

分析

地陪导游应善始善终，有效落实送行服务。本案例中，地陪导游小田提前核实交通票据，及时发现了返程航班被取消这一突发情况。在面对旅客持不同意见的情况下，小田能与全陪导游商量一起解决问题，是值得肯定的。但小田未能及时向旅行社报告航班取消，未及时请示旅行社领导该团游客是否可以改乘高铁返回，也是需要大家引以为戒的。

启示

核实交通票据是一项非常关键的工作。当发现航班取消时，如游客坚持乘坐飞机返回，地陪导游应首先与民航公司联系，询问最近航班起飞时间，然后与全陪导游商量，请示旅行社领导。如需等航班，则应与旅行社有关部门联系，重新落实团队食、住、行、游、购、娱等相关事宜，力求使游客感到充实、愉快。如果换乘其他交通工具返程，地陪导游应该向游客耐心、委婉地解释，使其明白在遇到不可抗力因素时，大家应通力合作，尽量降低损失程度。

(二) 离店服务

1. 集中交运行李

在旅行团配备行李车的前提下，地陪导游首先要集中旅行团的行李，随后，要按商定好的时间与全陪导游或领队和酒店行李员共同确认托运的行李件数，并检查行李箱（包）是否上锁、捆扎是否牢固、是否有破损等，然后交给酒店行李员，填写行李交运卡。注意，在这期间也要请旅游者核实自己的行李。

2. 办理退房手续

旅行团离开酒店前，地陪导游可将旅游者的房卡收齐交到酒店总服务台（也可由旅游者自交），并及时办理退房手续（或通知有关人员办理）。在办理退房手续时，要认真核对旅行团的用房数，无误后按规定结账签字。地陪导游应注意酒店有关客房结算时间的规定，避免出现未按时退房的情况。

做一做 1　核实交通票据

请同学们根据“黄果树 + 遵义 + 西江四日游接待计划”（表 0-1），进行核实交通票据模拟训练。结合接待计划中的内容，有针对性地设计对话，做到有的放矢。

参考答案

做一做 2 办理退房手续

请同学们根据“黄果树 + 遵义 + 西江四日游接待计划”（表 0-1），进行办理退房手续模拟训练。结合接待计划中的内容，有针对性地设计对话，做到有的放矢。

参考范例

模拟实训

（一）实训内容

散拼团的准备送站服务。

（二）实训目标

在熟悉并掌握准备送站服务流程基础上，结合散拼团行程安排和特点，完成准备送站服务，提高带团技巧和实操能力。

（三）实训步骤

1. 任务描述

地陪导游小陈带领“小七孔 + 西江两日游”旅行团在第一天游玩结束之后入住了西江苗景客栈，根据该团接待计划（表 0-2），第二天游览完西江千户苗寨之后就要送走旅行团了。如果你是小陈，要如何落实准备送站服务呢？

2. 任务分析

两日游的散拼团因为涉及住宿，在准备送站环节也需要完成离店服务相关内容。但散客团没有全陪导游，因此，地陪导游需要独自落实旅行团送站准备和离店服务。

3. 任务实施

（1）请根据“小七孔 + 西江两日游接待计划”（表 0-2），填写表 7-1。

参考答案

表 7-1 “小七孔 + 西江两日游”旅行团准备送站工作

准备内容	工作环节	准备送站工作要点
送行准备	核实交通票据	
	“三个商定”	
	提醒结账	
	及时归还证件	
离店服务	集中交运行李	
	办理退房手续	

(2) 请根据“小七孔＋西江两日游接待计划”(表 0-2)，分组进行散客送站环节的模拟训练。

4. 任务评价

根据实操训练内容和具体情况，评价采取自我评价、组内评价和教师评价相结合的评价方式，对所完成的“小七孔 ＋ 西江两日游”准备送站模拟训练做出相应评价。效果评价表详见表 7-2。

表 7-2　准备送站模拟训练效果评价表

评价内容		评价等级（优、良、中、差）			备注
		自我评价	组内评价	教师评价	
知识技能评价	针对性				
	准确性				
	合理性				
	规范性				
情感态度评价	团队协作				
	职业价值				
	个人价值				
组长总结				综合等级	

评价等级参照标准：
①针对性——是否结合接待计划进行个性化分析
②准确性——接待过程是否完整，问题解决是否目的明确
③合理性——是否符合接待计划的实际情况
④规范性——是否符合地陪导游服务规范，所采取的相关措施是否具有可操作性
⑤团队协作——团队分工是否明确、合理
⑥职业价值——是否体现地陪导游职业道德与职业操守
⑦个人价值——是否传递积极、向上的价值导向

5. 提升锦囊

作为地陪导游服务的最后一个流程——送站服务，也很关键。地陪导游一定要坚持爱岗敬业的态度，做到有始有终，继续为游客提供优质服务。送站服务的第一个任务是准备送站，涉及送行准备和离店服务两大工作内容。准备送站需要地陪导游一丝不苟、严谨细致地落实好准备工作，否则一旦某个环节出现失误，将可能导致误机（车、船）等事故的发生。离店服务看似简单，但也要注意行李交接、退房、叫早等细节问题。

知识链接

1. 散拼团的离店服务

散拼团通常不会配备行李车和行李员，游客的行李在离店时是由游客随身携带至旅游大巴车上的。在离店前一天晚上，地陪导游应提醒游客第二天的行程安排，并强调集合时间和地点。在第二天用早时，地陪导游应收集好游客的房卡集中办理退房手续，如果涉及自费的项目，应提醒游客提前和酒店办理好结算手续。退房手续办理完毕之后，集中登车时，应再次提醒游客携带好行李。

2. 散拼团的送站地点

区别于包团，散拼团的送站地点主要有以下两种：

(1) 机场、车站、码头送站。如果散客是乘坐飞机离开当地，地陪导游需要提前查询航班动态，国内航班需提前 2 小时抵达机场，乘坐出境航班则需要提前 3 小时或按航空公司规定的时间抵达机场；如果散客是乘坐火车、轮船等，则需要提前 1 小时抵达。

(2) 集散地或当地其他地点送站。需集散地或当地其他地点送站的游客，来源往往为当地，不涉及飞机、高铁等大交通。地陪导游应提前核实接待计划，在送站前一天和游客确认。一方面核实在集散地下车的游客信息，另一方面核实在集散地之外的其他地点下车的游客信息。将游客下车地点和人数统计完毕后，应征询司机的意见，按照行程路线的先后顺序，确定好各地点的抵达顺序和大概时间，并再次告知游客进行确认。因散客的下车地点较为分散，地陪导游在核实送站地点工作环节更要细致耐心，确保信息准确无误，安全将游客送至下车点。

课后拓展

实训工单　准备送站

学院		专业	
姓名		学号	

一、接受工作任务

地陪导游小陈带领菲律宾“黄果树＋天眼四日游”旅行团在贵州度过了愉快的四天时光，明天就要送游客离开了。回想这四天的旅程，小陈满是感慨，因菲律宾游客是首次入黔，对本次旅程充满好奇和向往，小陈用自己优秀的服务态度和高超的服务技能获得了游客的高度认可。在接下来的送站环节，小陈暗下决心一定不能懈怠，要坚持有始有终，为游客提供优质服务。请问如果你是小陈，将要如何开展送站工作呢？

二、知识拓展

1. 在华外籍人员可以就近办理签证延期、换发、补发的签证种类

短期来华从事商贸合作、访问交流、投资创业、探望亲属、观光旅游及处理私人事务等非外交、公务活动的外籍人员，有正当合理事由需要继续在华停留的，可就近就便向停留地公安机关出入境管理机构申请商贸（M 字）签证、访问（F 字）签证、短期私人事务（S2 字）签证、短期探亲（Q2 字）签证的延期、换发、补发以及旅游（L 字）签证的延期、补发。

2. 口岸签证

中国口岸签证与有些国家“落地签”类似，是办理签证的一种“方式”或者说“途径”，而不是签证的一个种类。无论是口岸签证还是“落地签”，各国都依据各自法律设定相应的申请条件和办理程序。根据中国有关法律规定，持普通护照外籍人员有紧急入境需要、来不及在驻外使领馆办妥来华签证的，可申办口岸签证入境。外籍人员申办口岸签证，可由本人或邀请单位提前向口岸签证机关提出申请，或在抵达口岸后现场向口岸签证机关提出申请。为便利申请人顺畅办理口岸签证，避免申请人在抵达口岸后因具有法定不予签发签证、法定不准入境等情形，无法获批口岸签证，影响行程安排、增加经济和时间成本，建议外籍人员提前向拟入境地口岸签证机关预申报，经口岸签证机关初步审核同意后再抵达口岸办理签证。外国旅游团申办口岸签证的，应由负责组织接待的境内旅行社提前向口岸签证机关申请。

续表

三、完成任务

1. 请根据“黄果树 + 天眼四日游接待计划”（表 0–3），梳理总结入境旅行团的准备送站工作要点，并完成下表。

“黄果树 + 天眼四日游”准备送站工作

准备内容	工作环节	入境旅行团准备送站工作要点
送行准备	核实交通票据	
	“三个商定”	
	提醒结账	
	及时归还证件	
离店服务	集中交运行李	
	办理退房手续	

2. 请根据“黄果树 + 天眼四日游接待计划”（表 0–3），从以下情景中，随机抽选一个，分组进行角色扮演模拟训练。
情景 1：模拟核实交通票据
情景 2：模拟“三个商定”
情景 3：模拟提醒结账
情景 4：模拟集中交运行李
情景 5：模拟办理退房手续

3. 根据实操训练内容和具体情况，评价采取自我评价、组内评价和教师评价相结合的评价方式，对所完成的“黄果树 + 天眼四日游”准备送站模拟训练做出相应评价。效果评价表详见下表。

准备送站模拟训练效果评价表

评价内容		评价等级（优、良、中、差）			备注
		自我评价	组内评价	教师评价	
知识技能评价	针对性				
	准确性				
	合理性				
	规范性				
情感态度评价	团队协作				
	职业价值				
	个人价值				
组长总结				综合等级	

评价等级参照标准：
①针对性——是否结合接待计划进行个性化分析
②准确性——接待过程是否完整，问题解决是否目的明确
③合理性——是否符合接待计划的实际情况
④规范性——是否符合地陪导游服务规范，所采取的相关措施是否具有可操作性
⑤团队协作——团队分工是否明确、合理
⑥职业价值——是否体现地陪导游职业道德与职业操守
⑦个人价值——是否传递积极、向上的价值导向

真题小测

(一) 单选题

1. 在旅行团离站前，地陪导游做法不正确的是（　　）。
A. 将旅行团的离店时间及时通知酒店有关部门，提醒其及时与旅游者结清账目
B. 保管旅行团的证件
C. 再次核实交通票据
D. 与司机商定集合、出发时间

2. 离开酒店前，地陪导游应将房卡交给（　　）。
A. 酒店行李员　　B. 酒店服务台
C. 客房服务员　　D. 酒店门童

3. 当旅游者离开当地前往下一站时，地陪导游应在旅游者（　　），核实旅行团离开的交通票据。
A. 离站前一天　　B. 离站的当天　　C. 抵站后当天　　D. 抵站前一天

(二) 多选题

1. 离站前一天，地陪导游应提醒和督促旅游者尽早与酒店结清（　　）等费用。
A. 洗衣费　　B. 长途电话费　　C. 餐食费　　D. 食品饮料费
E. 租借物品费

2. 旅游者离店上车后，地陪导游要再次询问旅游者的事项有（　　）。
A. 是否结清了酒店的账目　　B. 是否办理好个人事务
C. 是否有物品遗留在客房　　D. 是否将房卡交到服务台
E. 是否与酒店人员告别

参考答案

任务二 致欢送词

如果说欢迎词是给旅游者留下的第一印象，那么欢送词则是给旅游者留下的最后印象，且这个印象将是深刻的、持久的，甚至是终生难忘的。

任务描述

地陪导游小陈带领“黄果树＋遵义＋西江四日游”旅行团前往贵阳龙洞堡机场，经过一段路程之后大巴车即将抵达机场，在此，地陪导游需要和游客告别，如果你是小陈，将如何致欢送词呢？

任务目标

1. 熟悉致欢送词的地点和时间。
2. 掌握欢送词的五大元素，能根据团型的不同科学地设计欢送词。
3. 养成热情服务的态度和善始善终的意识。

任务实施

一、自我探索

扫码观看精品课程“地陪导游业务实训”中“致欢送词”视频教学资料。

致欢送词

二、教学相长

（一）致欢送词的重要性

相比欢迎词来说，欢送词是很容易被忽略的部分。其实，“万里长征”都走完了，也不差最后的一步，一段好的欢送词能起到非常重要的作用。首先，善始善终：一段好的欢送词可以为整段旅程画上完美的句号，将旅游者对本次旅程的美好印象再次巩固和深化。其次，弥补不足：行程中有不尽如旅游者之意的地方，可以通过欢送词进行挽回，将不足之处坦坦荡荡地说出来并真诚道歉，获得旅游者谅解。最后，预祝平安：真诚地和旅游者告别，既能让旅游者感受到地陪导游的用心、热心和真心，还能提升地陪导游在旅游者心中的形象，为旅行社赢得美誉度。

（二）欢送词的内容

欢送词是对整段行程的总结和回顾，在内容方面，欢送词主要包含五大元素：回顾语、感谢语、惜别和致歉语、征求意见语以及祝愿语。第一，要简要地概述行程内容，帮助大家回忆旅程的细节，通过相同经历引起共鸣；第二，要致谢，整段旅程的顺利结束离不开旅游者对地陪导游工作的支持和配合，除感谢旅游者之外，地陪导游还要感谢全陪导游或领队以及司机师傅，要牢记大家的付出；第三，要惜别和致歉，对行程中不足之处真诚道歉，获取大家谅解；第四，征求大家的意见和建议，避免旅游者带着抱怨情绪离团而导致后续麻烦；第四，要祝平安，对大家的未来送上真诚的祝愿。

初探思考

这段致欢送词合适吗？

地陪导游小雪带领旅行团办理完退房手续之后，坐上旅游大巴车准备前往禄口机场。车子刚起步，地陪导游小雪就讲了一段话：

我们全团 25 人已经到齐。现在，我们将前往机场。这六天的华东之旅大家过得一定很开心。我也十分感谢大家对我工作的支持和配合。中国有句古话：相逢何必曾相识。短短的六天时间，我们互相了解，从陌生人成为朋友，在即将分别的时候，我希望大家能有机会再次来到华东参观游玩。人们常说，世界变得越来越小，我们肯定有重逢的机会。现在，我想为大家唱一首歌，祝大家一路顺风、旅途愉快……各位游客朋友们，机场已经到了，现在请大家下车。

问题

请你分析该案例中地陪导游小雪的致欢送词有哪些不足之处。

分析

首先，车子刚起步时一般比较颠簸，应在车子行驶一段时间之后，在路途较为平坦的时候再开始致欢送词。案例中，地陪导游小雪在车子刚起步就致欢送词有些太急促了。其次，小雪的欢送词没有回顾旅游活动，也没有征求游客的意见和建议。整体来说，这份欢送词的内容不够完整，需要进一步完善。最后，下车前小雪没有提醒游客不要遗忘随身携带的物品。

启示

欢送词作为地陪导游送别旅行团的重要工作环节之一，有较为固定的元素。地陪导游在致欢送词时，要坚持认真负责、有始有终的服务态度，落实好致欢送词。

做一做 1　欢送词的常见用语

请梳理、总结欢送词的常见用语，填写表 7-3。

表 7-3 欢送词常见用语

要素分类	常见用语
回顾语	
感谢语	
惜别和致歉语	
征求意见语	
祝愿语	

参考答案

做一做 2 设计个性化欢送词

请同学们根据“黄果树＋遵义＋西江四日游接待计划”（表 0–1），自行设计个性化欢送词，加深游客对行程的良好印象。

参考范例

模拟实训

（一）实训内容

散拼团的致欢送词。

（二）实训目标

在熟悉并掌握致欢送词流程的基础上，结合散拼团行程安排和特点，撰写欢送词，提高带团技巧和实操能力。

（三）实训步骤

1. 任务描述

地陪导游小陈带领“小七孔＋西江两日游”旅行团游览了西江千户苗寨，游客对苗寨独特的吊脚楼建筑和丰富的苗族文化印象非常深刻，对本次旅游行程整体较为满意。但游客对没能品尝到苗族特色美食——酸汤鱼而耿耿于怀。坐在大巴车上，有些游客向小陈抱怨。此时，如果你是地陪导游小陈，你将如何设计欢送词才能为本次旅程画上完美的句号呢？

2. 任务分析

本团的接待计划中没有安排特色菜品酸汤鱼，但游客对此耿耿于怀，就可能因餐饮需求未得到满足而影响游客对整个行程的满意度。旅游活动六大要素的关系非常紧密，游客的旅游活动不是单一元素构成的，任何一个环节出现偏差都可能导致游客对旅游行程的不满。因此，在已经得知游客对用餐安排有所不满，但又没有时间再安排特色菜品，如何利用好欢送词挽回游客的心就更显重要了。

3. 任务实施

请根据“小七孔＋西江两日游接待计划”（表 0-2），结合情景“游客对用餐安排不满”，有针对性地设计欢送词，并在班上进行模拟训练。

4. 任务评价

根据实操训练内容和具体情况，评价采取自我评价、组内评价和教师评价相结合的评价方式，对所完成的“小七孔 ＋ 西江两日游”致欢送词模拟训练做出相应评价。效果评价表详见表 7-4。

表 7-4　致欢送词模拟训练效果评价表

<table>
<tr><th colspan="2" rowspan="2">评价内容</th><th colspan="3">评价等级（优、良、中、差）</th><th rowspan="2">备注</th></tr>
<tr><th>自我评价</th><th>组内评价</th><th>教师评价</th></tr>
<tr><td rowspan="4">知识技能评价</td><td>针对性</td><td></td><td></td><td></td><td></td></tr>
<tr><td>准确性</td><td></td><td></td><td></td><td></td></tr>
<tr><td>合理性</td><td></td><td></td><td></td><td></td></tr>
<tr><td>规范性</td><td></td><td></td><td></td><td></td></tr>
<tr><td rowspan="3">情感态度评价</td><td>团队协作</td><td></td><td></td><td></td><td></td></tr>
<tr><td>职业价值</td><td></td><td></td><td></td><td></td></tr>
<tr><td>个人价值</td><td></td><td></td><td></td><td></td></tr>
<tr><td colspan="2">组长总结</td><td colspan="2"></td><td>综合等级</td><td></td></tr>
<tr><td colspan="6">评价等级参照标准：
①针对性——是否结合接待计划进行个性化分析
②准确性——接待过程是否完整，问题解决是否目的明确
③合理性——是否符合接待计划的实际情况
④规范性——是否符合地陪导游服务规范，所采取的相关措施是否具有可操作性
⑤团队协作——团队分工是否明确、合理
⑥职业价值——是否体现地陪导游职业道德与职业操守
⑦个人价值——是否传递积极、向上的价值导向</td></tr>
</table>

5. 提升锦囊

作为地陪导游对游客的最后一段讲解，欢送词可以说至关重要。尤其是行程中有做得不到位的地方，应借助欢送词向游客表示诚挚的歉意并争取获得游客谅解。总之，欢送词应能让游客感受到地陪导游的服务热情以及对游客的依依不舍之情。

知识链接

1. 撰写特色欢送词的三大技巧

撰写特色欢送词有三大技巧：有感情、有针对性和有个性。

有感情是指地陪导游除了要面带微笑、语气诚挚之外，也要注意语言的表达要从感情入手，以情动人。

有针对性是指欢送词要能根据旅行团的特点不同而有所区别，切忌千篇一律。

有个性是指欢送词的格式不是一成不变的，可以有多元化的表达。

2. 旅游服务质量评价

致欢送词后，地陪导游可将“旅游服务质量评价意见表”分发给游客，请其现场填写，在游客填写完毕后如数收回，向其表示感谢并妥善保留；还可以请游客通过在线平台评价本次旅游服务。

收集旅游服务质量评价的目的是通过游客的反馈来提升旅游服务的整体水平。通常来讲，旅游服务质量评价表的内容会包括基本信息、行程安排、交通服务、住宿和餐饮服务、导游服务、购物和自费项目、整体满意度等几个方面。

课后拓展

实训工单　致欢送词

学院		专业	
姓名		学号	

一、接受工作任务

地陪导游小陈带领“黄果树＋天眼四日游”游客退房并顺利坐上大巴车赶往贵阳龙洞堡机场。行车途中，一位游客向地陪导游倾诉，他对贵州的少数民族文化充满憧憬，这次贵州之旅没能欣赏安顺屯堡、观看安顺地戏而心怀遗憾。但车子已经在返程途中，作为地陪导游，小陈深知本次无法满足游客的愿望，但是否可以在欢送词中做些工作呢？

二、知识拓展

1. 安顺屯堡

在古老而神奇的贵州大地上，诞生了众多的文化瑰宝。屯堡文化，就是其中尤为重要的一部分。明代初期，为了维护国家的稳定，朱元璋派了30万大军到西南边疆屯田驻扎，屯和堡就是当时军事制度——卫所屯田制的基本聚落单位。屯堡文化是600年前调北征南的军事举措所产生的一个文化遗存。安顺屯堡，由明初的军屯演变而来，其居民多为明初军户后裔。军屯时期，由于其与周围民族文化交流几乎隔绝，故服饰文化未吸收周边民族的服饰元素；军屯功能消失后，其与周边民族交流亦不太顺畅，长期以来其服饰依然保持着当初的特色。

2. 安顺地戏

安顺地戏经历600年洗礼，世代传唱忠勇爱国的故事，被誉为“中国戏剧的活化石”，2006年被列入国家级非物质文化遗产名录。

安顺地戏是古老的传统戏剧，其显著特点是演出时“跳神者首蒙青巾，腰围战裙，戴假面于额前，手执戈矛刀戟之属，随口而唱，应声而舞”。（《续修安顺府志》）。

安顺地戏分布于以贵州省安顺市西秀区为中心及市属的平坝、普定、镇宁、关岭、紫云、开发区，以及邻近的清镇、花溪、长顺等地。在全部300堂地戏中，仅西秀区就有190多堂（一个地戏队只演一部大书，称一堂）。

安顺地戏已有六百多年的历史，它的产生与明初开发黔中安顺有关。明洪武十四年（1381年），明太祖朱元璋调集来自安徽、江苏、江西、浙江、河南等地的三十万大军远征云南，一举击溃元朝盘踞云南的残余势力。战事既平，朱元璋考虑云南地处边陲，贵州又是土司势力长期占据之地，若无重兵屯戍，“虽有云南，亦难守也。”故把战略重点转向贵州，命征南大军沿云南到湖广驿道就地屯守，在贵州设有24个卫、26个守衙千户所，其中安顺有3个卫（普定、安庄、平坝），2个守衙千户所（关岭、柔远）。于是，贵州这块土地上就有了史料上所称的“屯堡人”，地戏也就随之而来了。

安顺地戏的演出程序一般为“开箱”“请神”“顶神”“扫开场”“跳神”“扫收场”“封箱”。其中的“跳神”是正式演出，又分为“设朝”“下战表”“出兵”“回朝”。其余部分是带有驱邪纳吉成分的傩戏活动。

续表

三、完成任务

1. 根据“黄果树 + 天眼四日游接待计划”（表 0–3），针对菲律宾游客的特征，创作中英文欢送词，并完成下表。

欢送词

中文欢送词	英文欢送词

2. 充分熟悉欢送词内容，并上台独立模拟致欢送词。
3. 根据实操训练内容和具体情况，评价采取自我评价、组内评价和教师评价相结合的评价方式，对所完成的“黄果树 + 天眼四日游”致欢送词模拟训练做出相应评价。效果评价表详见下表。

致欢送词模拟训练效果评价表

评价内容		评价等级（优、良、中、差）			备注
		自我评价	组内评价	教师评价	
知识技能评价	针对性				
	准确性				
	合理性				
	规范性				
情感态度评价	团队协作				
	职业价值				
	个人价值				
组长总结				综合等级	

评价等级参照标准：
①针对性——是否结合接待计划进行个性化分析
②准确性——接待过程是否完整，问题解决是否目的明确
③合理性——是否符合接待计划的实际情况
④规范性——是否符合地陪导游服务规范，所采取的相关措施是否具有可操作性
⑤团队协作——团队分工是否明确、合理
⑥职业价值——是否体现地陪导游职业道德与职业操守
⑦个人价值——是否传递积极、向上的价值导向

真题小测

（一）单选题

1. 旅行团离店在去机场（车站、码头）途中，地陪导游应对该团在当地的旅游行程，包括食、住、行、游、购、娱等方面做一个概要性的回顾，目的是（　　）。

A. 加深旅游者对当地旅游经历的体验

B. 加深旅游者对当地旅游风貌的了解

C. 加深旅游者对当地旅游资源的感知
D. 加深旅游者对当地旅游活动的感情
2. 对旅游者及全陪导游或领队、司机的合作表示感谢，属于（　　）。
A. 回顾语　　B. 感谢语
C. 惜别和致歉语　　D. 祝愿语
3. 在欢送词中，表达美好祝愿，这是（　　）。
A. 回顾语　　B. 感谢语
C. 惜别和致歉语　　D. 祝愿语

（二）多选题

1. 地陪导游向旅行团致欢送词的主要内容有（　　）。
A. 对旅游者在游览中的配合表示感谢
B. 对旅游者未能游览的景观进行补充讲解
C. 征询旅游者对旅游服务的意见和建议
D. 有礼貌地向旅游者告别并欢迎他们再次前来游玩
2. 特色欢送词相对常规欢送词的区别在于（　　）。
A. 有感情　　B. 有针对性
C. 有个性　　D. 有特色
E. 有总结

参考答案

任务三 旅游交通事故的处理

按照有关规定，凡涉及旅游者人身、财产安全的事故均为旅游安全事故。旅游交通事故是旅游安全事故中常见和主要的表现形式之一。

任务描述

地陪导游小陈带领“黄果树＋遵义＋西江四日游”旅行团前往贵阳龙洞堡机场，道路前方却发生了交通堵塞，原来有两辆车发生交通事故，正在等待交警处理，而此时大巴车已经困在路上，无法掉头，眼看时间一点点过去，请问如果你是地陪导游小陈，将如何处理呢？

任务目标

1. 了解交通事故的分类及产生原因。
2. 能根据交通事故产生的不同原因有针对性地采取应对措施。
3. 养成防患于未然的危机意识和“安全无小事”的安全意识。

任务实施

一、自我探索

扫码观看精品课程“地陪导游业务实训”中“旅游交通事故的处理和预防”视频教学资料。

旅游交通事故的处理和预防

二、教学相长

（一）避免发生旅游交通事故的重要性

安全作为旅游业的生命线，不仅关系到广大旅游者的生命财产安全，也事关我国旅游业的持续稳定发展。《中国旅游安全报告（2023）》数据显示，2022 年共发生 77 起涉旅事故灾难，共造成 315 人死亡或失踪；其中旅游交通事故数量为 8 起，造成死亡或失踪人数为 158 人。旅游交通事故一旦发生，势必对旅游者人身安全造成影响，若地陪导游和旅行社未能及时有效处理，将会进一步影响旅行社形象，甚至当地旅游形象。

初探思考

地陪导游小王处理得对吗？

地陪导游小王带领旅行团到一旅游商店购物，因耗时较长，小王怕耽误晚间娱乐活动，于是催促司机加快速度。一路上，地陪导游小王与游客还有司机有说有笑，很是开心。突然，前方一人骑车横穿公路，司机因躲闪不及而将骑车人撞倒，旅游车也滚进了路边农田里，部分游客被撞伤，车内一片大乱。小王一阵尖叫，吓得手足无措，好几分钟后，才打开车门，给旅行社打电话，惊慌失措地在路边等待旅行社工作人员，并立即告诉游客晚上娱乐活动取消。

问题

请分析该案例中地陪导游小王的行为有哪些不妥之处？

分析

首先，地陪导游小王对旅行团的行程时间安排不合理，催促司机加快速度，与司机有说有笑，分散司机注意力导致出现交通事故。且在事故发生后，未能及时安抚游客，也未采取其他措施降低事故给游客造成的危害。如案例中提到游客被撞伤，小王应查看游客伤情并及时拨打120急救电话和报警电话，而他只是单纯地向旅行社报备，全程未能正确处理本次事故。

启示

地陪导游应提前学习并掌握交通事故的处理原则和方法，在遇到交通事故时，要能根据事故具体情况有针对性地采取应对举措，充分发挥地陪导游的主观能动性，将事故影响降低到最小。

(二) 旅游安全事故的定义及处理原则

1. 定义

凡涉及旅游者人身、财产安全的事故均为旅游安全事故。旅游安全事故主要包括旅游交通事故、治安事故、火灾事故、旅游者患病、旅游者死亡事故及其他原因造成的旅游者意外伤害或财产损失事故。旅游安全事故可划分为四个等级：一般、较大、重大、特大。

2. 处理的原则

(1)“人身安全第一”原则。地陪导游应时刻牢记“安全第一、预防为主”，积极做好各项防范工作。

(2)“处事不慌”和“尽心尽责”原则。地陪导游应处事不慌，以平静的心态、坚强的意志、果断的措施去处理事故，力争将损失减少到最小。

(3)“及时报告，妥善处理”原则。地陪导游应立即报告有关部门，按领导指示做好善后工作，协调处理好各方面关系。

(4)“以法律法规为准绳”原则。地陪导游应依据法律法规、旅游协议等规定的流程进行处理。

做一做 1 **模拟交通事故处理**

假如你是地陪导游小陈，面对以下情景，你将如何应对，请在图 7-1 中写出处理步骤。

情景：地陪导游小陈按计划于 8 月 12 日带领旅行团前往黄果树景区参观游玩，当车子行驶途中遇到重大交通事故并有半数以上游客受伤（全陪导游未受伤）。

图 7-1 处理步骤

参考答案

做一做 2　梳理旅游交通事故的预防措施

请分组讨论，作为地陪导游，在接待“黄果树 + 遵义 + 西江四日游”旅行团时可能存在哪些交通安全隐患，并进一步分析如何预防旅游交通事故的发生。要求小组群策群力，共同讨论，在图 7-2 中写出旅游交通事故的预防措施。

图 7-2　旅游交通事故的预防措施

参考答案

模拟实训

（一）实训内容

散拼团的旅游交通事故的预防。

（二）实训目标

能完成散拼团的旅游交通事故的预防工作。

（三）实训步骤

1. 任务描述

地陪导游小陈带领“小七孔 + 西江两日游”散拼团在贵州进行参观游玩。

情景 1：小陈带领游客上车后，发现旅游大巴车的行李架没有盖板，且有多个座位的安全带损坏无法正常使用。

情景 2：旅行团在餐厅用午餐时，小陈发现司机王师傅在喝酒，于是上前劝其少喝一点。

情景 3：旅行团前往西江千户苗寨的途中，小陈稍微讲解了几段沿途风光之后，就返回自己的座位，且不停地向司机王师傅吐槽自己的工资太低。

情景 4：在旅游大巴车开往小七孔景区的路上，突然下起了大雨，小陈坐在自己的位置上继续玩手机。

情景 5：因西江千户苗寨游玩时间延长了 1 个小时，因此旅行团集合返回的时间耽搁了，为了赶时间，小陈一直催促司机开快点。

2. 任务分析

以上情景都可能是带团中遇到的实际工作场景，作为地陪导游，应始终保持危机意识，坚持“安全无小事、安全大于天”。可以明显看出，地陪导游小陈在以上情景中的应对都存在不妥之处，很可能导致旅游交通事故的发生。而事故一旦发生，将会给游客带来不可估量的损失。

3. 任务实施

请根据以上情景，分组讨论地陪导游小陈的做法存在哪些不当之处。如果你是小陈，为了预防旅游交通事故，你将如何做？请小组讨论后进行角色扮演。

4. 任务评价

根据实操训练内容和具体情况，评价采取自我评价、组内评价和教师评价相结合的评价方式，对所完成的“小七孔＋西江两日游”旅游交通事故预防模拟训练做出相应评价。效果评价表详见表 7-5。

表 7-5　　旅游交通事故预防模拟训练效果评价表

评价内容		评价等级（优、良、中、差）			备注
		自我评价	组内评价	教师评价	
知识技能评价	针对性				
	准确性				
	合理性				
	规范性				
情感态度评价	团队协作				
	职业价值				
	个人价值				
组长总结				综合等级	

评价等级参照标准：
①针对性——是否结合接待计划进行个性化分析
②准确性——接待过程是否完整，问题解决是否目的明确
③合理性——是否符合接待计划的实际情况
④规范性——是否符合地陪导游服务规范，所采取的相关措施是否具有可操作性
⑤团队协作——团队分工是否明确、合理
⑥职业价值——是否体现地陪导游职业道德与职业操守
⑦个人价值——是否传递积极、向上的价值导向

5. 提升锦囊

旅游交通事故的预防和处理要点详见表 7-6。

表 7-6　　旅游交通事故的预防和处理要点

预防要点	事故中处理要点	事故后处理要点
1. 司机开车时，不要与司机聊天，以免分散其注意力 2. 在日程安排上留有余地，不要让司机因抢时间超速行驶 3. 如遇天气不好（下雪、下雨、有雾）、交通堵塞、路况不好，尤其是在狭窄道路、山区行车时，地陪导游要主动提醒司机注意安全、谨慎驾驶 4. 严禁非本车司机开车 5. 如果天气恶劣，地陪导游对日程可做适当灵活调整，如遇有道路不安全的情况，可以改变行程，把安全放在第一位 6. 提醒司机经常检查车辆	1. 立即组织抢救 2. 立即报案，保护现场 3. 迅速向地接社报告	1. 做好安抚工作 2. 开具证明 3. 提交书面报告

知识链接

1. 旅游交通事故的分类

旅游交通事故按乘坐交通工具类型可主要分为三种：道路交通事故、水路交通事故、空路交通事故。

2. 旅游交通事故的处理

(1) 立即组织抢救。发生交通事故后，地陪导游应立即组织没有受伤的人员帮忙救助受伤的游客，特别是要抢救重伤员，并尽快让其他游客离开事故车辆，然后立即打电话叫救护车或直接拦车，将重伤员送往距出事地点最近的医院抢救。

(2) 立即报案，保护现场。事故发生后，不要在慌乱中破坏现场，要设法保护现场，并尽快通知交警，查清事故发生的原因和责任。

(3) 迅速向地接社报告。地陪导游应迅速向地接社的计调和领导报告，讲清交通事故的发生情况和游客伤亡情况，请求派人前来帮助和指挥事故的处理，并要求派车把未受伤和受轻伤的游客接走，送至酒店休息或继续活动。

(4) 做好安抚工作。地陪导游要做好游客情绪上的安抚工作，善后工作将由旅游汽车公司和旅行社的领导出面处理。

(5) 开具证明。请医院开出诊断书和医疗证明书，并请交警开具交通事故证明书，以便向保险公司申请理赔。

(6) 提交书面报告。要求报告写得详细、准确、清楚、实事求是。事故报告的内容包括事故的原因和经过、抢救经过、治疗情况、事故责任及对责任者的处理、游客的情绪及对处理的反映等（最好和领导联名报告）。

课后拓展

实训工单　旅游交通事故的处理

学院		专业	
姓名		学号	

一、接受工作任务

地陪导游小陈带领“黄果树 + 天眼四日游”旅行团在行车途中，不幸发生了交通事故，旅游大巴车在高速公路发生侧翻，一位游客头部流血、三位游客骨折、五位游客轻伤（地陪导游、领队均未受伤）。请问假如你是小陈，你要如何应对本次旅游交通事故？

二、知识拓展

1. 当旅游交通事故发生后，地陪导游应当引导游客自救，打开车门有序下车。情况紧急时，应当放弃笨重的行李物品，保住人身安全。大巴车发生侧翻后，地陪导游可以取下大巴车窗上的逃生锤，砸开车窗引导游客逃出；如果有人员伤亡，地陪导游应拨打急救电话。

2. 旅行社责任险简易申请理赔流程

(1) 拨打保险公司电话进行报案。

(2) 如是交通事故，还要拨打 110 公安报警电话或 122 交警报案电话。

(3) 如是游客遭受人身伤害及财物丢失、被盗，要进行现场拍照取证，拨打 110 公安报警电话。

(4) 联系相关责任方协助处理。

(5) 收集有关资料，向保险公司申请理赔。

续表

3. 漂流安全注意事项

在上船之前，地陪导游应告知游客不要携带现金和贵重物品，仔细阅读漂流须知，听从工作人员安排，穿好救生衣，根据需要戴好安全帽；告知游客在水上漂流中不要做危险动作，不要打闹，不要主动去抓水上的漂浮物和岸边的草木或石头，不要自作主张随便下船；告知游客漂流中一旦落水，千万不要惊慌失措，因为救生衣的浮力足以将人托浮在水面上，静心等待工作人员或其他游客前来救援。

4. 骨折的急救处理措施

骨折的急救处理措施通常为止血、包扎、上夹板。止血可以采用直接加压止血法、抬高伤肢止血法、止血点止血法。

如果骨折的位置为四肢远端，可冰敷后用简易夹板固定，及时送医。如出现明显肢体变形，立即送医。如有开放性伤口，可用干净纱布压迫，进行简易包扎。如有大血管活动性出血，可用止血带捆扎止血，但需注意捆扎时间，避免引起肢体缺血坏死。如出现脊柱骨折，非专业人员不可随意搬动患者，需专业急救人员担架转运。

三、完成任务

1. 根据上述情景，以小组为单位讨论该如何处理该旅游交通事故。
2. 分组讨论确定小组成员的角色，可参考角色：地陪导游、领队、司机、游客、交警、救护人员、保险公司人员等，进行旅游交通事故处理的模拟训练。
3. 根据实操训练内容和具体情况，评价采取自我评价、组内评价和教师评价相结合的评价方式，对所完成的“黄果树 + 天眼四日游”旅游交通事故处理模拟训练做出相应评价。效果评价表详见下表。

旅游交通事故处理模拟训练效果评价表

评价内容		评价等级（优、良、中、差）			备注
		自我评价	组内评价	教师评价	
知识技能评价	针对性				
	准确性				
	合理性				
	规范性				
情感态度评价	团队协作				
	职业价值				
	个人价值				
组长总结				综合等级	

评价等级参照标准：
①针对性——是否结合接待计划进行个性化分析
②准确性——接待过程是否完整，问题解决是否目的明确
③合理性——是否符合接待计划的实际情况
④规范性——是否符合地陪导游服务规范，所采取的相关措施是否具有可操作性
⑤团队协作——团队分工是否明确、合理
⑥职业价值——是否体现地陪导游职业道德与职业操守
⑦个人价值——是否传递积极、向上的价值导向

真题小测

(一) 单选题

1. 旅行团乘旅游车外出游览时，由于司机不慎，发生交通事故造成旅游者重伤，在交通事故的善后处理中，应遵循（　　）为第一位的原则。

A. 保护旅行社的利益　　B. 保护旅游者的基本权益

C. 保护旅游车公司的利益　　D. 协商解决

2. 旅游安全事故可划分为（　　）个等级。

A. 二　　B. 三

C. 四　　D. 五

3. 旅游交通事故按乘坐交通工具类型主要分为（　　）种。

A. 二　　B. 三

C. 四　　D. 五

(二) 多选题

1. 为预防交通事故的发生，地陪导游对司机应该（　　）。

A. 在天气不好、交通拥挤的情况下提醒其注意安全、谨慎驾驶

B. 在日程安排上留有余地，不催促司机为抢时间而超速行驶

C. 在确保旅游者人身安全的情况下，奉劝其慢速行驶

D. 提醒其开车前不要饮酒，不要让非本车司机人员开车

E. 出车前提醒其检查车辆，若有隐患及时修理或换车

2. 发生重大交通事故，地陪导游应该（　　）。

A. 立即组织现场人员帮忙救助受伤旅游者

B. 保护好现场，立即报案

C. 迅速将发生交通事故情况报告地接社

D. 如实向受伤旅游者家属介绍受伤情况

E. 做好未受伤旅游者的安抚工作

参考答案

任务四 误机（车、船）的预防及处理

交通是保障旅游者在时间和空间上发生位移的关键因素，同时旅游交通也是旅游业的三大支柱产业之一。

任务描述

地陪导游小陈按照原定计划带领“黄果树＋遵义＋西江四日游”旅行团前往贵阳龙洞堡机场，准备送游客返程，结果途中车辆发生抛锚，导致旅行团滞留半路，眼看就要到飞机起飞的时间了，地陪导游小陈该如何处理呢？

任务目标

1. 熟悉误机（车、船）事故的原因。
2. 掌握误机（车、船）事故的预防。
3. 养成危机意识和预防为主的意识，从源头规避风险。

任务实施

一、自我探索

扫码观看精品课程“地陪导游业务实训”中“误机（车、船）的处理”视频教学资料。

误机（车、船）的处理

二、教学相长

（一）了解误机（车、船）事故

误机（车、船）事故是指因故造成旅行团没有按原定航班（车次、船次）离开本站而导致暂时滞留。一般发生这类事故主要有两种原因：

第一种情况是地陪导游或旅行社有关人员工作上的差错和不负责任造成的，如安排日程不当，未能按时抵达机场（车站、码头）；地陪导游没有认真核实票据，将时间或地点弄错，或班次已经变更但旅行社有关人员未及时通知地陪导游等。这些主观原因导致的误机（车、船）事故属于责任事故。

第二类情况是旅游者走失、旅游者没有按安排时间准时集合及其他意外事件（如交通事故、天气变化、自然灾害等）造成的。这些客观原因导致的误机（车、船）事故属于非责任事故。

初探思考

游客未按时集合的后果

一个40人的国内旅行团，计划于2月19日15：30乘坐G0001次列车离开贵阳东站赶赴重庆，旅行团在一家大型商场旁的餐厅用餐，午餐于13：00结束。午餐结束后，游客要求去商场购物，地陪导游开始不同意，但经不住游客的坚持，地陪导游还是同意了，不过一再提醒大家一个小时后一定要返回原地集合。

一个小时后，只有38人回来，等了一会儿，地陪导游让已经回来的游客在旅游车上休息，自己与全陪导游及两名年轻游客进商场寻找，找到两人时，距高铁离站时间只有20分钟了。当旅游车赶到贵阳东站时，高铁已经离站。

问题

这起事故中，地陪导游的做法有哪些不妥之处？

分析

在这起误车事故中，地陪导游有两处不妥之处，要为本次误车事故负责。

第一，地陪导游同意游客去商场购物，违反了“旅行团离站当天不得让游客自由活动，不带游客去大型商场购物”的纪律；当38人已经返回，地陪导游应该让全陪导游携票证带大家先去车站等候，自己留下寻找走失者，而他却让所有的人在旅游车上休息，导致全体游客均误车的事故发生。

第二，游客进了商场，一旦分散活动，就算再三强调集合时间，不少人还是会因选购商品而忘了时间。地陪导游应该充分意识到这一点。为了避免游客饭后购物，地陪导游可以安排用餐时间略晚，或用餐时间拖得长一些，以免留有足够的时间让游客产生购物欲望；或与计调部门商量更换餐厅，不安排旅行团在靠近大商场的餐厅用餐。

启示

误车事故一旦发生，不仅会因车票失效产生新的交通成本，还会直接影响旅行团后续行程安排。因此，地陪导游一定要高度重视，尽量规避误车事故。本案例中的地陪导游未能采取正确的应对方式，造成了误车事故的发生，要为本次误车事故负责。

(二) 误机（车、船）事故的预防

误机（车、船）事故带来的后果严重，杜绝此类事故的发生关键在于预防，地陪导游应做到以下几点：

(1) 认真核实机（车、船）票的班次（车次、船次）、日期、时间及在哪个机场（车站、码头）登机（车、船）等。

(2) 提前做好旅行团离站交通票据的落实工作。

(3) 临行前不安排旅行团到地域复杂、偏远的景点参观游览，不安排旅行团到热闹的地方购物或自由活动。

(4) 留有充足的时间去机场（车站、码头），要考虑交通堵车或突发事件等因素。

(5) 保证旅行团按规定时间提前到达离站地点。

做一做 1 **分析造成事故的原因**

情景 1：地陪导游小陈带领“黄果树 + 遵义 + 西江四日游”旅行团乘车赶赴贵阳龙洞堡机场，在前往机场途中其他车辆发生了重大的交通事故，造成严重的堵车，时间一点一点过去，车子在短时间内无法通行，小陈心急如焚。

情景 2：地陪导游小陈于旅行团抵达前四天拿到接待计划，并领到该团前往昆明的机票。由于飞往昆明的 GY3456 航班一直是每日 21：05 分起飞的，所以小陈并未审核机票，其他人员也未提及。实际上，当日此航班已变更为 19：40 分起飞，当团队在 20：00 分抵达机场时，飞机已经飞走了。

参考答案

情景 3：按计划该团将乘 8 月 13 日 19：40 分起飞的 GY3456 航班前往昆明。中午用餐时间结束后，小陈带领旅行团返回贵阳。15：40 左右抵达贵阳，小陈看时间尚早，想着游客难得来一趟贵州，便带领游客到青云市集进行游玩，并宣布：“请大家在两个小时后集合！”但到了集合时间，只有 20 个人返回，待最后几人返回时，已是 19：00 了，匆匆赶到机场，飞机已经起飞了。

做一做 2 **思考应对处理办法**

请同学们根据“做一做 1”中误机（车、船）事故的案例，思考对应的处理办法。要求小组全体成员群策群力、合理分工，并通过角色扮演完成误机（车、船）的模拟训练，注意每位同学都要有自己的角色。

模拟实训

（一）实训内容

散拼团的误机（车、船）事故的预防。

（二）实训目标

熟悉误机（车、船）事故的预防方法，并了解散拼团的特征，提前做好准备工作，预防误机（车、船）事故的发生。

（三）实训步骤

1. 任务描述

地陪导游小陈接待了“小七孔 + 西江两日游”散拼团，其中有 1 位游客陈国 X 为地接社业务合作高管，是重点客人，要格外重视；1 位游客冯雪 X 腿脚不便，走路较慢，需要特殊照顾；有 2 位游客李朋 X 和王 X 来自辽宁、3 位游客况 X、陈春 X 和唐燕 X 来自北京。经过数天的参观游览，地陪导游小陈和游客之间已经相对熟悉，明天就要送游客离开了，如果你是地陪导游小陈，为避免出现误机（车、船）事故，你将如何做呢？

2. 任务分析

本散拼团是由来自北京、天津、河北、四川、安徽等多地区的游客组成，且其身份背景各不相同，离团后的目的地也不同。地陪导游应根据各游客报团前的预留信息，逐一核对游客的返程信息，落实交通票据。如北京、辽宁来的游客的交通工具通常为飞机，而四川来的游客的交通工具可能是飞机也可能是高铁或火车，地陪导游要向游客逐一落实。在该环节，地陪导游一定要严谨细致、一丝不苟，一旦返程信息出现偏差，将可能导致游客误机（车、船）事故的发生。

3. 任务实施

请根据任务描述，分组讨论，并自行设计游客的返程交通工具和返程时间；采用角色扮演法，以预防散拼团误机（车、船）事故为情景，在班上进行模拟训练。

4. 任务评价

根据实操训练内容和具体情况，评价采取自我评价、组内评价和教师评价相结合的评价方式，对所完成的误机（车、船）事故的预防模拟训练做出相应评价。效果评价表详见表 7–7。

表 7–7　　　　误机（车、船）事故的预防模拟训练效果评价表

评价内容		评价等级（优、良、中、差）			备注
		自我评价	组内评价	教师评价	
知识技能评价	针对性				
	准确性				
	合理性				
	规范性				
情感态度评价	团队协作				
	职业价值				
	个人价值				
组长总结				综合等级	
评价等级参照标准： ①针对性——是否结合接待计划进行个性化分析 ②准确性——接待过程是否完整，问题解决是否目的明确 ③合理性——是否符合接待计划的实际情况 ④规范性——是否符合地陪导游服务规范，所采取的相关措施是否具有可操作性 ⑤团队协作——团队分工是否明确、合理 ⑥职业价值——是否体现地陪导游职业道德与职业操守 ⑦个人价值——是否传递积极、向上的价值导向					

5. 提升锦囊

在工作过程中，地陪导游应加强责任心，重视误机（车、船）事故的预防工作，比如检查交通票据、把握好送团时间、掌握误机（车、船）事故应急处理方法等。但一些非责任因素导致的误机（车、船）事故是地陪导游不能避免的，但无论什么原因造成误机（车、船）事故，地陪导游都要全力以赴做好补救工作，力争把损失降到最低。

知识链接

1. 误机（车、船）事故应对措施

地陪导游应掌握发生误机（车、船）事故时相应的应对措施。

(1) 地陪导游应立即向旅行社领导及有关部门报告，请求协助。

(2) 地陪导游和旅行社及机场（车站、码头）联系，争取让游客乘最近班次的交通工具离开本站，或采取包机（车厢、船）或改乘其他交通工具前往下一站。

(3) 安抚游客的情绪。

(4) 及时通知下一站计调，对日程做相应的调整。

(5) 向游客赔礼道歉。

(6) 写出书面报告。

2. 预留时间预防误机（车、船）事故

在离站服务过程中，地陪导游要根据接待计划上游客离开的时间，带领旅行团乘坐旅游车提前到达机场（车站、码头）等送站地点，注意必须留出充裕的时间。按照要求，乘坐出境航班应提前 3 小时或按航空公司规定的时间抵达机场；乘坐国内航班应提前 2 小时抵达机场；乘坐火车、轮船则提前 1 小时抵达车站、码头。

课后拓展

实训工单　误机（车、船）的预防及处理

学院		专业	
姓名		学号	

一、接受工作任务

在地陪导游小陈带领非律宾“黄果树 + 天眼四日游”旅行团游客在赶往贵阳龙洞堡机场的路上，突然前方道路发生交通事故，大巴车被困在道路中间无法前行，眼看时间一分一秒过去，误机将成为既定事实，请问如果你是小陈，要如何应对？

二、知识拓展

1. 国内出发流程

(1) 行李托运、换登机牌

到达机场——指定的服务台——出示身份证、机票办理手续——领取登机牌。

(2) 购买航空保险

自行决定是否购买航空保险。

(3) 安全检查

通过安全门——出示登机牌、有效证件和机票——行李接受 X 光机检查——旅客走金属探测器门。

(4) 候机及登机

到指定的登机口候机休息——根据广播提示登机。

2. 国内到达流程

(1) 领取托运行李

确定航班号——至相应的行李转盘领取托运行李。

(2) 到达大厅

到达大厅接客处——市区各大宾馆接待柜台（机场大巴售票柜台）。出租车和机场巴士站台一般位于国内到达出口处。

3. 国际出发流程

(1) 海关检查

有申报物品——走红色通道——办理海关手续；没有申报物品——走绿色通道。

(2) 行李托运、换登机牌

至指定的服务台——出示护照、签证及旅行证件，进行登机牌办理手续——领取登机牌。

续表

(3) 购买航空保险
自行决定是否购买航空保险。
(4) 边防检查
填写出境卡——出示护照、签证——边防检查站查验。
(5) 安全检查
通过安检门——出示登机牌、有效证件和机票——行李接受 X 光机检查——旅客走金属探测器门。
(6) 候机及登机
到指定的登机口候机休息——根据广播提示登机。
4. 国际到达流程
(1) 卫生检疫
填写卫生健康卡——交卫生检疫站。
(2) 边防检查
填写入境卡——出示护照、签证——边防检查站查验。
(3) 领取托运行李
确定航班号——至相应的行李转盘领取托运行李。
(4) 海关检查
有申报物品——走红色通道——办理海关手续；没有申报物品——走绿色通道。
(5) 到达大厅
大厅接客处兑换货币——市区各大宾馆接待柜台（机场大巴售票柜台）。

三、完成任务

1. 根据以上案例，请分组讨论应对措施，并撰写对话。
2. 小组成员根据所设计的对话分配角色，并进行误机（车、船）事故的预防及处理模拟训练。参考角色：地陪导游、领队、计调、航空工作人员、游客等。
3. 根据实操训练内容和具体情况，评价采取自我评价、组内评价和教师评价相结合的评价方式，对所完成的“黄果树＋天眼四日游”误机（车、船）事故的预防及处理模拟训练做出相应评价。效果评价表详见下表。

误机（车、船）事故的预防及处理模拟训练效果评价表

评价内容		评价等级（优、良、中、差）			备注
		自我评价	组内评价	教师评价	
知识技能评价	针对性				
	准确性				
	合理性				
	规范性				
情感态度评价	团队协作				
	职业价值				
	个人价值				
组长总结				综合等级	

评价等级参照标准：
①针对性——是否结合接待计划进行个性化分析
②准确性——接待过程是否完整，问题解决是否目的明确
③合理性——是否符合接待计划的实际情况
④规范性——是否符合地陪导游服务规范，所采取的相关措施是否具有可操作性
⑤团队协作——团队分工是否明确、合理
⑥职业价值——是否体现地陪导游职业道德与职业操守
⑦个人价值——是否传递积极、向上的价值导向

真题小测

（一）单选题

1. 以下关于误机（车、船）事故原因的选项，错误的是（　　）。

A. 安排日程过紧　　B. 没有认真核实票据

C. 旅行社的工作疏忽　　D. 旅游者没有按时集合

2. 为防止发生误车事故，地陪导游应带团提前（　　）到达火车站。

A. 40 分钟　　B. 60 分钟　　C. 90 分钟　　D. 120 分钟

3. 为防止发生误船事故，地陪导游应带团提前（　　）到达码头。

A. 40 分钟　　B. 60 分钟　　C. 90 分钟　　D. 120 分钟

4. 发生误机事故后，地陪导游首先应该（　　）。

A. 安抚旅游者　　B. 报告旅行社

C. 联系最近的航班送走旅游者　　D. 及时调整下一站行程

5. 乘坐国内航班时，为了防止发生误机事故，地陪导游应带团提前（　　）到达机场。

A. 40 分钟　　B. 60 分钟　　C. 90 分钟　　D. 120 分钟

（二）多选题

1. 为防止发生误机（车、船）事故，地陪导游应（　　）。

A. 认真核实机（车、船）票　　B. 在离开当天安排自由活动

C. 在离开当天不去偏远的景点　　D. 留足时间去机场（车站、码头）

E. 按规定的时间到达机场（车站、码头）

2. 误机（车、船）事故的处理方法是（　　）。

A. 地陪导游应尽快向旅行社有关部门汇报，并请求协助

B. 尽快与机场（车站、码头）联系，争取旅游者尽早离开本站

C. 稳定旅游者情绪，安排好食宿、游览事宜

D. 及时通知下一站，对日程进行相应调整

E. 向旅游者道歉，并写出事故报告

参考答案

任务五 后续工作

送站服务的最后一项工作为后续工作，根据实际带团流程，可以分为地陪导游即将送走旅游者时的工作，以及送走旅游者后的工作。无论是哪一项工作，地陪导游都应坚守岗位，站好最后一班岗，为旅游者提供优质服务。

任务描述

地陪导游小陈带领旅行团即将抵达机场，请问接下来地陪导游还要完成哪些工作呢？

任务目标

1. 熟悉旅行团后续工作流程。
2. 了解后续工作处理的主要内容。
3. 培养问题处理和归纳总结能力。

任务实施

一、自我探索

扫码观看精品课程“地陪导游业务实训”中“离站手续及后续事宜处理”视频教学资料。

离站手续及后续事宜处理

二、教学相长

（一）即将送走旅游者时的工作

1. 提前到达机场（车站、码头）

在离站服务过程中，地陪导游要根据旅游者离开的时间，带领旅行团乘坐旅游车提前到达机场（车站、码头）等送站地点，注意要留出充裕的时间。

2. 照顾旅游者下车

下车时，地陪导游要提醒旅游者带齐随身行李物品，并照顾旅游者下车。旅游者全部下车后，地陪导游要再次检查车内有无旅游者遗留的物品，如果有，要及时提醒旅游者。

3. 交接行李

若旅行团有行李车运送行李，到达送站地点后，地陪导游应迅速与旅行社行李员取得联系，将其交来的交通票据和行李托运单或行李卡逐一清点、核实后，交给全陪导游或领队，并请其当面清点核实。若旅行团没有行李员（目前大多数旅行团都是行李随旅游车同载），下车后地陪导游要请旅游者拿取各自的行李。

4. 办理离站手续

送国内航班时，地陪导游应协助办理离站手续。送出境团时，地陪导游应在核实行李后，将行李交给每位旅游者，由旅游者自己办理行李托运手续，必要时可协助旅游者办理购物退税手续，并向领队或旅游者介绍办理出境手续的程序，将旅行团送往安检区域。

初探思考

游客请求地陪导游帮忙转递物品

地陪导游小田接待菲律宾游客在贵州度过了精彩的4天，旅行团离境前，一位游客找到小田，请求小田帮忙将一个密封的盒子交给他的朋友张某，并解释说盒子里的东西很贵重，实在不放心其他人转交，只能请求小田帮忙。小田觉得这是游客对自己的信任，非常开心地接受了他的委托，并及时将盒子交给了该游客的朋友。但不久，该游客就联系旅行社，询问小田为何没有转交盒子。旅行社在调查此事时，小田郑重强调已经将盒子转交，并解释了整件事的经过。得知全部经过后，旅行社领导非常严肃地批评了小田。

问题

你觉得小田做得对不对？为什么？

分析

小田做得不对，首先，在接受委托时未按要求处理，没有请示领导，也不知道物品的具体信息，就贸然接受游客转交贵重物品的委托；其次，在转交物品过程中没有任何证明资料，既没有让游客写委托书，也没有让接收人写收据。

启示

面对游客转交贵重物品的要求，地陪导游一般应婉言拒绝，请游客亲自将物品交给朋友或者陪游客去邮局邮寄；如果游客确实有困难又坚持请地陪导游转交时，地陪导游应请示领导经批准后方可接受委托；要问清楚是何物品，如果是应税物品应让其先纳税，如果是食品应婉拒；要让游客写委托书并签字，写明物品名称和数量、收件人姓名和详细地址；物品交给收件人后要让其写收据；地陪导游应将委托书和收据交至旅行社保管。

（二）在送走旅游者后的工作

1. 与司机办理结账手续

地陪导游应按旅行社的规定与司机办理结账手续，或在用车单据上签字，并妥善保留好单据，注意核实用车公里数。

2. 与计调交接资料

向计调提交导游日志及旅游服务质量评价表，及时归还接团时从计调处领取的物资，并填写清楚有关接待和财务结算的表格，连同保留的单据、活动日程表等与计调交接清楚，并到财务部门结清账目，报账流程应在送团之后的一周之内完成。

3. 处理遗留问题

通常来讲，处理遗留问题主要是完成旅游者要求转递信件、资料或物品等工作。

4. 完成带团小结

地陪导游应养成每次下团后总结本次出团工作的良好习惯，认真填写导游日志，实事求是地汇报接团情况。这样既有利于业务水平的提高，又有利于旅行社及时掌握情况、发现不足，以便不断提高接待质量。自身原因导致接团中出现问题的，要认真思考、积极调整，进行总结以提高业务水平。

另外，如涉及相关接待单位，如餐厅、酒店、车队等方面的意见，地陪导游应主动说明真实情况，由旅行社有关部门向这些单位转达旅游者的意见。涉及一些旅游者意见较大或比较严重的问题时，地陪导游要整理成书面材料，内容要翔实，尽量引用原话，并注明旅游者的身份，以便旅行社有关部门和相关单位进行交涉。若发生重大事故，应实事求是地写出事故报告，及时向地接社和组团社汇报。

做一做 1 送站模拟训练

地陪导游小陈和“黄果树 + 遵义 + 西江四日游”旅行团一起度过了愉快的四天。现在小陈带领旅行团来到贵阳龙洞堡机场准备离开。大家进入安检时，小陈热情地与他们告别，并祝一路平安。满怀不舍之情，小陈继续注视旅行团过安检，直到旅行团全体成员从安检口进入隔离区后，才转身离开。

请同学们分别扮演地陪导游小陈、全陪导游小王、游客，完成机场送站的模拟训练。

做一做 2 交接工作模拟训练

请同学们两人一组，合理设计对话，完成以下情景模拟训练：

1. 地陪导游小陈与司机马师傅办理结账手续。
2. 地陪导游小陈与地接社计调交接资料。

模拟实训

（一）实训内容

散拼团的后续工作服务。

（二）实训目标

能完成散拼团的后续工作处理。

（三）实训步骤

1. 任务描述

快乐的时光总是短暂的，“小七孔 + 西江两日游”旅行团的行程已经进入了尾声。地陪导游小陈带领游客回到集散地之后，正在和游客依依惜别，一位游客找到小陈，请她帮忙购买一个物品，请问如果你是小陈，要如何应对呢？

2. 任务分析

对于游客要求帮忙购买物品的要求，地陪导游一般应婉言拒绝；实在推脱不掉时，地陪导游要请示领导，一旦接受委托，则要认真办理，并注意收取足够的钱款，余额在事后由旅行社退还委托游客；发票、快递单和快递费收据要寄给委托游客，复印件则由旅行社保存，以备查验。

3. 任务实施

(1) 请根据以上情景，设计地陪导游、游客及计调之间的对话。

(2) 请根据设计的对话，分角色进行模拟训练。

4. 任务评价

根据实操训练内容和具体情况，评价采取自我评价、组内评价和教师评价相结合的评价方式，对所完成的“小七孔＋西江两日游”后续工作模拟训练做出相应评价。效果评价表详见表 7-8。

表 7-8　　后续工作模拟训练效果评价表

<table>
<tr><th colspan="2" rowspan="2">评价内容</th><th colspan="3">评价等级（优、良、中、差）</th><th rowspan="2">备注</th></tr>
<tr><th>自我评价</th><th>组内评价</th><th>教师评价</th></tr>
<tr><td rowspan="4">知识技能评价</td><td>针对性</td><td></td><td></td><td></td><td></td></tr>
<tr><td>准确性</td><td></td><td></td><td></td><td></td></tr>
<tr><td>合理性</td><td></td><td></td><td></td><td></td></tr>
<tr><td>规范性</td><td></td><td></td><td></td><td></td></tr>
<tr><td rowspan="3">情感态度评价</td><td>团队协作</td><td></td><td></td><td></td><td></td></tr>
<tr><td>职业价值</td><td></td><td></td><td></td><td></td></tr>
<tr><td>个人价值</td><td></td><td></td><td></td><td></td></tr>
<tr><td colspan="2">组长总结</td><td colspan="2"></td><td>综合等级</td><td></td></tr>
<tr><td colspan="6">评价等级参照标准：
①针对性——是否结合接待计划进行个性化分析
②准确性——接待过程是否完整，问题解决是否目的明确
③合理性——是否符合接待计划的实际情况
④规范性——是否符合地陪导游服务规范，所采取的相关措施是否具有可操作性
⑤团队协作——团队分工是否明确、合理
⑥职业价值——是否体现地陪导游职业道德与职业操守
⑦个人价值——是否传递积极、向上的价值导向</td></tr>
</table>

5. 提升锦囊

在送游客离开之前，地陪导游需要和全陪导游或领队清算所有账务。所有接待产生的费用一定要及时让全陪导游或领队签字，以保障后续地接社和组团社的财务结算。此外，对于旅途中发生的突发事件，相关信息要做好记录并保存，涉及纸质材料应请游客和全陪导游或领队签字，做好相关资料的留存。

知识链接

1. 游客要求转递信件或资料

通常情况下，可以说服游客自行办理，地陪导游可协助；重要材料最好让游客自行办理，如果地陪导游答应转交，则应按照程序妥善办理；如果是境外游客转递给外国驻华使领馆工作人员的物品，地陪导游应建议游客自行办理，并可给予必要的协助。

2. 游客要求转递物品

地陪导游必须问清是何物，如果是应税物品，应督促其尽快纳税；如果是贵重物品，一般应婉拒，实在无法推脱，则应按程序妥善办理。值得注意的是，如果是要求转递食品，地陪导游应婉言拒绝，请其自行处理。

课后拓展

实训工单　后续工作

学院		专业	
姓名		学号	
一、接受工作任务			
“黄果树 + 天眼四日游”旅行团游客的离站手续已经办理妥当，突然一个菲律宾游客找到地陪导游小陈，请其帮忙转递一个包裹。小陈询问包裹里是什么东西，游客说是一封信和一本书，由于时间紧张请他转交给在贵阳的一个朋友。请问，如果你是小陈，要如何做呢？			
二、知识拓展			
1. 贵州地道药材：天麻、杜仲、石斛、吴茱萸、黔党参、茯苓、金银花、半夏、朱砂、厚朴、黄连。 2. 中国海关关于出境中药材的数量、品种、限量等有明确规定，如携带中药材前往国外的，随身携带总限值为 300 元，邮寄则为 200 元；前往港澳地区的，随身携带总限值为 150 元，邮寄则为 100 元。另外，麝香、犀牛角、虎骨不准出境。 3. 游客投诉，地陪导游处理工作要点有以下五点： (1) 办理及时，不要拖延。 (2) 答复迅速。 (3) 对游客反映的意见表示感谢。 (4) 对一些重要投诉或自身无力解决的问题，要及时报告旅行社。 (5) 注意保护投诉者隐私。			
三、完成任务			
1. 请根据“黄果树 + 天眼四日游接待计划”（表 0–3），分组讨论地陪导游小陈面对上述情景，应采取何种应对措施。 2. 请根据“黄果树 + 天眼四日游接待计划”（表 0–3），从以下情景中，随机抽选一个，进行分组模拟训练。 情景 1：办理登机手续和行李托运 情景 2：地陪导游送游客离开场景 情景 3：地陪导游与领队、司机交接 3. 根据实操训练内容和具体情况，评价采取自我评价、组内评价和教师评价相结合的评价方式，对所完成的“黄果树 + 天眼四日游”后续工作做出相应评价。效果评价表详见下表。			

续表

后续工作模拟训练效果评价表

评价内容		评价等级（优、良、中、差）			备注
		自我评价	组内评价	教师评价	
知识技能评价	针对性				
	准确性				
	合理性				
	规范性				
情感态度评价	团队协作				
	职业价值				
	个人价值				
组长总结				综合等级	

评价等级参照标准：
①针对性——是否结合接待计划进行个性化分析
②准确性——接待过程是否完整，问题解决是否目的明确
③合理性——是否符合接待计划的实际情况
④规范性——是否符合地陪导游服务规范，所采取的相关措施是否具有可操作性
⑤团队协作——团队分工是否明确、合理
⑥职业价值——是否体现地陪导游职业道德与职业操守
⑦个人价值——是否传递积极、向上的价值导向

真题小测

（一）单选题

1. 送旅行社达到车站，下车前，地陪导游应提醒旅游者带齐随身携带的行李物品，照顾全团旅游者下车后（　　）。

A. 帮助年老体弱的旅游者进站

B. 即可送客进站

C. 再检查一下车内有无旅游者遗漏的物品

D. 即可返回

2. 下列选项中根据规定不予转交的物品是（　　）。

A. 一本外文小说　　B. 一盒包装精美的食品

C. 一块手表　　D. 华贵衣服

3. 送走旅行团后，地陪导游要与司机办理（　　）。

A. 用车手续　　B. 结账手续

C. 交接手续　　D. 委托手续

（二）多选题

1. 地陪导游送走旅行团后，通常要处理的遗留问题主要有（　　）。

A. 转递信件　　B. 转递物品

C. 拜访旅游者亲友　　D. 办理托运

E. 代购物品

2. 地陪导游在送走旅行团后，应尽快处理后续工作。后续工作主要包括（　　）等内容。

A. 领受新的接待任务　　B. 处理遗留问题

C. 与司机办理结账手续　　D. 完成带团小结

E. 与计调交接资料

参考答案

参考文献

[1] 马树生，许萍 . 模拟导游 [M].4 版 . 北京：旅游教育出版社，2018.
[2] 全国导游资格考试统编教材专家编写组 . 导游业务 [M].8 版 . 北京：中国旅游出版社，2023.
[3] 李妍 . 情境导游服务 [M]. 北京：中国农业大学出版社，2021.
[4] 王琦 . 地陪导游业务模拟 [M]. 北京：旅游教育出版社，2016.
[5] 陈波 . 模拟导游 [M].2 版 . 北京：旅游教育出版社，2023.
[6] 谢雪梅 . 导游基础知识（贵州智媒体版）[M]. 成都：西南交通大学出版社，2022.
[7] 文旌考试研究中心 . 导游业务 [M]. 镇江：江苏大学出版社，2022.

附录

《导游服务规范》（GB/T 15971-2023）

《导游人员管理条例》

《贵州省旅游条例》